FOOTBALL MANAGEMENT

Groupe Eyrolles
61, bd Saint-Germain
75240 Paris Cedex 05

www.editions-eyrolles.com

© Groupe Eyrolles, 2013
ISBN : 978-2-212-55641-4

David Marmo   Vincent Duluc

FOOTBALL MANAGEMENT

**Deschamps, Mourinho, Ancelotti, Wenger…
comment les meilleurs dirigent leur équipe**

EYROLLES

SOMMAIRE

AVANT-PROPOS

Jean–Michel Aulas :

« UNE CONCEPTION COMMUNE DES DEUX MONDES »

Plus de vingt-cinq ans après son arrivée à la tête de l'Olympique Lyonnais, en mai 1987, Jean-Michel Aulas est un trait d'union durable entre la vie de club et la vie de l'entreprise, ayant développé en parallèle Cegid, sa société de progiciels informatiques, et l'OL, sept fois champion de France de 2002 à 2008.

Il est à la fois un manager dans l'entreprise, un manager dans le football, et un manager de managers dans les deux cas, concentrant la problématique qui est la base même de ce livre. Il s'en explique, dans un entretien réalisé pour ce livre en juin 2013.

Dans votre management, faites-vous une différence entre les salariés administratifs et les salariés sportifs, entre les employés de Cegid et les joueurs de l'OL ?

J'ai toujours managé différemment les salariés en CDI et les sportifs qui sont, eux, en CDD, mais j'ai instauré depuis peu à l'OL une DRH globale qui gère les deux, sous la direction de Vincent Ponsot. En passant des uns aux autres, il faut faire attention à l'expression, car la relation avec les sportifs est constamment troublée par le contexte médiatique, alors que personne ne me demande jamais de déclaration sur mes collaborateurs en CDI. Mais au-delà de cet aspect, en termes de management, je suis revenu à une conception assez commune des deux mondes.

Le niveau des salaires du football complique-t-il le rapport entre le manager et le salarié ?

En fait, on revient à des notions homogènes. Le fair-play financier mis en place par l'UEFA va pousser les clubs à ramener la masse salariale autour de 50 à 55 % du chiffre d'affaires. Et dans le management des salariés de l'OL, encore une fois, alors que nous avons 40 salariés sportifs environ, et 150 à 160 personnes en CDI, sans doute plus avec les filiales, nous revenons à une approche globale, homogène, autour de valeurs communes.

Dans un recrutement, recherchez-vous les mêmes qualités chez un manager d'entreprise que chez un entraîneur ?

Oui, de plus en plus. Cela n'existait pas avant. Aujourd'hui, quand je choisis un entraîneur, j'accorde beaucoup d'importance aux valeurs qu'il représente, et à sa capacité de s'approprier les valeurs du club. On demande la même chose, dans une entreprise, au manager d'une équipe commerciale. Avant, les entraîneurs manageaient leur effectif comme une chasse gardée, protégeaient systématiquement les joueurs. J'apprécie beaucoup plus un entraîneur qui a les mêmes approches que moi dans ce domaine, et qui défend d'abord les valeurs du club. De plus en plus, dans le management des clubs par les entraîneurs, il y aura cette différence entre ceux qui vont travailler sur le court terme sur des valeurs qui leur sont propres, et ceux qui vont travailler sur le long terme en portant les valeurs de leur club. On a vu, à travers l'exemple de José Mourinho au Real Madrid, que la distorsion n'était pas viable sur le long terme.

Votre immersion dans le football depuis 1987 a-t-elle fait évoluer votre management de l'entreprise, ou ce que vous demandez à vos managers ?

Pas tant que cela, en vérité. D'abord parce qu'aujourd'hui, je suis moins en prise avec Cegid, où j'ai un directeur général (Patrick Bertrand), alors qu'à l'OL, je suis président-directeur général. Mais il y a un point, quand même, où le football a influé sur l'entreprise : le mode d'expression collective. À l'OL, dans le management des équipes sportives, il est fondamental de parler du collectif plutôt que des individus. À Cegid, on avait un peu plus l'habitude de valoriser la réussite de tel ou tel manager, de citer en exemple la performance individuelle. L'OL m'a poussé à mettre en avant le collectif dans l'entreprise. Mais le collectif, c'est aussi mettre en avant les mêmes valeurs.

INTRODUCTION

Le football résonne en chacun de nous de manière particulière, du jardin de nos enfances à la machine à café de nos vies professionnelles. Il est difficile d'échapper à ce phénomène médiatique mondial qui a rappelé qu'il pouvait à tout moment replacer Paris au centre du monde : l'arrivée de Beckham au PSG, en janvier 2013, a généré plus du double de commentaires et d'articles de presse que l'annonce de l'élection du nouveau pape François, troisième du podium du buzz médiatique issu des deux premiers mois de 2013. Qui se situait entre les deux ? Zlatan Ibrahimovic.

Les télés, les radios, les sites internet et les bars, c'est-à-dire à peu près tous les médias modernes, rappellent quotidiennement à quel point le football est une matière de débat. Êtes-vous Platini ou Zidane, Pelé ou Maradona, Messi ou Ronaldo, PSG ou OM ?

Ce livre ne répondra pas à ces questions. Il a choisi d'expliquer ce qui précède le débat : la décision, le management, la gestion des hommes. Qu'est-ce qu'un bon entraîneur ? Quelles sont ses compétences ? Ce livre a choisi, surtout, de jeter une passerelle entre le football et le monde de l'entreprise. Quels enseignements pouvons-nous tirer de l'observation du monde du football pour les managers d'entreprise ? Il y a un lien, évident et sans cesse confirmé, entre la manière dont on dirige huit commerciaux en costume et onze footballeurs en short.

Sans prendre le management dans le football en référence absolue, notre volonté a été d'observer les décideurs du ballon rond sous le prisme des questions classiques issues du monde de l'entreprise, puis d'apporter quelques éclairages pour identifier, sur chaque thème, les éléments susceptibles d'être retenus et adoptés dans le management des hommes au quotidien.

Qu'allez-vous trouver dans ce livre ?

Si vous êtes fan de football, vous allez pouvoir vous glisser dans l'envers du décor, la vie du vestiaire, les petits secrets des grands entraîneurs et des grands joueurs.

Si vous êtes dirigeant ou manager, vous allez pouvoir identifier des idées, des façons de faire nouvelles ou confirmer certaines actions que vous menez déjà. Quelques regards critiques ou recommandations viendront approfondir la réflexion sur les différents thèmes.

Si vous êtes un futur manager ou un manager débutant, vous allez pouvoir identifier des thèmes majeurs de développement en management, les questions à se poser pour devenir manager ou réaliser ses premiers pas.

Si vous êtes DRH, ce livre s'interroge sur les conditions d'un bon environnement de travail en entreprise.

Si vous êtes non pas dans le monde de l'entreprise, mais plutôt dans le sport, entraîneur de football ou dirigeant, vous pourrez profiter des préconisations émises pour les managers d'entreprise, tout en constatant les modèles issus des meilleurs entraîneurs modernes.

Si vous êtes simplement curieux, profitez de cette exploration que nous souhaitons restituer, en confrontant deux mondes qui s'observent, s'interinfluencent parfois.

Pour écrire les pages suivantes, nous avons travaillé au croisement de deux expertises : celle du journaliste spécialisé, présent aux côtés des entraîneurs et des dirigeants du football depuis plus de vingt ans, et celle du consultant en management, observateur et accompagnateur des dirigeants et managers de l'entreprise. Pour chaque chapitre, traitant d'un thème majeur du management d'aujourd'hui, nous avons d'abord souhaité observer en profondeur un exemple du monde du football. Pour étoffer cette vision, nous sommes allés voir dans d'autres clubs, chez d'autres managers, si la problématique était traitée de la même façon ou non. Dans un deuxième temps, le regard du consultant vient se poser en regard critique, pour identifier ce qu'il faut retenir, reproduire ou non. Enfin, la dernière partie du chapitre consiste en une grille de travail pour mettre en œuvre les réflexions et suggestions apportées par les observations menées.

THÈME N° 1
DEVENIR MANAGER

L e joueur de football a une carrière déterminée (quinze à vingt ans maximum). Sa fin de carrière, appelée « petite mort », est souvent brutale. Le footballeur raccroche les crampons et la vie qu'il a menée depuis ses plus jeunes rêves d'enfant s'achève. Il doit alors se poser la question de son avenir, lui qui a tout misé sur le football depuis toujours. Le poste de manager professionnel est alors une issue.

Ce passage n'a pas le même impact dans l'entreprise. Le collaborateur décroche son premier emploi autour de 20-22 ans en moyenne et termine sa carrière à 65 ans dans la plupart des cas. Le passage de collaborateur, membre d'équipe, à manager se fait plus naturellement... ou ne se fait jamais. L'échéance est très marquée dans le football, beaucoup plus floue dans l'entreprise. Il n'y a pas d'âge pour devenir manager dans sa société, et les parcours pour y parvenir sont bien plus variés. Certains ne franchissent d'ailleurs jamais le pas. Pour des raisons personnelles parfois : parce que le poste est confortable, parce qu'il faut se déplacer pour accéder à un poste de manager, parce que l'expertise est notre principale motivation. Beaucoup dans l'entreprise ne deviendront jamais manager aussi pour des raisons exogènes : l'entreprise est trop petite, ou l'opportunité ne se présente tout simplement pas.

Alors qu'est-ce qui pousse les footballeurs à embrasser un nouveau rôle, si proche et si éloigné du métier de joueur ? Comment imaginent-ils cette nouvelle carrière ?

1 — DEVENIR ENTRAÎNEUR DANS LE MONDE DU FOOTBALL

La nomination de Rémi Garde à la tête de l'Olympique Lyonnais

C'est une nouvelle vie, une plongée dans l'excitation, le stress et la responsabilité. Rémi Garde a connu ce basculement au début de l'été 2011, après avoir longuement réfléchi.

Rémi GARDE

Français
Né le 3 avril 1966 à l'Arbresle
Entraîneur de L'Olympique Lyonnais

CARRIÈRE D'ENTRAÎNEUR
Olympique Lyonnais : Depuis 2011

CARRIÈRE DE JOUEUR
Olympique Lyonnais : 1984-1993
RC Strasbourg : 1993-1996
Arsenal : 1996-1999
6 sélections en équipe de France

PALMARÈS DE JOUEUR
Champion d'Angleterre : 1998 (Arsenal)
Coupe d'Angleterre : 1998 (Arsenal)

PALMARÈS D'ENTRAÎNEUR
Coupe de France : 2012 (Olympique Lyonnais)

I est né en 1965 à L'Arbresle, à quelques kilomètres de Lyon, comme son président, Jean-Michel Aulas. Après une longue carrière de joueur entamée à Lyon et poursuivie à Strasbourg et à Arsenal, après quelques sélections en équipe de France, il est devenu entraîneur de l'Olympique Lyonnais à 46 ans, après avoir occupé plusieurs postes au sein du club, entraîneur adjoint, responsable de la cellule recrutement, directeur du centre de formation. Il décrit pour ce livre la problématique de l'entrée dans la fonction d'entraîneur.

Pourquoi avez-vous eu envie de devenir entraîneur ?

Parce que je vis depuis toujours dans le football. Parce que je voulais avoir la réponse à la question que l'on se pose tous : « Et moi, si j'étais l'entraîneur, qu'est-ce que je ferais ? » Je suis passionné par le foot et le jeu, mais j'ai aussi conscience que beaucoup de choses interagissent en amont du match. Il est passionnant d'essayer d'en avoir connaissance et de les maîtriser. Enfin, en plus du jeu, vient se greffer de l'humain, ce que j'aime beaucoup. Et ça, plus la compétition, plus l'attachement à un club, plus les gens qui travaillent avec moi, cela fait beaucoup d'ingrédients agréables.

À partir de quand vous êtes-vous posé la question ?

Devenir entraîneur n'a jamais été une fixation, mais je n'en ai jamais écarté la possibilité. Vous ne trouverez nulle part trace de propos comme : « Entraîneur ? Non, jamais, ce n'est pas pour moi. » Le président de Lyon, Jean-Michel Aulas, me l'avait déjà proposé une fois, j'avais dit non, toutes les conditions n'étaient pas réunies à mes yeux. J'ai eu le temps d'y penser.

Quels comportements aviez-vous quand vous étiez joueur ?

J'ai été capitaine de nombreuses équipes. Je me suis impliqué, j'ai parfois eu une relation privilégiée avec mes entraîneurs, comme avec Raymond

Domenech, à Lyon. J'ai toujours pris du recul, mais je ne le conçois pas comme un mérite : c'était mon tempérament, et ça l'est toujours. J'ai observé mes entraîneurs, j'ai vu Arsène Wenger, à Arsenal, montrer sa remarquable capacité à rapidement analyser les gens et les situations, et à savoir redonner confiance à ses joueurs. Avec peu de mots, ou juste par une posture, Arsène arrive à remettre progressivement un joueur dans le sens de la marche.

Quelle formation avez-vous suivie ?

J'ai passé quelques diplômes d'entraîneur, et je poursuis la formation d'entraîneur professionnel de football. Mais elle implique d'aller régulièrement à Clairefontaine, des semaines entières, en pleine saison, et je ne peux pas abandonner aussi souvent et aussi longtemps la gestion de mon équipe. Je suis un jeune entraîneur qui a envie et besoin d'apprendre, mais l'apprentissage est beaucoup plus rapide sur le banc de l'OL que sur les bancs de la Direction technique nationale à Clairefontaine. Je suis depuis très longtemps impliqué dans la vie de ce club, à des postes certes moins exposés, mais prenants.

Quelle a été la nature de vos échanges avec vos dirigeants ? Qu'est-ce qui vous a convaincu d'accepter ce premier poste ?

Je suis aussi devenu coach parce que j'ai une mission à accomplir dans mon club. J'ai senti que je n'étais pas seul, qu'on me soutenait, et qu'il y avait une volonté commune de revenir à des valeurs qui me correspondent.

Quelles étaient vos appréhensions ?

Je me suis demandé si j'allais aimer cette vie, et si j'allais pouvoir débrancher du football dans ce rôle, continuer à aller au théâtre ou à passer une soirée en famille sans penser à chaque seconde à mon travail d'entraîneur. Pour le reste, j'avais imaginé, mais tant que l'on n'est pas réellement dans la situation de gérer un effectif dans l'esprit de compétition, on ne peut pas savoir ce que c'est.

Qu'est-ce qui a été le plus facile à mettre en œuvre ? Et le plus exigeant ?

Il n'y a rien de facile. Je suis arrivé avec des convictions, j'en ai encore, mais je n'ai pas de certitudes absolues qui me font dire : ce que je vois, je m'en fous, je me tiens à ce que j'avais décidé. J'essaie de ne pas faire des trucs pour dire : « Voilà, j'ai imposé quelque chose. »

Le plus difficile ? À l'OL, comme dans nombre de vestiaires pros, on se heurte à la même problématique : l'individualisme devient une valeur refuge. Ce n'est pas propre au monde du foot, mais même si je subis, moi aussi, cette tendance, je ne baisserai jamais les bras. C'est une dérive. Le foot, c'est collectif, et le plaisir ne peut venir que du collectif. Ce sont des valeurs assumées. Dans le jeu comme dans la vie.

Comment se sont passés vos premiers pas ?

J'ai senti de la part des joueurs, et notamment de ceux que je connais depuis plus longtemps, un changement d'attitude et de comportement envers moi. Ils sont passés du tutoiement au vouvoiement. C'est une barrière naturelle que la fonction impose. Je n'ai même pas eu besoin de garder mes distances, ça s'est fait naturellement. Dès qu'on enfile le costume, on sent que les regards deviennent différents. Du coup, les rapports changent.

« Je me suis demandé si j'allais aimer cette vie »

Mais le vrai changement est lié aux multiples décisions que vous devez prendre au cours d'une journée. Des décisions qui peuvent paraître anodines, mais qui, en réalité, ne le sont pas. J'ai très vite constaté que tout ce que je faisais ou disais pouvait avoir une incidence sur le bien-être des joueurs, de l'équipe et du club.

Mais je n'ai pas perdu mes équilibres. C'est une de mes forces. Je ne me laisse pas déborder facilement. J'ai d'emblée souhaité m'entourer d'un staff expérimenté qui se charge des détails de la vie du groupe. Cela me permet de rester fidèle à la ligne que je me suis fixée : garder de la distance. Dans ce contexte, c'est plus facile d'encaisser les coups. D'où qu'ils viennent.

Manager, principal débouché pour les footballeurs à la retraite ?

Le football dirige naturellement vers le métier d'entraîneur ses capitaines et ses joueurs d'influence, ceux qui sont un relais dans l'équipe. Les joueurs des années 1960 et 1970 devenaient entraîneurs quand ils n'avaient pas assez d'argent pour ouvrir un bar-tabac, ou pas assez d'entregent pour devenir représentant pour Adidas. C'était une manière d'avoir un métier dans le seul domaine que ces joueurs connaissaient.

Les hautes rémunérations de l'ère moderne ont modifié la démarche. Laurent Blanc et Didier Deschamps ne deviennent pas entraîneurs pour l'argent, même s'ils continuent d'en demander beaucoup. Ils passent de l'autre côté parce qu'aucune autre activité ne suscite la même adrénaline, parce qu'ils aiment la compétition, et parce que c'est la meilleure manière pour un joueur de passer de l'influence au pouvoir. Il est probable, également, qu'une concurrence souterraine s'exerce à l'intérieur de chaque génération, et que ce nouveau métier la prolonge. Elle se manifeste parfois dans les relations ambiguës entre un entraîneur et certains de ses coéquipiers devenus consultants dans les médias.

Les plus grands joueurs mondiaux sont parfois réticents à retomber dans la logique de la médiatisation, de la pression et de l'absence. Après leur carrière, ils ont besoin d'un break, de faire la paix avec leurs genoux meurtris, de ne plus partir au vert avant un match, de ne plus être épié par la presse ou le public, et découvrent d'un même élan incertain la vie de famille et l'oisiveté.

Après la finale de la Coupe du monde 2006, Zinedine Zidane s'est replié sur Madrid, et puis il est sorti de sa retraite pour quêter une fonction au Real, honorifique d'abord, exécutive ensuite. Comme Laurent Blanc avant lui, il s'est inscrit à la formation de management du sport de Limoges, et on sait désormais qu'il sera entraîneur ou sélectionneur un jour. Michel Platini, Marco Van Basten, Franz Beckenbauer, Zico, Diego Maradona sont tous devenus sélectionneurs, vérifiant que le génie n'était pas transmissible, et l'histoire de leurs réussites comme de leurs échecs a profondément marqué leurs successeurs, qui n'ont pas forcément eu envie d'écorner leur image.

Les anciens grands joueurs se partagent en deux types de management : en club, qui implique une immersion quotidienne, ou en sélection, qui laisse beaucoup plus de recul et qui, en dehors des phases finales, occupe trois ou quatre jours par mois seulement, en moyenne.

Franchir un pas vers l'inconnu

Leur CV, au départ, est d'abord celui d'un joueur. Tout le reste, leur capacité au management et à la responsabilité, est pressenti. Il arrive que les anciens joueurs professionnels qui ont réussi laissent une fausse piste. En 1998, à la fin de sa carrière de joueur à Lyon, l'ancien international du Paris SG Daniel Bravo avait terminé en tête de l'examen d'entraîneur à Clairefontaine, devant certains techniciens qui dirigeaient pourtant des clubs de Division 1, l'ancienne Ligue 1. Son profil inquiétait même son dernier entraîneur, Bernard Lacombe, qui voyait en lui un possible successeur en cas de difficultés, identifiant ainsi Daniel Bravo à une menace.

Sur le terrain, Bravo était déjà passé d'ancienne vedette offensive, de petit prince de l'attaque, à un milieu défensif qui réfléchissait et équilibrait son équipe. Tout le milieu du football était donc persuadé que Bravo serait entraîneur, très vite. Il a accordé plusieurs interviews dans lesquelles il expliquait le choix qu'il s'apprêtait à faire. À Lyon, sa volonté de devenir entraîneur alors qu'il était encore joueur, en 1997–1998, avait même fini par créer des tensions entre lui et l'entraîneur en place, Bernard Lacombe.

Étrangement, Daniel Bravo ne l'est jamais devenu, il n'a même jamais essayé. Il est consultant pour différents médias, aujourd'hui.

Mais être manager ou ne pas être manager peut être aussi un choix de vie. Bixente Lizarazu explique[2] : « Je voulais un travail qui me permette de continuer à vivre au bord de la mer, au Pays basque, et je n'avais pas envie d'entrer dans la logique d'un autre plan de carrière, un club en France, puis un club à l'étranger, tout ce que j'avais déjà connu en tant que joueur. Je voulais une autre deuxième vie, avec plus de liberté. Mais pas sans travail : consultant, au début, tu penses que ton expérience de joueur te suffit, et puis tu te rends compte qu'il faut bosser. C'est aussi une question d'opportunité. Les médias ont été les premiers à m'approcher, et cela m'a plu. Mais ce n'est pas facile, pour un joueur, de bien choisir sa deuxième vie. »

Chez les joueurs qui ne choisissent pas le métier d'entraîneur, il restera toujours une question en suspens : auraient-ils fait de bons entraîneurs ? Lizarazu s'est posé la question, il l'avoue : « On ne peut pas le savoir tant qu'on n'en a pas fait l'expérience. Un joueur qui a un peu ouvert les yeux, pendant sa carrière, et s'est intéressé à son métier, est capable de gérer le physique et le tactique. Mais le seul domaine dans lequel la question reste sans réponse est le management. Rien ni personne ne forme à ça dans le football, sinon la manière dont on a vécu notre carrière de joueur. Il ne faut pas dire jamais, et peut-être que je regarderai les choses autrement dans cinq ans, mais, pour l'instant, je ne me vois pas franchir le pas. Je ne dis pas que je n'en serais pas capable, seulement que je ne peux pas le savoir. »

C'est parfois, aussi, une question d'ego. Sans crainte du grand saut dans le vide, Roberto Mancini a franchi le cap d'une saison sur l'autre, sans intermède. L'ancien patron de Manchester City souligne : « Les bons entraîneurs commencent jeunes. Et après, si tu es bon, tu continues, et si tu n'es pas bon, tu arrêtes. Moi, ça fait douze ans que je continue[3]. »

Arsène Wenger, qui s'est pourtant toujours destiné au métier d'entraîneur, s'occupant de l'équipe réserve de Strasbourg alors qu'il en était encore le défenseur, se souvient de ces interrogations : « Quand tu es jeune entraîneur, tu ne sais pas si tu vas pouvoir affronter des situations de crise, gagner la confiance de tes dirigeants, maîtriser les médias, passer auprès des joueurs... Tu ne sais pas si tu ne vas pas péter complètement les plombs si tu perds un match, ni comment tu vas réagir devant les injustices. Dans ce métier-là, il n'y a pas de juste mesure, et un entraîneur, c'est quelqu'un qui oscille toujours entre le haut et le bas. Tu es tout le temps dans l'euphorie ou dans la déprime ; et ça, c'est très déstabilisant[4]. »

Pep Guardiola a été un grand joueur de Barcelone et de l'équipe d'Espagne, mais il a décidé de faire son apprentissage dans un grand voyage en Amérique du Sud. Il a sillonné le Mexique et l'Argentine, parlé des heures aux vieux comme aux jeunes entraîneurs, avant de revenir en Europe avec les idées claires. Mais, pour commencer, il a entraîné la réserve de Barcelone. Deux mois après le début de sa première expérience de management, il en disait : « Être entraîneur, c'est fascinant. C'est pour ça que les coachs ont tant de mal à arrêter. C'est une sensation d'excitation permanente, l'impression que le cerveau tourne à cent à l'heure continuellement. Avoir démarré en troisième division fera de moi un meilleur coach si un jour je deviens entraîneur d'une équipe professionnelle. Je ne m'étais jamais trouvé devant vingt-cinq types qui te regardent en espérant que tu dises quelque chose. Aujourd'hui, je peux me mettre devant eux en me sentant parfaitement tranquille. Avant, je ne savais même pas quoi leur dire à la mi-temps[5]. »

Se jeter à l'eau ou rester au sec n'est pas seulement une affaire de courage, c'est aussi une affaire de vocation, ce que rappelle Rafael Benitez, l'ancien entraîneur espagnol de Liverpool, de l'Inter Milan, de Chelsea et aujourd'hui à Naples : « Je crois surtout que ce métier doit d'abord vous plaire. Il faut vraiment aimer ce travail d'analyse, l'apprentissage de ce métier. Je crois même qu'il faut avoir une certaine forme de vocation pour ça[6]. »

Vicente Del Bosque, le sélectionneur de l'équipe d'Espagne championne du monde et championne d'Europe, ne dit pas autre chose : « Très tôt je me suis intéressé à ce métier. À l'âge de 26 ou 27 ans, je me suis rapproché de mes entraîneurs. Le football est ma passion, je n'ai jamais pensé faire autre chose dans la vie. Alors, même si j'ai continué à jouer jusqu'à 33 ans, j'ai commencé à me préparer mentalement à cette deuxième vie[7]. »

2 — DEVENIR MANAGER DANS LE MONDE DE L'ENTREPRISE

Tester pour explorer

Comme pour les footballeurs, le poste de manager s'accompagne de son lot de remises en cause et d'incertitudes. Le défi du passage au rôle de manager est considérable, peu importe l'âge de sa première expérience. Si de nombreuses questions peuvent freiner l'accès à des positions managériales, Bixente Lizarazu nous rappelle qu'on ne peut pas savoir si l'on est fait pour ce métier tant que l'on n'en a pas fait l'expérience. Alors il faut prendre le risque de passer le pas, se tester, se préparer de la meilleure des façons.

Avant d'accepter de devenir entraîneur principal à Lyon, Rémi Garde a occupé différents postes au sein de l'OL, dont certaines fonctions d'encadrement. Est-ce possible dans le monde de l'entreprise ? Si certaines sociétés ont des programmes de développement des hauts potentiels, la plupart des nominations se font lorsque la nécessité se fait ressentir. La Gestion prévisionnelle des emplois et des compétences (GPEC) est censée couvrir ce risque pour l'entreprise, mais malheureusement la politique observée bien trop souvent est de s'attaquer au remplacement d'un manager... lorsque le poste est vacant. Ainsi, il est très difficile pour un collaborateur de se préparer à devenir manager : pas de date butoir, pas de poste prévu à l'avance, possibilité de rester à son poste toute sa carrière, possibilité de développer sa technique et sa compétence sans passer par la voie managériale.

Comment se faire repérer ?

Si l'ancienneté dans une équipe ou dans une entreprise peut encore être l'élément majeur pour une nomination au poste de manager, cette situation devient de moins en moins privilégiée par les experts des ressources humaines.

Il existe aujourd'hui plusieurs profils qui sont repérés pour accéder à un poste de management.

▶ Le candidat expert

La première voie consiste à gravir les échelons grâce à sa technique et à sa connaissance des dossiers. On devient d'abord le référent de son équipe sur un puis plusieurs sujets, ensuite l'adjoint du manager jusqu'à ce qu'une place de manager à temps plein se libère. Cette voie a longtemps été la seule avec l'ancienneté, car le management était l'unique possibilité d'évolution et de reconnaissance de l'expertise. Pour gagner sa légitimité de manager, il faut développer sa maîtrise de tous les éléments techniques. Il faut prouver sur le terrain, faire ses armes, avoir les mains dans le cambouis.

▶ Le candidat rassembleur

La deuxième approche est plus récente. Au-delà de la technique et de la maîtrise des dossiers, c'est la capacité à mener les hommes, à engager l'équipe, à faire preuve de leadership qui mène les collaborateurs à la fonction de manager. L'importance de la mise en relation et de la motivation des personnes, le travail sur l'humain permettent à ce type de manager d'organiser et d'animer une équipe. Certaines sociétés recrutent des managers sans avoir en tête *a priori* le poste auquel ils vont être affectés. En effet, dans les grandes entreprises, les collaborateurs changent de poste tous les trois-quatre ans, donc il n'est pas nécessaire de les recruter pour la technique qu'ils possèdent sur un poste en question, puisqu'ils seront amenés à évoluer régulièrement. Ils sont recrutés pour leurs compétences humaines et leur capacité à apprendre. Pour la technique, ils l'apprendront grâce à un parcours spécifique.

▶ Le candidat diplômé

Aujourd'hui, il n'est pas rare que de jeunes diplômés de grandes écoles soient catapultés directement managers, sans aucune expérience du terrain. Ce qui leur octroie leur légitimité, c'est leur capacité d'analyse, de réflexion et leur capacité à prendre des décisions dans un contexte complexe. Ils ont également la capacité à apprendre et à utiliser les nouveaux moyens de communication ainsi que les réseaux sociaux. Ils apportent ainsi une expertise que l'entreprise ne possédait pas, ou peu. Bien souvent, ils ont pu profiter d'une formation spécifique pour appréhender le management et compenser le manque d'expérience terrain.

GRILLE DE TRAVAIL N° 1
COMMENT DEVENIR MANAGER ?

Le passage de collaborateur à manager est avant tout un changement d'état d'esprit et de vision de sa contribution : d'une vision individuelle de la performance (mes objectifs, ma mission) à une vision collective (les objectifs collectifs et individuels, notre mission commune et les rôles de chacun). Vous n'êtes pas encore manager, mais vous souhaitez le devenir, voici comment créer les conditions pour que cela puisse se produire.

Posez-vous les bonnes questions :

▶ Pourquoi est-ce important pour moi de devenir manager ?

▶ Suis-je prêt à me remettre en question ?

▶ Suis-je prêt à abandonner une partie de mon métier ?

▶ Est-ce que j'aime aller vers les autres ?

▶ Quelle est ma capacité d'écoute réelle ?

▶ Qu'est-ce que je peux apporter à une équipe ?

▶ Est-ce que je sais faire la différence entre ma part de responsabilité et la part des autres dans la réussite et dans la difficulté ?

▶ Ai-je des difficultés à organiser mon activité ? Suis-je prêt à accompagner l'organisation de l'activité des autres ?

▶ Suis-je prêt à être exemplaire tous les jours ?

▶ Complétez vos compétences

Renseignez-vous sur les compétences attendues par votre entreprise en termes de management. Vérifiez s'il existe un référentiel de management, lisez des livres, échangez avec votre manager sur le périmètre de son rôle, sollicitez le département des ressources humaines pour identifier les compétences recherchées chez les managers. À partir de là, vous pourrez identifier vos zones de progrès et compléter vos compétences.

▶ Mettez-vous en action

Vous n'êtes pas encore manager mais il faut faciliter le travail des personnes qui pourraient vous nommer. Sautez dans le costume de manager, faites comme si vous en étiez déjà un sur certains sujets : devenez référent sur des thématiques, facilitez la vie de votre propre manager, demandez-lui de vous déléguer certaines actions, participez à des réflexions transverses.

▶ Faites-le savoir

Bien faire son travail en étant irréprochable et en attendant qu'un jour on vienne vous chercher n'est pas forcément la meilleure stratégie à adopter. Continuez à être performant dans votre métier actuel, bien sûr, mais rendez-vous visible, faites part à votre propre manager de votre envie d'évolution, au service RH, voire à d'autres managers avec qui vous avez affaire. Assurez-vous d'échanger sur le sujet lors des entretiens d'appréciation annuels.

▶ Guettez les bonnes opportunités

Tenez-vous au courant des processus de nomination dans votre entreprise, des parcours de développement des compétences, des parcours « futurs managers » ou « hauts potentiels », développez vos relations et vos connaissances des membres des équipes de ressources humaines. Essayez d'entrer dans la liste cachée des « postulants ». Les entreprises disposent en effet d'une liste de prétendants, rarement communiquée, de talents qui sont pressentis en cas de départ des managers en place. Certaines sociétés organisent également des « *people review* », des échanges entre managers avec les ressources humaines pour partager leurs ressentis sur les collaborateurs capables d'évoluer.

▶ Restez positif !

Le management étant de moins en moins un métier technique et de plus en plus un métier relationnel, assurez-vous de toujours rester positif. Un manager qui ne cesse de critiquer ou de transmettre des messages négatifs n'est pas forcément bien placé pour diriger et mobiliser une équipe. Alors même si le poste tant attendu tarde à se manifester, gardez le cap et restez positif ! Gardez en tête également que vos prédécesseurs ont eu besoin d'un grand nombre d'années avant d'être nommés et qu'aujourd'hui la tendance des organisations est d'aplatir les échelles hiérarchiques.

THÈME N° 2
DES PROFILS TYPES ?

Pendant longtemps les entreprises ont réuni des conventions ou des séminaires de cadres. Il n'existe pas de définition juridique aujourd'hui dans le Code du travail pour cette référence statutaire. Elle n'est présente que dans la jurisprudence ou dans les annexes des conventions collectives : « Dans le cadre des orientations générales déterminées par l'entreprise, le titulaire de l'emploi est chargé de coordonner des activités différentes et complémentaires ou d'assurer lui-même une activité fonctionnelle ou opérationnelle mettant en œuvre une certaine autonomie et une formation dans sa spécialité. Il assure ou coordonne les missions qui lui sont confiées[8]. » On retrouverait donc, en suivant cette définition, aussi bien des experts que des gestionnaires d'équipes, avec au bout du compte peu ou pas de points communs au-delà du statut.

De plus en plus, aujourd'hui, les entreprises identifient cette communauté de personnes qui ont une vraie similitude : ils dirigent des équipes au quotidien. Mais sont-ils pour autant tous similaires ? Ont-ils des profils différents ?

La même question se pose pour les managers de football : ont-ils tous les mêmes compétences ? Proviennent-ils tous du même moule ? Qu'est-ce qui différencie un entraîneur de celui du club voisin ?

1 — DES PROFILS TYPES D'ENTRAÎNEURS ?

Deschamps, l'entraîneur avant l'heure

Il a toujours été évident que Deschamps deviendrait entraîneur : dans les conférences de presse, joueur, 90 % des questions qui lui étaient posées portaient sur l'équipe, et 10 % sur lui–même. Pour les gros ego de l'attaque, la proportion était inverse. Il acceptait l'ombre sur son travail pour défendre l'idée de l'équipe et les intérêts collectifs.

Didier DESCHAMPS

Français
Né le 15 octobre 1968 à Bayonne
Entraîneur de l'équipe de France

CARRIÈRE D'ENTRAÎNEUR
AS Monaco : 2001-2005
Juventus de Turin : 2006-2007
Olympique de Marseille : 2009-2012
Équipe de France : depuis 2012

CARRIÈRE DE JOUEUR
FC Nantes : 1985-1989
Olympique de Marseille : 1989-1994
Girondins de Bordeaux : 1990-1991
Juventus de Turin : 1994-1999
Chelsea FC : 1999-2000
Valence CF : 2000-2001
103 sélections en équipe de France

PALMARÈS DE JOUEUR

Coupe du monde : 1998 (France)
Championnat d'Europe des Nations : 2000 (France)
Coupe Intercontinentale : 1996 (Juventus de Turin)
Supercoupe d'Europe : 1996 (Juventus de Turin)
Ligue des champions : 1993 (Olympique de Marseille) et 1996 (Juventus de Turin)
Champion de France : 1990 et 1992 (Olympique de Marseille)
Champion d'Italie : 1995, 1997 et 1998 (Juventus de Turin)
Coupe d'Angleterre : 2000 (Chelsea FC)
Coupe d'Italie : 1995 (Juventus de Turin)

PALMARÈS D'ENTRAÎNEUR

Champion de France : 2010 (Olympique de Marseille)
Trophée des champions : 2010 et 2011 (Olympique de Marseille)
Coupe de Ligue française   : 2003 (AS Monaco) et 2010, 2011 et 2012 (Olympique de Marseille)

Paradoxalement, il lui aura fallu, au fil de sa carrière de joueur, contester la rumeur de son influence sur ses entraîneurs et sélectionneurs. Pour rester joueur aux yeux des autres et maintenir l'idée collective, il devait affirmer son appartenance au groupe et assurer que son influence se limitait à ses droits et devoirs de capitaine. Il explique : « Très tôt, je me suis mis à l'écoute des autres. J'ai pu les aider. Il y a du plaisir à prendre des responsabilités, je m'en suis nourri. Pour moi, ce n'était pas un poids, c'était mon oxygène. » Entraîneur avant l'heure, c'est une vocation, et une attitude. « Joueur, j'avais une attitude d'ouverture d'esprit, décrit le sélectionneur de l'équipe de France. Je cherchais sans cesse à savoir pourquoi, comment, je regardais ce qui se passait autour. Quand on est dans des prédispositions pareilles, ça permet d'emmagasiner énormément d'informations avant même d'entraîner. Sur le fond, tu passes d'un métier où tu dois d'abord penser à toi, à un autre où tu dois défendre l'idée d'un collectif prioritaire. Tu dois aussi admettre le fait que si, quand tu es joueur, tu peux changer les choses sur le terrain, quand tu es entraîneur, tu n'as plus cette possibilité. Tu dépends des joueurs, ta réussite, c'est d'abord celle de tes hommes[9]. »

Entraîner, aux yeux de Didier Deschamps, n'est pas séparable de la volonté de connaître le plus haut niveau possible et de gagner les plus grandes épreuves. C'est une vocation plus égoïste que sociale : il n'est pas là pour rendre quelque chose au football, mais pour continuer à gagner en continuant à fédérer, et en devenant le manager officiel. « Quand j'ai arrêté de jouer, avoue-t-il, je me suis interrogé pour savoir si j'allais devenir technicien, et surtout, quel technicien. Transmettre aux jeunes ? Après tout ce que j'ai connu et vécu, je ne pouvais pas m'en contenter. Ce n'était pas possible, je n'aurais pas été en adéquation avec moi-même[10]. »

Dans ses premiers jours d'entraîneur à Monaco, en 2001, son discours est traversé par ses réflexes de joueur et par son parcours. Il a le plus beau palmarès collectif du football français, et il évoque seulement la victoire. Ce n'est pas le chemin qui compte, c'est le but. Il sera un manager pragmatique, pourvu qu'il gagne. Ses premiers mots d'entraîneur en fixent clairement le cadre[11] : « J'ai à transmettre aux joueurs le beau message de la victoire. Je ne viens pas à Monaco pour participer. Je viens pour gagner des matchs, le plus de matchs possible. » Il a dit aussi : « Ce sont eux, les joueurs, qui me feront devenir un grand entraîneur. Et si ça se passe mal, ce sera ma faute. Un entraîneur est responsable à 20 % des succès et à 80 % des échecs. » Sur l'éventuelle recherche individuelle de la gloire par un entraîneur, il balaie, alors : « Ma gloire, je l'ai eue en tant que joueur. Ce sont les joueurs qui sont sur le terrain et obtiennent les résultats. »

Il est un ancien joueur qui entraînait depuis longtemps, quand certains entraîneurs ont du mal à se déshabiller de leurs réflexes et de leur armure de joueur. Il avait pris de l'avance dans son apprentissage, mais a eu l'humilité de passer ses diplômes en 2003, à Clairefontaine, alors qu'il était déjà entraîneur à Monaco, qu'il allait emmener en finale de la Ligue des champions un an plus tard. « Il y a toujours des choses à apprendre, expliquera-t-il. Sur les mises en place tactiques, c'est bien de formuler, de qualifier l'exercice, d'échanger des idées. Entraîner, ce n'est pas quelque chose de rigide, car il n'y a pas une philosophie, une école de pensée[12]. »

Les anciens grands joueurs n'ont pas eu besoin de suivre tout le cursus pour obtenir leur DEPF, le diplôme d'entraîneur professionnel de football. Ils ont eu la possibilité de prendre un raccourci, pour que leur formation ne s'étale pas sur plusieurs années. Certains ont considéré ce passage par l'école avec arrogance. « Didier Deschamps n'était pas comme ça, explique Raymond Domenech, qui dirigeait ces sessions de formateur en tant qu'entraîneur national. Il allait vers les autres, échangeait, et il ne se forçait pas, on voyait qu'il était sincère[13]. »

Le passé de joueur est une arme des premiers mois. Elle ne peut pas être éternelle. Elle peut se figer dès les premiers mauvais résultats, dès les premières rumeurs. Édouard Cissé, à Monaco, confirmait que Deschamps ne s'était jamais servi de son palmarès comme d'une béquille : « Son passé de joueur, il ne nous le ressort pas toutes les cinq minutes. On discute, il nous dit ce qu'il pense, mais il nous répète aussi toujours que c'est nous qui sommes sur le terrain, et que c'est à nous de trouver les solutions[14]. »

Mais son passé reste un bagage, pas un fardeau : « Avant de prendre une décision, avoue le sélectionneur de l'équipe de France, je réfléchis et je m'appuie sur ce que j'ai connu. Je pense que mon vécu m'a évité de faire des bêtises[15]. »

Au fil du temps, l'entraîneur Deschamps a changé, un peu. Jean-Claude Suaudeau a ainsi expliqué, en souvenir d'une première saison un peu difficile pour Deschamps à Monaco : « Comme lorsqu'un jeune joueur intègre les pros, peut-être a-t-il appréhendé cette première saison et mal évalué les difficultés. Il s'est peut-être aussi occupé de trop de choses à ses débuts. Enfin, la notion de groupe, telle qu'on l'entend quand on est joueur, est parfois différente de celle qui existe quand on devient entraîneur. Et puis, on n'est jamais le même dans un groupe que l'on façonne par rapport à celui que l'on intègre[16]. »

De lui-même, plus tard, Didier Deschamps est notamment revenu sur sa volonté initiale de transparence, comme s'il ne voulait plus être un entraîneur parfait, seulement un entraîneur qui gagne : « J'ai fait des erreurs, qui n'ont pas toujours porté à conséquence. Sans doute même ai–je été un peu trop franc. J'ai trop dit qu'il m'était arrivé de me tromper. De plus, j'avais tendance à trop communiquer au début. C'était usant et inutile. On se rend compte que trop parler complique les choses[17]. >> Quand on passe de l'autre côté, rien n'est jamais exactement comme on l'imagine.

Deux profils majoritaires chez les entraîneurs

Pour schématiser, il y a deux profils : le joueur moyen qui réfléchit depuis longtemps pour compenser ses déficits techniques et athlétiques, et qui est prêt à franchir le pas ; le grand joueur qui n'a jamais eu besoin d'une réflexion profonde, mais qui compte sur son instinct et sur son aura de joueur pour que le groupe le suive.

Les grands joueurs veulent seulement continuer à gagner. Entraîner sans moyens, en Ligue 2, ne les intéresse pas, ce dont convient Laurent Blanc : << Si j'avais voulu devenir entraîneur plus tôt, je l'aurais été. Mais je désirais l'être avec des moyens me permettant de côtoyer le très haut niveau[18]. >>

Et puis, la manière d'exercer le métier d'entraîneur a fait évoluer les profils. L'entraîneur des années 1980 et 1990 devait être omniscient et omniprésent. Celui des années 2000 a une équipe autour de lui. Il n'a plus besoin d'organiser les séances, d'apprendre la physiologie, de préparer des montages vidéo. Ce management qui demande plus de recul et implique moins de travail a parfaitement convenu à Laurent Blanc, à Bordeaux comme en équipe de France : << Je ne dis pas que le terrain ne m'intéresse pas, mais la partie coaching me plaît plus. Il te suffit d'aller à la Fnac pour trouver des milliers de séances de travail. L'exercice en lui–même, tu n'as pas besoin de l'inventer. Et puis, un entraîneur n'est pas un magicien. Il y a quinze ans, un entraîneur faisait tout. Il n'avait pas le temps d'être bon dans ce domaine. Aujourd'hui, son staff est élargi.

Je suis presque prêt à penser que cet aspect pédagogique est devenu la partie la plus importante du métier. Joueur, j'ai toujours eu la curiosité de beaucoup échanger avec mes entraîneurs ; peut-être inconsciemment dans l'idée d'en devenir un, un jour[19]. »

Cette manière d'exercer par un ancien grand joueur était ainsi étayée par Alain Boghossian, lui-même champion du monde en 1998, et adjoint de Blanc en équipe de France après avoir été major de sa promotion d'entraîneur, devant Antoine Kombouaré : « Côtoyer le haut niveau, surtout à l'étranger, nous a donné un acquis. Laurent se sert du mélange de ses trois cultures (italienne à l'Inter, espagnole à Barcelone, et anglaise à Manchester United) pour ressortir petit à petit des idées. Comme Ferguson à Manchester, par exemple, il garde un œil extérieur sur l'entraînement, qu'il laisse à un adjoint choisi et qualifié. Il se charge du plus important dans le management : faire passer ses messages[20]. »

Car pour devenir entraîneur, il faut souvent avoir croisé soi-même un entraîneur marquant, un jour. Aimé Jacquet, le sélectionneur de l'équipe de France championne du monde en 1998, a toujours dit qu'il était l'héritier d'Albert Batteux et de Jean Snella, qui l'avaient entraîné à Saint-Étienne et dirigeaient l'équipe de France de 1958, troisième de la Coupe du monde en Suède.

Faut-il avoir été grand joueur pour devenir grand entraîneur ?

Ferguson, Mourinho, Wenger, Benitez et Van Gaal n'ont jamais été de grands joueurs. Van Basten remarque : « La différence, c'est que le grand joueur ne rêve pas à une grande carrière d'entraîneur. Il n'est pas prêt à mourir pour ça. Et puis, l'entraîneur s'occupe des autres tout le temps, alors que le joueur ne pense qu'à lui[21]. »

José Mourinho, autodésigné le plus grand entraîneur du monde du moment, est un bon exemple d'un parcours dans l'ombre d'une carrière de joueur ordinaire, voire médiocre. Il a joué en D4 portugaise, parfois en D2 quand il manquait du monde. Excuse officielle d'un ami de son père : « Pourquoi il n'a pas percé ? À cause des livres. Il étudiait beaucoup, comme le voulait sa maman. En fait, ses parents lui ont permis de devenir entraîneur seulement une fois ses études terminées[22]. » Réalité, confiée par lui-même : « Je suis une personne intelligente. Je savais que je ne serais jamais allé plus haut. La Deuxième Division était ma limite[23]. » À 24 ans, il cesse de jouer. Dans tous les sens du terme.

Son ancien président à Porto, Pinto Da Costa, résumera : « Beaucoup de gens peuvent se montrer compétents mais tout le monde ne peut pas être un leader. Mourinho est né pour diriger[24]. » Et pour apprendre, longtemps, notamment dans l'ombre de l'Anglais Bobby Robson, au Sporting Portugal, à Porto puis au FC Barcelone. « C'était un très bon étudiant, disait Robson. Il se montrait très intelligent, ambitieux, enthousiaste et curieux. Il a appris comment on peut apprécier les qualités d'un joueur, la façon dont une équipe évolue et la manière de s'opposer à l'adversaire. Il a aussi pris conscience de l'importance de la discipline, de l'organisation, et de la motivation. Il ne m'a jamais dit qu'il voudrait un jour devenir entraîneur, mais je savais qu'un jour il parviendrait au sommet[25]. »

La vocation se double parfois d'une nécessité, ainsi exprimée par Jurgen Klopp, l'entraîneur de Dortmund, champion d'Allemagne en 2011 et 2012 et finaliste de la Ligue des champions en 2013 : « Je savais que je serais entraîneur mais je ne savais pas quand je le deviendrais. Ça a failli ne jamais arriver car, au début, je gagnais très mal ma vie. Mes collègues qui doivent passer par la D4 pour y arriver me font de la peine. Moi, à l'époque (2001), j'avais une famille à nourrir. Je ne pouvais pas dire : "Allez, on essaie et on voit en D4." Le chemin qu'on m'a proposé, entraîner Mayence alors que j'étais encore joueur, mais blessé, était le seul qui me convenait[26]. »

Le passé de joueur suffit-il pour devenir entraîneur ?

Un entraîneur est souvent un ancien joueur qui a commencé à réfléchir. Cesare Prandelli, sélectionneur de l'Italie, raconte son basculement : « Cela a commencé lors de ma dernière saison à la Juve, puis à Bergame, lors de mes dernières années de joueur. Je me suis rendu compte que j'avais arrêté de regarder les matchs avec le petit œil du footballeur, ce narcissisme de ceux qui croient réciter un spectacle personnel. Pendant les mises au vert, les autres joueurs venaient frapper à ma porte et me demandaient conseil. Je n'étais pas un immense joueur, et j'ai essayé de me faire aimer pour quelque chose d'autre. Sous mon maillot de footballeur, j'ai commencé doucement à endosser un autre costume[27]. »

La réflexion peut s'accompagner de nouvelles études. Aveu de Carlo Ancelotti, immense milieu de terrain du grand Milan AC : « Pour devenir entraîneur, j'ai d'abord étudié. Je savais que ma carrière de joueur ne me suffirait pas[28]. »

Après avoir stoppé sa carrière de joueur en 2003, Laurent Blanc est d'abord retourné s'asseoir sur les bancs de l'école, au Centre de droit et d'économie du sport de Limoges (CDES), avec la volonté initiale de devenir manager général de club. C'est après, seulement, qu'il s'est décidé à franchir le pas, mais avec une distance, en déléguant énormément à ses adjoints.

La nécessité de plonger dans le grand bain

Même quand on se prépare, le passage n'est pas toujours confortable. Aimé Jacquet a toujours rapporté ses premières difficultés d'entraîneur de club. Ayant suivi son stage d'entraîneur avec Roger Lemerre, son major de promotion, devenu responsable de l'équipe réserve de Lyon, il succède, presque à l'improviste, à Aimé Mignot à la tête de l'OL en cours de saison, en février 1976. Il se voyait dans la peau d'un formateur, il est propulsé dans le stress de la compétition professionnelle. Il avouera dix ans plus tard : « Un jour, je me suis dit : "Ça y est, je suis prêt pour être entraîneur." En fait, je n'étais pas prêt. Nul, j'étais nul. Mon Dieu, quelle catastrophe[29] ! » Mais, dès sa première demi-saison, il conduit Lyon en finale de Coupe de France, perdue face à Marseille (0-2). Il ne retournera pas à la formation. Mais il formera à sa manière les joueurs qui seront passés sous son magistère. Beaucoup parmi eux deviendront à leur tour entraîneurs. Dans la même interview de 1985, Jacquet décrit drôlement la trace qu'il ambitionne de laisser : « Je veux qu'à la fin de leur carrière, les joueurs puissent au moins dire : "Jacquet, c'était un con mais il m'a appris quelque chose." »

La troisième voie royale : la formation

La formation est un autre vivier d'entraîneurs. Francis Gillot, l'entraîneur de Bordeaux vainqueur de la Coupe de France en 2013, a basculé de la responsabilité du centre de formation au management de l'équipe professionnelle. Il décrit : « La formation, c'est un laboratoire. Tu accompagnes les gosses, tu te substitues à leurs parents. Tu participes à leur éducation en leur donnant un cadre de vie. Toi, tu apprends à entraîner, à faire des séances, à les fabriquer. Tes premiers principes de jeu arrivent. Tu peux même te louper, les gosses ne le verront pas. Les pros, eux, ils ne vont pas te rater. Entraîneur, tu te retrouves face à 25, 30 mecs avec des ego. Un vestiaire, c'est une poudrière. À la moindre boulette, il t'explose à la gueule. Et la boulette peut te poursuivre toute une année. Même les anciens internationaux dotés d'une aura n'y échappent pas. Ils peuvent prendre une équipe pro tout de suite. Mais la boulette, ils la feront quand même[30]. »

Des prédispositions repérables chez les joueurs

On l'a vu avec Didier Deschamps, le lien entre capitaine et entraîneur existe. Il y a l'idée d'une continuité. Mais la volonté d'être leader, quand on est joueur, ne suffit pas toujours. Un coéquipier de Mourinho raconte : « À 20 ans, José était un milieu défensif plutôt faible, agité, sans talent. Il n'était pas titulaire, mais il jouait. Il avait un caractère fort, une grande détermination, de la personnalité. Il s'intéressait aux méthodes d'entraînement. Il n'était pas facile de nouer des liens avec lui. Il a eu des conflits avec ses partenaires parce qu'il voulait être un leader mais n'était pas assez bon sur le terrain pour prétendre commander[31]. »

La légitimité de joueur compte pour commander, pas seulement la vocation d'entraîneur. Alex Ferguson, qui a dirigé Manchester United de 1986 à 2013, affirme, lui, qu'il était plus qu'un capitaine : « Je crois que je suis né avec des dispositions pour ce boulot. Depuis gamin, j'ai toujours su prendre les bonnes décisions. Je crois aussi que mes antécédents de syndicaliste m'ont aidé. À 19 ans, j'étais délégué syndical, et j'avais déjà ce penchant pour le contrôle des situations. Même comme joueur, je sentais ce qu'il fallait faire pour gagner[32]. »

Un profil en voie de disparition dans le football de haut niveau : l'entraîneur-joueur

Il existe un leadership intermédiaire, plus rare, celui d'entraîneur-joueur. Raymond Domenech a connu cela, pendant six mois, en arrivant en D2 à Mulhouse en 1984. Il décrit ainsi l'expérience : « J'ai commis une erreur, celle de jouer à un poste stratégique. Au milieu, j'aurais pu continuer. Mais libero, c'est autre chose. Je me souviens d'un match à Valenciennes (0-2), où je suis coupable sur le premier but. T'es mené 1-0, tu t'es fait jongler sur le but. Après, c'est dur, dans le vestiaire, de parler au groupe, de dire aux gars que le but ne compte pas, que c'est la deuxième mi-temps qui compte[33]... » Il passe de joueur à entraîneur, de celui qui discute l'autorité à celui qui l'incarne. « J'ai toujours été entraîneur dans ma tête. C'est pour ça que j'étais chiant : pourquoi on a fait ci, et pas ça ? Mais c'était pour comprendre, pas pour contester[34]. » Les expériences avortées de Nicolas Anelka à Shanghai et de Gennaro Gattuso à Sion attestent de la difficulté de porter deux casquettes à la fois.

Comment détecter les futurs entraîneurs ?

Pour être entraîneur, il existe une constante : il vaut mieux avoir réfléchi avant, donc.

Fondateur et responsable du Centre de droit et d'économie du sport de Limoges, qui a vu Laurent Blanc et Zinedine Zidane s'asseoir sur ses bancs, Jean-Pierre Karaquillo est confronté depuis de longues années à la transition des anciens joueurs vers le management. Il fait une différence « entre le management sportif et le management général » et explique : « Quand on est joueur, on ne s'intéresse absolument pas à ce qui se passe dans les bureaux, comme dirait Laurent Blanc. Ceux qui deviennent entraîneurs en prennent un peu plus conscience et développent des notions de management, mais sur un plan purement sportif. Comme dans l'entreprise, le manager général, qui agit par délégation de pouvoir de ses dirigeants, doit avoir en tête tous les secteurs qui font un club : le sportif, l'économique, le marketing, la commercialisation, le médical, le juridique. Chez nous, les anciens joueurs viennent chercher ces outils. Dans une entreprise traditionnelle, les cadres ont fait de longues études, ce sont des intellectuels. Ce n'est pas le cas de ceux qui viennent du sport de haut niveau. Notre but est de leur faire comprendre leurs ressources intellectuelles, de les révéler. Et s'ils n'ont pas fait de longues études, ils ont une connaissance très forte du terrain[35]. »

Jean–Pierre Karaquillo a des critères de recrutement : « On veut des gens loyaux, intègres, humbles et solidaires. Des champions du monde 1998 n'ont pas été pris. J'ai vu d'anciens joueurs qui avaient été capitaines et que l'on n'a pas gardés parce qu'ils étaient égoïstes et ne correspondaient pas à notre idée du management. Mais la promotion de Zinedine Zidane, par exemple, est la plus unie que l'on ait eue. Il veut participer à tout et suscite une adhésion incroyable : par rapport à l'homme qu'il est, avec son intelligence extraordinaire, son humilité, les dix–sept autres élèves sont admiratifs. Zinedine a la bonne démarche. Il se dit : ''Mais comment a fait l'autre dans telle situation ?'' Ce sont des gens qui ont arrêté leurs études en classe de cinquième ou de quatrième, et qui ont envie de se prouver quelque chose. »

2 — DES PROFILS TYPES DE MANAGERS D'ENTREPRISE ?

Des caractéristiques communes à tous les bons managers

En reprenant les déclarations des entraîneurs de football qui parlent de leur métier, on retrouve notamment les notions suivantes :

▶ importance de l'écoute ;
▶ penser intérêt collectif ;
▶ prendre ses responsabilités ;
▶ s'appuyer sur la réussite de ses hommes ;
▶ se centrer sur la victoire ;
▶ curiosité, humilité, volonté d'apprendre ;
▶ aider les collaborateurs à trouver les solutions ;
▶ analyser des erreurs et des réussites ;
▶ faire avec les moyens alloués ;
▶ aspect pédagogique : savoir expliquer à ses collaborateurs ;
▶ communiquer avec ses équipes ;
▶ faire preuve de leadership.

S'il est difficile de réunir toutes ces compétences en une seule personne, elles peuvent constituer un repère pour la progression de chacun.

S'appuyer sur son expérience

Lorsqu'un collaborateur passe manager, il est en recherche de légitimité. Il n'a pas d'expérience en tant que manager, certes, ou alors sur des sujets précis, sans la pleine responsabilité du poste. Mais il possède quand même un grand nombre d'atouts. Son expérience doit lui être utile, car il a été « managé ». En analysant sa relation avec son propre manager, il peut identifier les actions qu'il doit ou ne doit pas reproduire. Il a été à la place des personnes qu'il va maintenant diriger, il est donc le mieux placé pour comprendre quelles sont leurs attentes et leurs besoins. Cette expérience doit bien sûr être complétée par l'expérience de management, ainsi que par la théorie sur le sujet, mais elle doit toujours être gardée comme un précieux atout dans son jeu.

Par ailleurs, tout le monde, dans son expérience personnelle, a eu un manager qui l'a fait progresser plus que les autres, qu'il admirait, qu'il aurait suivi sur tous les sujets, en se disant : « Si un jour je deviens manager, j'espère être comme lui. » Alors posez-vous la question : qu'est-ce que je peux reprendre à mon compte ?

Le meilleur vendeur devient-il forcément le meilleur manager ?

Dans un grand nombre d'entreprises, le meilleur vendeur, le meilleur technicien, le référent est nommé manager pour pouvoir expliquer, apprendre aux autres. Ce type de manager est encore extrêmement présent dans nos entreprises françaises : le manager de proximité. Il tient sa légitimité de sa technique ou de ses résultats passés. L'énorme avantage est qu'il peut faire progresser son équipe sur la partie technique. En revanche, qu'en est-il de la partie humaine ? de la communication ? du pilotage de l'activité ? À la différence du footballeur, qui raccroche les crampons, le manager de proximité a encore bien souvent la responsabilité de l'activité : il gère les clients les plus importants, résout les problèmes techniques complexes, et bien souvent, pour aller plus vite, il fait à la place des collaborateurs... Et quand il lui reste un peu de temps, il s'occupe de son équipe. Alors qu'il a été habitué à travailler seul, à se battre pour atteindre ses chiffres, le rôle qui lui est demandé aujourd'hui est tout autre et, comme vu précédemment, la liste des compétences à acquérir est bien longue.

Du contrôle à l'animation

La manager d'entreprise et l'entraîneur de football ont progressé conjointement sur un point précis : le périmètre de leurs responsabilités.

Comme dans le football, en fonction de la position dans la hiérarchie, les compétences du manager deviennent moins techniques, mais plus humaines et politiques. Le manager de proximité doit maîtriser la technique pour l'apprendre à ses collaborateurs, comme les formateurs et éducateurs qui arpentent les terrains de football les mercredis après-midi. Plus on progresse dans la hiérarchie, moins le rôle du manager est de savoir et d'expliquer, mais plus d'orienter, accompagner et animer l'équipe. Le rôle du manager sera de moins en moins un rôle de contrôle mais plus un rôle de facilitation : il doit aider ses collaborateurs à atteindre leurs résultats collectivement. Il doit créer les conditions pour que chacun se motive et réussisse.

GRILLE DE TRAVAIL N° 2
IDENTIFIER ET DÉVELOPPER SON PROFIL DE MANAGER

C'est un rappel du sélectionneur de l'équipe de France, Didier Deschamps, joueur le plus titré de tout le football français : « Entraîner, ce n'est pas quelque chose de rigide, car il n'y a pas une philosophie, une école de pensée. » Il n'existe pas un seul profil de manager. Pour vous aider à vous positionner et à identifier le style que vous souhaitez développer, nous avons identifié six représentants pour illustrer chacun d'entre eux. Ces styles ne font pas référence à des compétences, mais à des préférences. Chaque manager, en fonction de la situation et des joueurs dont il dispose, pourra évoluer et sortir de son style préférentiel.

Des typologies d'entraîneurs

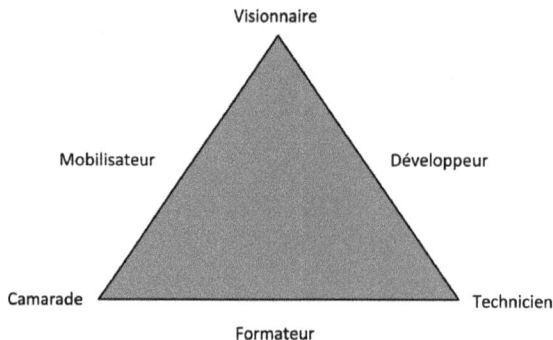

Visionnaire

Mobilisateur   Développeur

Camarade   Technicien

Formateur

▶ Le Visionnaire : Alex FERGUSON

Ce qui intéressait sir Alex Ferguson, c'était le projet de construire le plus grand club du monde et d'être constamment dans le contrôle. Il donnait ses directives, rappelait toujours la place du club dans l'histoire et entretenait l'exigence de résultat. Il déléguait l'animation des entraînements, mais aussi une partie de la gestion de l'équipe à ses adjoints, à qui il faisait entièrement confiance. Souvent, quand les joueurs devenaient plus importants que l'équilibre de l'équipe, il n'hésitait pas à les transférer pour que chacun reste concentré sur les objectifs du club.

▶ Le Technicien : Rafa BENITEZ

Dans une interview à la *Gazzetta dello Sport*, lors de sa prise de fonctions à l'Inter, il rappelait que, déjà, à l'âge de 13 ans, il notait sur un carnet les caractéristiques de ses adversaires et des équipes qu'il allait rencontrer. Il dirige tous les entraînements, s'assure de tout maîtriser sur le domaine technique, notamment avec l'aide des statistiques et de l'informatique. Il connaît tout sur le football et diffuse sa connaissance aux membres de son équipe.

▶ Le Camarade : Carlo ANCELOTTI

Ce n'est pas un hasard si Carlo Ancelotti réussit aussi bien dans les grands clubs : il sait être proche de tous ses joueurs, il les invite avec leurs épouses dîner à la maison, a besoin de cette relation de proximité. Cela lui permet de gérer au mieux les ego des vestiaires et les susceptibilités des remplaçants. L'harmonie du vestiaire est un élément majeur pour la réussite de son projet.

▶ Le Mobilisateur : José MOURINHO

À mi-chemin entre le Visionnaire et le Camarade, José Mourinho est reconnu pour sa capacité à créer un groupe solide tourné vers un objectif commun : la gagne. S'il lui arrive de déléguer une grande partie de l'entraînement ou la communication avec les médias, surtout lorsqu'il est fâché avec eux, il est toujours présent pour défendre son équipe et lui rappeler à quel point la victoire est primordiale. Tous les joueurs qui l'ont croisé rappellent volontiers à quel point ils étaient prêts à tout donner pour la victoire. Et pour leur entraîneur.

▶ Le Formateur : Arsène WENGER

À mi-chemin entre le Camarade et le Technicien, le Formateur se donne pour mission de faire grandir « footballistiquement » et humainement les joueurs qui composent son effectif, quitte quelquefois à ne pas atteindre les objectifs du projet. Faire confiance, faire grandir, apprendre, voilà son quotidien.

▶ Le Développeur : Didier DESCHAMPS

Il pousse, par son travail au quotidien, ses équipes à grandir et à atteindre de nouveaux horizons. Palmarès incontesté en tant que joueur, Didier Deschamps a réussi également en tant qu'entraîneur à développer les structures par lesquelles il est passé : il a mené Monaco en finale de la Ligue des champions, fait remonter la Juventus en Série A et rapporté à l'OM un nouveau titre de champion après une longue attente, tout en apportant de la structure et de la culture aussi bien sur le plan technique que tactique.

Josep GUARDIOLA est volontairement absent de cet ensemble, car pour nous il représente l'entraîneur qui a réussi à équilibrer les différents rôles du manager et à porter le FC Barcelone sur le toit de l'Europe en tenant compte de ses valeurs, de son histoire, en intégrant des générations différentes avec un jeu copié mais jamais égalé.

© Groupe Eyrolles

Et vous ? Posez-vous les questions suivantes :

▶ de quel style de manager suis-je le plus proche aujourd'hui ?

▶ à quel style de manager est-ce que je souhaite ressembler ?

▶ pourquoi est-ce important pour moi ?

▶ quelles sont les actions que je dois mettre en œuvre pour développer ce style ?

▶ quels sont les risques de ce style ?

THÈME N° 3

LES PREMIERS JOURS À LA TÊTE DE SON ÉQUIPE

L'histoire est toujours la même, que l'on soit à l'école, dans le football ou dans l'entreprise : comme tout changement qui a de l'impact, il s'accompagne de la résistance naturelle et des questionnements qui vont avec l'arrivée du nouveau chef. Pour se rassurer, on cherche à glaner des informations, à savoir à qui on va avoir à faire. Avant même ses premiers mots, sa première déclaration, c'est toute sa réputation avec les rumeurs et les croyances qui arrivent avant lui : « Il est comme ci », « Il paraît qu'il fait comme ça », « Il vient de là, donc il va agir ainsi » ou encore « On n'a jamais entendu parler de lui, sera-t-il à la hauteur ? ». Le manager n'est pas encore en fonction qu'il a déjà un ou plusieurs portraits effectués par l'équipe en place. Et Internet ne va pas ralentir la tendance, tellement les réflexes de « googler » les nouveaux venus dans son entourage se développent.

Avant de s'intéresser à la prise de poste d'un manager dans l'entreprise, nous allons notamment observer les premiers pas de Carlo Ancelotti à la tête du Paris Saint-Germain, après sa nomination en décembre 2011. Comment créer les bonnes conditions pour bâtir une relation saine et constructive avec ses nouveaux coéquipiers ?

1 — LES PREMIERS JOURS DANS SON NOUVEAU CLUB

Les premiers pas de Carlo Ancelotti au PSG

Le premier jour d'un entraîneur à la tête de sa nouvelle équipe est observé selon sa notoriété. Quand il débarque à la tête du Paris SG, dans les dernières heures de l'année 2011, Carlo Ancelotti est escorté à la fois par sa notoriété de joueur, sous les couleurs du grand Milan AC de Sacchi, dans les années 1980, et par sa notoriété d'entraîneur, acquise à la Juventus, à Chelsea, mais surtout à Milan, où il a remporté deux fois la Ligue des champions.

Carlo ANCELOTTI

Italien
Né le 10 juin 1959 à Reggiolo
Entraîneur du Real Madrid

CARRIÈRE D'ENTRAÎNEUR
Reggiana : 1995-1996
Parma AC : 1996-1998
Juventus de Turin : 1998-2001
AC Milan : 2001-2009
Chelsea FC : 2009-2011
Paris Saint-Germain : 2011-2013
Real Madrid : Depuis 2013

CARRIÈRE DE JOUEUR
Parma AC : 1976-1979
AS Roma : 1979-1987

AC Milan : 1987-1992
26 sélections en équipe d'Italie

PALMARÈS DE JOUEUR
Coupe du monde : 1982 (Italie)
Ligue des champions : 1989 et 1990 (Milan AC)
Coupe du monde des clubs 1990 et 1991 (Milan AC)
Supercoupe d'Europe : 1989 et 1990 (Milan AC)
Champion d'Italie : 1983 (AS Roma), 1988 et 1992 (Milan AC)
Supercoupe d'Italie : 1988 (Milan AC)
Coupe d'Italie : 1980, 1981, 1984 et 1986 (AS Roma)

PALMARÈS D'ENTRAÎNEUR
Ligue des champions : 2003 et 2007 (Milan AC)
Mondial des Clubs : 2007 (Milan AC)
Supercoupe d'Europe : 2003 et 2007 (Milan AC)
Champion d'Italie : 2004 (Milan AC)
Champion d'Angleterre : 2010 (Chelsea FC)
Champion de France : 2013 (PSG)
Coupe d'Italie : 2003 (Milan AC)
Coupe d'Angleterre : 2010 (Chelsea)
Supercoupe d'Italie 2004 : (Milan AC)

Ses premiers jours d'entraîneur n'ont pas tous été les mêmes, dans sa longue carrière. Marqués par ses années de Milaniste, les supporters de la Juventus de Turin l'avaient accueilli, en février 1999, lors de sa première séance d'entraînement, par cette banderole : « Un cochon ne peut entraîner la Juve ».

Le premier jour au PSG, il arrive avec la réputation due à ses résultats, mais aussi due à son management. Au sujet de leur nouvel entraîneur, les joueurs posent la même question qu'un lycéen sur son nouveau professeur le jour de la rentrée des classes : « Et lui, il est comment ? Il est sévère ? » Dès son premier jour, face à la presse, Carlo Ancelotti doit donc répondre de sa proximité avérée avec ses joueurs. « Moi, trop gentil avec mes joueurs ? C'est un faux débat : je peux me fâcher comme une bête avec l'un d'eux ! Sauf que je ne vais pas ensuite le répéter à tous les journalistes[36] ! »

Dans les premières conférences de presse, la langue de bois est indispensable. Car Ancelotti est guetté à la fois par l'intérieur, son vestiaire, qui ne le manquera pas à la moindre parole maladroite, et par l'extérieur, cet environnement médiatique et populaire qui s'étonne, quand même, que l'on puisse remplacer un entraîneur en tête de la Ligue 1. Il faut naviguer dans l'expression entre l'élégance, quand il évoque son prédécesseur, Antoine Kombouaré, et une forme indispensable de confiance, quand il est question de la suite de la saison et des objectifs à tenir.

Comme tout se sait, tout le monde a su qu'Ancelotti a hésité parce qu'il aurait préféré trouver un club à Londres. Il lui faut donc, tout de suite, faire passer l'idée de son adhésion à un projet à long terme, et assurer que le délai de réflexion n'était pas lié aux conditions financières : « L'argent, c'est important dans la vie et on doit en parler pour trouver un accord, souligne l'Italien. Mais ce n'est pas la seule chose, il y a aussi la passion, l'envie, le projet. Je suis ravi d'être ici pour mettre à profit mon expérience. Tous les ingrédients sont réunis pour réussir à faire du PSG un grand club d'Europe. Cette saison, on vise le titre de champion avant d'envisager de bonnes performances lors de la prochaine Ligue des champions. Nous voulons que le club grandisse[37]. »

Les premiers jours, Ancelotti doit lutter avec son directeur sportif, Leonardo, pour avoir la main sur la constitution de son staff, il doit également faire passer le message de son idée du jeu, et commencer, déjà, à séduire. Pour son staff, tout se passe dans la coulisse. Pour la séduction, c'est en conférence de presse : dès sa première apparition, l'Italien fait l'effort de parler en français, qu'il maîtrise mal. Mais ses erreurs deviennent une politesse et une élégance qui charment l'auditoire, comme cette réponse à une question mal comprise : « Je demande, au début, de parler doucement et toi, tu parles très vite[38] ! »

Sur le jeu, c'est aussi vague qu'une promesse électorale, mais après tout, c'est le moment : « Une équipe bien organisée, qui défend bien et qui attaque bien. Un jeu offensif, dynamique, plaisant et efficace[39]. »

Avec les joueurs, sur le terrain d'entraînement, le premier message est ferme, mais exprimé d'une voix douce : « Sur le terrain, on travaille, on ne parle pas. Je veux que vous soyez concentrés, même pendant les étirements. Je ne veux pas vous entendre rigoler ou plaisanter[40]. » Il parle en français quand il connaît les mots, ajoute un peu d'italien, ou bien se sert d'un tableau quand il veut être plus clair encore. Mamadou Sakho, le jeune capitaine (21 ans), explique alors que son nouvel entraîneur l'a pris à part : « Il m'a demandé d'être un relais auprès du groupe. Il m'a fait passer des messages sur les horaires d'entraînement, sur les habitudes qu'on avait prises et sur sa nouvelle méthode[41]. »

Avec un entraîneur aussi connu, la perception de la nouveauté par les joueurs est considérablement influencée par ce qu'ils entendent à l'extérieur. Pour les joueurs du PSG, cela a été plus rapide et plus symbolique : ils ont disputé leur premier match amical, avec Ancelotti, à Dubaï, face au Milan AC. Et ils ont vu leur nouvel entraîneur tomber dans les bras de ses anciens joueurs. Ils ont entendu Gennaro Gattuso, le Milanais emblématique, déclarer : « Carletto est l'ami parfait. Il est impossible de ne pas lui vouloir du bien[42]. »

Ancelotti, à l'évidence, a fait le choix d'une prise en main qui lui ressemble. Il n'a pas voulu basculer dans la caricature du manager obsédé par la nécessité de délimiter son nouveau territoire. Et plutôt que de s'exposer sur la nécessité ou non pour le PSG d'avoir limogé Kombouaré, il a renversé la problématique en évoquant ce qu'il risquait, tout en le niant, éternelle contorsion médiatique : « Je ne prends pas un risque particulier en acceptant d'entraîner une équipe leader de son championnat. D'autant que les joueurs ont la qualité pour gagner le titre en L1[43]. »

Enfin, la pression des Qataris lui fait à peine lever un sourcil, en songeant à ce qu'il a vécu, à Milan, face aux critiques publiques de Silvio Berlusconi. « Le Cavaliere veut systématiquement gagner en jouant bien, ce qui n'est pas toujours possible. Ses critiques ne m'ont jamais gêné, car il a cette qualité : il les fait quand les choses vont bien ; dans les périodes de difficulté, Berlusconi a toujours été proche de son équipe[44]. » C'était aussi un message à sa nouvelle direction.

Mais avec le recul, il est permis de s'interroger. Carlo Ancelotti a-t-il suffisamment utilisé ses cent premiers jours de manager ? Sa révolution trop douce, trop bonhomme, a paradoxalement poussé l'environnement du club, ce qui est accessoire, et les joueurs eux-mêmes, ce qui est essentiel, à considérer qu'il n'avait pas changé grand-chose, puisque les résultats ne se sont pas améliorés pendant ses premiers mois à la tête du PSG. Comme si Ancelotti se fondait dans un décor, quel qu'il soit, ce qui est une attitude adaptée à un grand club déjà bâti, mais ce qui suggère qu'il n'est pas capable de construire quelque chose lui-même.

Il a apporté de nouvelles méthodes, avec une armée d'adjoints, des systèmes de GPS pour étudier les déplacements des joueurs sur le terrain, des exercices hérités de ses passages italiens et anglais, mais les résultats du PSG n'ont pas décollé. Le football peut être assez simple, voire simpliste : si un entraîneur qui gagne peut faire croire qu'il a une stratégie, un entraîneur qui perd fait croire qu'il n'en a pas. Aucun nouveau management ne peut être efficace si les résultats ne l'accompagnent pas. Même quand une certaine bienveillance médiatique permet au message du nouvel entraîneur de passer le plus longtemps possible.

Toutes les expériences sont différentes

Tous les grands managers du football moderne n'ont pas connu la même première expérience. Alex Ferguson, le patron incontesté de Manchester United pendant près de trente ans, se souvient de son premier match d'entraîneur, à East Stirling, en 1974 : « Je n'avais que treize joueurs. Quand j'y repense, c'était plutôt facile, rien à voir avec la complexité de maintenant[45]. »

Quand José Mourinho débarque au Real Madrid en 2010, auréolé d'une victoire en Ligue des champions avec l'Inter Milan quelques mois plus tôt et Porto en 2004, sans oublier ses riches années à Chelsea, il annonce le changement sans vouloir heurter : « Le Real Madrid doit prendre conscience qu'il lui faut acquérir une vraie philosophie de jeu. Son jeu reste à définir. Le club est passé de Capello à Pellegrini, en passant par Schuster ou Juande Ramos, ça ne peut pas continuer comme ça. Un entraîneur ne peut pas imposer le style qu'il affectionne s'il va à l'encontre de la tradition du pays et du club où il exerce. Dans chacun des clubs et des pays où j'ai travaillé, c'est moi qui ai dû m'adapter à la philosophie locale et non l'inverse. Tu ne peux pas aller entraîner en Italie et vouloir imposer un jeu à la Barça, car tu vas te casser la gueule. Et l'inverse est tout aussi vrai[46]. »

Mais vis-à-vis de son vestiaire, José Mourinho ne met pas de patins quand il découvre un nouveau monde. Sa devise est inscrite en conclusion de la lettre d'accueil qu'il transmet à chaque nouveau joueur : « motivation + ambition + esprit d'équipe = succès ». Il y a quelques années, il lui arrivait même de signer ainsi ses missives : « José Mourinho, le meilleur entraîneur du monde. »

Tous les entraîneurs ne sont pas ainsi escortés par les trompettes et les grands ors. Quand Arsène Wenger est arrivé à Arsenal, en 1995, s'étalaient ces titres dans les journaux anglais : « Arsène who ? » Personne ne le connaissait. Il avait entraîné Nancy, Monaco, un club japonais, et pour l'Angleterre, c'est un peu comme s'il débarquait de la lune : « J'arrivais dans un pays où il n'y avait pas eu beaucoup d'entraîneurs étrangers, et où aucun n'avait connu de succès. J'avais huit joueurs de plus de 30 ans, et un vestiaire avec autant de joueurs âgés, c'est quand même une bombe, c'est à manier avec des pincettes. Il va falloir dire à l'un, puis à l'autre, qu'il est un peu trop vieux pour continuer. J'avais 46 ans à l'époque. Mon expérience d'entraîneur m'a permis de me faire accepter en douceur. J'ai laissé flotter le bateau en apportant de petites retouches. Et au bout d'un an, je suis intervenu, par le recrutement[47]. »

Quelles sont les premières actions mises en œuvre ?

Les premières prises de position sont décisives. Explication de Didier Deschamps, passé sur les bancs de Monaco, la Juventus et Marseille avant de prendre en charge l'équipe de France : « Dans un club, 60 % du boulot de l'entraîneur doit être réalisé lors de l'avant-saison. Tu as un effectif et tu ne peux pas changer tout le monde. Il faut donc que tu t'informes vite et que tu saches comment et de quoi est fait le groupe. Qui sont les joueurs que tu récupères, quels sont ceux dont tu as besoin[48]. »

Quand Fabio Capello, l'ancien entraîneur de Milan, de la Juve et du Real prend en main une équipe, il édicte trois règles intangibles. Ce ne sont pas toujours les mêmes. Ce n'est pas le fond de la règle qui compte, c'est la manifestation de l'autorité. Quand il est devenu sélectionneur de l'équipe d'Angleterre, en décembre 2007, il a interdit le service d'étage, les tongs, imposé la tenue officielle en toutes circonstances, a interdit l'usage du téléphone portable à l'extérieur des chambres, et a banni la présence des femmes, familles et agents dans les couloirs de l'hôtel. En club, il lui est arrivé d'interdire l'usage de l'ascenseur si l'équipe était logée au premier ou au deuxième étage.

Jean-Pierre Papin avait gardé ce souvenir du Milan AC des années 1990 : « En début de saison, Fabio Capello avait réuni les joueurs et avait prévenu qu'il n'accepterait jamais que quiconque discute ses choix devant l'équipe. Si vous aviez quelque chose à lui dire, il fallait le faire en privé, et seulement de 9 h 30 à 11 h 30[49]. »

Parfois, la première action est de l'ordre du symbole, et la résistance au nouveau management se concentre sur un détail. Récit d'Arsène Wenger, après son premier match d'entraîneur d'Arsenal, à Blackburn : « Les joueurs scandaient dans le bus : "On veut notre chocolat, on veut notre chocolat !" [50]... » Il avait interdit l'alcool et les barres de chocolat.

Les vieux joueurs anglais d'Arsenal se sont braqués. Puis l'équipe a commencé à gagner, et ils ont compris qu'avec Wenger et sa diététique, leur carrière allait durer trois ou quatre années de plus. Comme toujours dans le foot, la confiance dans le nouveau management a été la conséquence des résultats autant qu'elle en a été la cause.

De même, en arrivant à Manchester City, Roberto Mancini a provoqué un séisme dans le vestiaire en supprimant les œufs au plat. Navigation entre le respect d'une culture, l'établissement d'une nouvelle autorité et quelques principes sincères. « On a enlevé tous les aliments trop gras. Une équipe a besoin d'une bonne alimentation. J'ai fait venir un cuisinier italien, et nous préparons maintenant les pâtes avec moins de beurre. Mais on n'a pas tout changé non plus, parce qu'on ne peut pas bouleverser le mode de vie d'une équipe quand on vient d'ailleurs. Avant, à City, les joueurs avaient deux jours de repos par semaine. J'en ai enlevé un, et j'ai mis en place deux entraînements par jour, au lieu d'un seul. Les joueurs étaient un peu furax au départ, mais quand l'équipe a commencé à s'améliorer, ils ont compris[51]. »

Ils ont compris deux choses. Un, éventuellement, comme le laisse entendre Mancini, que les nouvelles dispositions pouvaient favoriser leur performance. Deux, et c'est probablement le plus important, que les bons résultats signifiaient que l'entraîneur allait rester, et qu'il ne leur restait guère d'autre choix que de se rallier. Ce sont toujours les résultats qui valident les ères nouvelles. Sans résultat, c'est l'entraîneur qui change. Et le suivant aura même le droit de rétablir les œufs au plat.

2 — LES PREMIERS PAS DANS L'ENTREPRISE

Prendre en compte son passé et les rumeurs qui l'accompagnent

N'existe que ce qui est perçu. Il est donc difficile pour un nouvel arrivant de vouloir imposer la vérité, sa vérité. Tout l'entourage est à l'écoute, dans un moment fortement émotif, et la première intervention ne peut pas porter sur de la justification ou de la négociation par rapport aux rumeurs passées. Plutôt que de répondre, il faut chercher à savoir ce qui a mené les autres à le percevoir de cette façon. Cela lui permettra de corriger ou de faire évoluer cette image en douceur, sans créer de cristallisation autour de ce sujet.

▶ Faites le lien avec le passé de l'équipe : énergie *vs* résultats

Le manager qui arrive dans sa nouvelle équipe dispose en général d'une feuille de route fixée par ses dirigeants lors de la négociation ou de la nomination. Dans une équipe déjà en place, il est possible de classer la mission confiée au nouveau manager en quatre archétypes, en fonction de l'énergie de l'équipe et des résultats qu'elle a obtenus par le passé. Ces quatre catégories sont représentées dans la matrice suivante.

La dynamique de l'équipe

ÉNERGIE

Forte

Faible

Concrétiser

Entretenir

Reconstruire

Dynamiser

RÉSULTATS

Mauvais

Bons

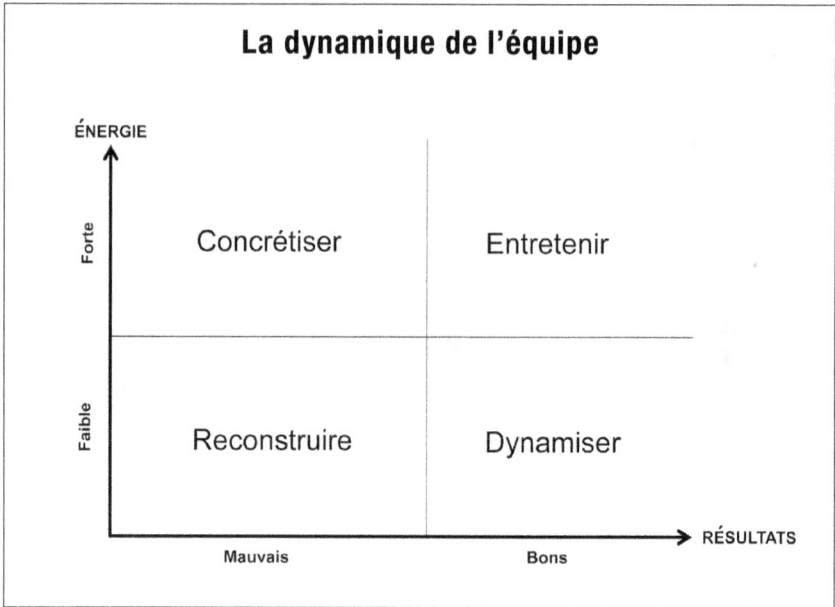

▶ Énergie forte et bons résultats : entretenir

L'équipe est sur une dynamique positive, elle obtient des résultats dans un climat de travail serein. Le rôle du manager sera donc de maintenir, d'entretenir cet état des lieux. Il doit donc rapidement valoriser le travail effectué et donner des signes de continuité.

▶ Énergie forte et mauvais résultats : concrétiser

Bien que le climat soit serein, que l'énergie soit positive, les résultats ne sont pas au rendez-vous. Il faut donc encourager les équipes à maintenir cette énergie et rassurer sur l'obtention des résultats. L'expérience du manager peut lui servir pour démontrer qu'il a obtenu des résultats ailleurs. Il est plus attendu sur la technique.

▶ Énergie faible et bon résultats : dynamiser

Les résultats sont là, mais pour combien de temps, et à quel prix ? La situation est viable à court terme. Le manager doit s'appuyer sur les bons résultats pour valoriser l'équipe, et échanger individuellement pour comprendre les raisons qui ont mené à l'énergie et au climat actuels. Le manager doit faire preuve d'une grande capacité d'écoute et d'analyse pour déceler les enjeux humains de la situation.

▶ Énergie faible et mauvais résultats : reconstruire

C'est souvent le cas dans le football : le changement d'entraîneur est voulu pour créer un déclic qui permettra de redresser les résultats. Le rôle du manager est donc de reconstruire en redonnant confiance à l'équipe. Le changement est en général le bienvenu, et des annonces rapides et concrètes sont attendues par tous, ou en tout cas par la plupart.

Attention : si le risque premier est de faire un mauvais constat de la situation de départ, le second risque, presque aussi important, est de surinvestir sur l'un des deux aspects au détriment de l'autre. L'énergie et les résultats sont les deux faces d'une même pièce. Les deux sont indispensables pour réussir dans la durée.

Créer la relation avant de faire passer vos messages

Bon nombre de décisions justes et mesurées ont été tuées dans l'œuf du fait d'un timing inapproprié. Lors de sa prise de poste, le manager a un grand nombre de messages à faire passer. Il prépare alors son discours, choisit soigneusement les mots qu'il va utiliser, prépare son message. Pendant cette préparation, bien souvent, il s'interroge sur ce qu'il veut dire, sur ce qu'il a à faire passer.

Or, le message n'est que la première composante de la communication.

La seconde composante de la communication est l'outil utilisé : quel est le moyen le plus utile à ce moment, pour faire passer ce message : un discours, un échange, une lettre, un mail, un message vidéo ?

Enfin, la troisième composante de la communication est la relation avec vos interlocuteurs. La perception du message est fortement influencée par la relation que vous avez avec eux.

Exemple : deux consultants sont face à un comité de direction. L'un des consultants a une trentaine d'années et rencontre pour la première fois cette équipe. Avec lui, son collègue. Il a une trentaine d'années également, même look, même cursus et les a déjà accompagnés sur plusieurs projets. Les deux consultants peuvent utiliser les mêmes messages, les mêmes mots, accompagnés par les mêmes diapositives, le consultant qui est déjà en relation aura toujours une plus grande crédibilité que son collègue. Ce n'est pas une histoire de compétences ou d'*a priori*, c'est simplement le fait que la relation est déjà établie, la confiance est construite pour le second. Le premier doit initialement construire sa relation pour gagner en crédibilité et ainsi faire passer des messages plus importants, plus conséquents par la suite.

Les bonnes questions à se poser avant de passer un message important sont les suivantes :

▶ Quels sont les trois messages clés que je veux qu'ils retiennent ?

- ▶ Pourquoi est-ce important pour moi ?
- ▶ Quel est le niveau de ma relation avec eux ?
- ▶ Est-ce qu'ils sont prêts à entendre ces messages ?
- ▶ Quels peuvent être les impacts sur eux ?
- ▶ Qu'est-ce que j'ai envie de savoir sur eux ?

En conclusion, il faut penser à « parler à » aux personnes qui sont en face de soi, plutôt que « parler de », d'être trop centré sur le sujet et les mots utilisés.

Changements de surface, changements en profondeur

En fonction de l'état de situation brossé par vos dirigeants et grâce à l'analyse que vous avez réalisée, vous allez pouvoir identifier les changements que vous allez apporter. Comme vu précédemment, il faut distinguer les changements de surface des changements en profondeur, indispensables à l'équipe, mais qui nécessitent de devoir créer une bonne relation avec son équipe pour être partagés et acceptés. Bien sûr, il est toujours possible d'imposer ses choix, d'annoncer clairement de grosses décisions sans avoir au préalable construit une relation de confiance. Mais le temps nécessaire ensuite à faire comprendre, à convaincre, dans une dynamique moins positive, sera du temps perdu. Mieux vaut donc débuter par des changements de surface, qui vont certes dans le sens des changements en profondeur que vous souhaitez imposer, mais qui ont un impact moins important au départ.

Cela comporte trois avantages de commencer par quelques petits changements de surface avant de s'attaquer aux changements en profondeur : par l'annonce de changements, le manager montre son autorité. Si l'équipe voit physiquement que le manager a changé, elle doit le ressentir également au quotidien par des illustrations concrètes.

La résistance est une réaction naturelle à tout changement. Si le manager annonce une nouvelle d'envergure, la phase de réaction sera plus longue et plus forte. S'il s'agit d'un changement de surface, il sera moins difficile à faire accepter.

Un grand nombre de décisions prises dans les premiers jours de la prise de poste sont remises en cause après un certain temps. Si les premières annonces sont sur des changements de surface, le retour en arrière et l'impact d'une mauvaise décision seront moins importants.

Faire part de ses incontournables

S'il est déconseillé d'annoncer de gros changements dès sa prise de poste, il faut annoncer à son groupe les incontournables, les valeurs, les croyances fortes sur lesquels vous allez vous appuyer. Il y a peu de possibilités qu'ils changent avec le temps, et si ce sont des incontournables, autant que l'équipe le sache dès le départ. La tentation à ce stade est d'en rajouter, de ne pas être naturel, d'en dire trop. Le risque évident est que le manager soit pris en défaut. Le naturel ayant toujours tendance à revenir, le manager risque de se décrédibiliser rapidement, car les premiers jours des managers sont scrutés et enregistrés par tous les membres de l'équipe.

Écouter, questionner, noter

Une fois les toutes premières bases posées, le manager doit passer à une phase d'écoute. Si en général un état des lieux a été effectué avant son arrivée (par son n + 2, par les ressources humaines, par les journalistes parfois dans le football), le manager doit se faire sa propre idée de la situation. Comme le rappelait Didier Deschamps, le management n'est pas un art rigide. Si le manager doit adapter son style, ses façons de faire, il doit tenir compte de ses préférences, mais aussi de la situation de l'équipe et des membres de celle-ci. Dans les premières semaines, le manager doit rencontrer individuellement chaque membre de son équipe et les écouter activement. Pour cela, l'art du questionnement est un outil indispensable : quoi, pourquoi, qui, comment, combien ?

GRILLE D'ATELIER N° 3
PRÉPARER SA PRISE DE POSTE : LES 100 PREMIERS JOURS DU MANAGER

Cent jours pour un entraîneur, c'est une éternité. Cent jours pour un manager d'entreprise, c'est le temps qu'il faut pour faire un état des lieux de la situation, ce qui lui permettra de construire les bases d'une collaboration fructueuse avec son équipe.

Voici donc les étapes incontournables de la prise de poste.

▶ Premier jour : réunissez votre équipe

On n'a qu'une seule occasion de faire une bonne première impression. La première journée doit être la journée des présentations. Rencontrez votre équipe, présentez-vous et donnez l'occasion à votre équipe de se présenter.

Votre rencontre de présentation doit comprendre les éléments suivants :

- ▷ votre mission au sein de l'équipe ;
- ▷ vos attentes ;
- ▷ vos croyances et vos valeurs ;
- ▷ votre feuille de route pour les cent prochains jours.

Vous pouvez créer une séquence participative lors de la rencontre, mais ne vous attendez pas à avoir une participation franche, sincère et débridée. Les collaborateurs sont en attente de savoir à qui ils ont affaire. Il sera difficile pour eux de vous livrer des informations majeures en collectif ce jour-là. Le questionnement pourra porter sur votre expérience, sur les réussites de l'équipe, sur les challenges à venir.

▶ Première semaine : rencontrez individuellement les membres de votre équipe

La première semaine doit être dédiée à la rencontre des membres de votre équipe. Tous vos collaborateurs directs doivent avoir l'occasion d'échanger individuellement avec vous.

Le questionnement doit porter sur les éléments suivants :

- ▶ le rôle du collaborateur : sa mission, ses réalisations, ses difficultés, son rôle dans le fonctionnement collectif ;
- ▶ le fonctionnement de l'équipe : sa vision du fonctionnement de l'équipe, les zones de force, les zones de progrès ;
- ▶ l'activité de l'équipe : ses résultats, ses zones de progrès ;
- ▶ ses attentes envers vous : ce qu'il attend de son manager.

▶ Premier mois : prenez vos marques

Le reste du premier mois doit consister à prendre vos marques dans l'activité de l'équipe : comprendre ses résultats, son fonctionnement, les interactions entre les membres de l'équipe. Vous devez commencer à préparer votre rapport d'étonnement (ce qui vous rassure, ce qui vous inquiète, ce qui vous étonne, ce qui vous questionne) et compléter votre tour d'horizon des parties prenantes. Échangez avec vos clients, avec les managers des équipes qui travaillent avec la vôtre, avec votre propre manager.

Le premier mois doit également être l'occasion d'entrer dans sa mission personnelle, de mieux comprendre les contours de son activité, de son rôle, des attentes des collaborateurs et de son propre manager.

Enfin, n'hésitez pas à accompagner les collaborateurs dans l'action, afin de mieux comprendre ce qu'ils font, comment ils le font, et pourquoi ils le font de telle ou telle façon. L'idée n'est pas de les influencer sur leur façon de faire, mais de questionner pour analyser.

▶ Second mois : identifiez vos priorités

Le premier mois a été utile pour analyser les ressources à votre disposition. Le second mois doit consister à bâtir le fonctionnement futur de votre équipe.

À partir de vos premiers éléments de rapport d'étonnement, vous pouvez commencer à identifier les premières actions correctrices que vous souhaitez apporter. Vous trouverez ici vos premières réussites rapides tant recherchées.

Vous pouvez également à ce stade identifier les personnes sur qui vous allez vous appuyer plus directement : vos relais. Les relais sont des collaborateurs avec qui vous aurez une relation un peu plus privilégiée sur des sujets spécifiques. Ils sont soit les plus performants, soit les plus dynamiques, soit les plus influents au sein de l'équipe. Vous pourrez vous appuyer sur eux pour prendre des décisions importantes.

Enfin, bâtissez les contours de votre projet d'équipe, ou ajustez votre projet d'origine. Si, dans les années à venir, vous pourrez vous appuyer plus fortement sur vos équipes pour bâtir un projet plus collectif, les orientations que vous présentez pour votre prise de poste doivent être plus personnelles. Bien évidemment, vous pouvez, vous devez vous appuyer sur des éléments concrets glanés lors de vos périodes d'échange avec les collaborateurs, mais le projet présenté doit clairement porter votre sceau.

▶ Troisième mois : mettez-vous en mouvement

Après avoir bien analysé, écouté, identifié les ressources clés, vous pouvez vous mettre en action. Présentez votre plan, les priorités pour l'équipe et les ajustements en termes de personnel (si vous le pouvez) et d'organisation. Faites en sorte qu'à la fin de ce troisième mois, l'équipe soit en mouvement dans le cadre que vous avez défini.

Assurez-vous de responsabiliser vos collaborateurs par rapport aux changements apportés. Si vous en êtes l'initiateur à travers votre projet et vos priorités d'actions, ce sont vos collaborateurs qui devront les mettre en œuvre. Assurez-vous de leur compréhension, de leur adhésion et de leur mise en mouvement.

Ces trois premiers mois sont semés d'embûches, et les erreurs commises dès le départ peuvent peser lourd dans la suite de votre activité. Voici les 5 erreurs les plus fréquentes commises lors d'une prise de poste managériale :

1. ne pas préparer sa première journée. La première rencontre avec son équipe est une journée fortement émotive où tous les mots sont entendus et analysés par chaque collaborateur. Se présenter impréparé à cette rencontre peut être lourd de conséquences ;

2. ne pas écouter réellement. Lors d'enquêtes sociales réalisées sur le thème du management, la compétence n° 1 que se reconnaissent tous les managers est sans conteste l'écoute... c'est également l'attente principale de progrès exprimée par la plupart des collaborateurs. Écouter sans analyser et sans tenir compte de l'avis de ses équipiers s'avérera très contre-productif ;

3. créer le cadre par la contrainte. Fixer des règles, des contraintes, des restrictions sans véritable utilité ni contrepartie peut fermer la relation avec le manager. Beaucoup de jeunes managers en quête de légitimité et d'autorité instaurent des règles contraignantes comme le vouvoiement, par exemple. Au lieu de bâtir une relation de confiance, ils créent une barrière qu'il faudra un jour détruire ;

4. prendre des décisions trop vite. Comme nous l'avons déjà vu, prendre des décisions sans avoir analysé au préalable peut s'avérer lourd de conséquences : soit les décisions ne sont pas bonnes, soit les

collaborateurs ne sont pas prêts à les entendre et à les mettre en œuvre ;

5. ne pas prendre les décisions qui s'imposent. La non-prise de décision est une plus grande cause de dysfonctionnement que la prise de décision erronée. Si vous ne prenez pas les décisions difficiles dès le départ (écarter une personne, refondre l'organisation, dénoncer certains contrats avec des clients), il pourra vous être reproché par la suite de ne pas l'avoir fait assez tôt, d'avoir accepté cette situation. Votre arrivée est une opportunité de changement, où un grand nombre de choses peuvent être remises en cause. C'est le moment de prendre des décisions importantes, fondées sur votre analyse de la situation, à la fin de vos 100 jours.

LA DÉCLINAISON DU PROJET D'ENTREPRISE

L a quête de sens est devenue centrale dans la tête de n'importe quel collaborateur. Si autrefois la route à suivre par chacun était simple, il est impossible de nier qu'aujourd'hui l'horizon est devenu plus flou. Le manager, rouage essentiel de la bonne marche de l'entreprise, est pris entre des orientations devenues plus complexes et moins compréhensibles par tout un chacun, et des attentes de la part des collaborateurs de plus en plus personnalisées. Pour exercer leur métier en perpétuelle évolution, tous ont besoin de connaître les grands objectifs de leur entreprise. Pour cela, elles mettent en œuvre un plan moyen terme, un projet d'entreprise : une clarification de la stratégie et des orientations à un, trois ou cinq ans.

Qu'en est-il dans le football ? La finalité d'un club est, certes, de gagner le plus de matchs, de remplir la vitrine de trophées. Alors tous les clubs ont-ils le même projet ?

1 — LE PROJET D'UN CLUB DE FOOTBALL

FC Barcelone : « Mès que un club ! » « Plus qu'un Club ! »

Une soirée au Camp Nou, le stade du FC Barcelone, c'est déambuler à la nuit tombante jusqu'à cette arène magnifique, entendre 100 000 personnes entonner l'hymne du Barça, et ressentir tout à la fois l'identité catalane et technique d'un club dont la devise, << Més que un club >>, (<< Plus qu'un club >>), résume l'histoire et la vocation.

Futbol Club Barcelona

Espagne
Créé le 23 novembre 1899
Stade : Camp Nou (99 354 places)
Entraîneur : Tito VILLANOVA (Espagne)

PALMARÈS DU CLUB
Ligue des champions (4) : 1992, 2006, 2009 et 2011
Mondial des clubs (2) : 2009 et 2011
Supercoupe d'Europe (4) : 1992, 1997, 2009 et 2011
Coupe des Coupes (4) : 1979, 1982, 1989 et 1997
Coupe de l'UEFA/Europa Ligue (3) : 1958, 1960 et 1966
Coupe latine (2) : 1949 et 1952
Champion d'Espagne (22) : 1929, 1945, 1948, 1949, 1952, 1953, 1959, 1960, 1974, 1985, 1991, 1992, 1993, 1994, 1998, 1999, 2005, 2006, 2009, 2010, 2011 et 2013
Supercoupe d'Espagne (14) : 1945, 1948, 1952, 1953, 1983, 1991, 1992, 1994, 1996, 2005, 2006, 2009, 2010 et 2011
Coupe d'Espagne (26) : 1910, 1912, 1913, 1920, 1922, 1925, 1926, 1928, 1942, 1951, 1952, 1953, 1957, 1959, 1963, 1968, 1971, 1978, 1981, 1983, 1988, 1990, 1997, 1998, 2009 et 2012
Coupe de la ligue espagnole (2) : 1983 et 1986

Créé en 1899, le FC Barcelone est également plus qu'une équipe de football : selon les vœux de son fondateur, Hans Gamper, c'est un club omnisport qui comprend quatre autres sections professionnelles, le basket, le handball, le hockey sur patins à roulettes et le futsal, et qui a été 34 fois champion d'Europe. C'est un club, surtout, qui n'a pas le statut de société anonyme, puisqu'il continue d'appartenir à ses 180 000 « socios », ses abonnés, qui élisent le président.

Appartenant au peuple, il entretient avec lui un lien à la fois par la qualité de son jeu et par le maintien d'une identité catalane. En 2009, sept des joueurs du Barça vainqueurs de la Ligue des champions étaient issus de son centre de formation, la Masia, qui est le véritable secret de sa domination moderne.

Mais en conservant tout au long de leur carrière les joueurs catalans qui le symbolisent, comme Andres Iniesta ou Xavi, le club barcelonais respecte le contrat social et moral qui le lie à ses supporters.

Le moyen en est donc la « Masia », la ferme, un bâtiment qui a accueilli son centre de formation en 1979. Seuls les joueurs dont les parents habitent trop loin y dorment : Xavi et Messi n'ont jamais habité à la Masia, contrairement à Puyol, Valdés, Iniesta ou Pedro. En 2011, la Masia a tourné le dos à son passé d'ancienne ferme, en s'installant dans un immeuble high-tech de 11 millions d'euros, de cinq étages et de 6 000 m^2, construit spécialement sur le camp d'entraînement de l'équipe première, la Ciutat Esportiva de Sant Joan Despi.

L'idée de la transmission est permanente. Pep Guardiola, l'entraîneur vainqueur de la Ligue des champions 2009 et 2011 à la tête du Barça, était un ancien pensionnaire de la Masia et avait remporté la première Ligue des champions du club, en 1991.

Mais ce n'est pas seulement une idée catalane : c'est le modèle de l'Ajax Amsterdam, le plus grand club formateur européen des années 1970, 1980 et 1990, qui s'est imposé au fil des passages en Catalogne de Johan Cruyff et de Louis Van Gaal. Explication d'Albert Benaiges, le coordinateur des équipes de jeunes du Barça : « Pour nous, il est très important de former des personnes, et pas seulement des footballeurs. C'est important parce que nous savons que seuls quelques-uns des jeunes qui nous sont confiés parviendront en équipe première et épouseront une carrière de footballeur. Les autres, la grande majorité, devront s'orienter vers d'autres métiers. Nous devons aussi les y préparer[52]. »

Cette formation débouche à la fois sur une conscience politique et technique. C'est ce qu'a touché du doigt le Français Emmanuel Petit, lors de son passage au club[53] : « Pour réussir au Barça, il faut être imprégné politiquement, culturellement, par son histoire. Celui qui n'arrive pas à s'y identifier ne peut pas jouer là-bas. Tu sens cela à tous les étages. Lorsque je suis arrivé à Barcelone, on m'a conseillé de parler catalan. Au centre de formation, il y a une énorme bibliothèque pour que les jeunes s'imprègnent de l'histoire du Barça. C'est comme une propagande transmise de génération en génération. L'ossature du Barça forme une unité parce que tous les joueurs formés au club se sentent investis d'une mission. »

Cette mission se ressent au niveau du choix de jeu. Tito Villanova, l'actuel entraîneur de Barcelone, ancien adjoint de Guardiola, définit : « À la base, ici, nous recherchons des joueurs avec un type de talent bien précis. Des joueurs aimant manier la balle. La vitesse mentale, la passe rapide et la vitesse du ballon. Il y a deux façons d'être rapide. Grâce à la vitesse pure de Carl Lewis ou d'Usain Bolt. Ou grâce à la vitesse mentale et la rapidité de penser. C'est très difficile à obtenir. Mais c'est là que se situe notre grande différence. Et une partie de notre coaching consiste à exiger des joueurs qu'ils prennent des risques[54]. »

Le capitaine actuel, Xavi, évoque cette identité comme un étendard et une fierté, mais dessine également la difficulté pour un produit extérieur de l'assimiler : « Notre grande différence, c'est que nous avons tous appris à comprendre le jeu. Parfois, en sélection, nous sommes obligés d'expliquer certaines choses à d'autres joueurs, des phases de jeu, pourquoi telle position du corps plutôt que telle autre. Dans nos entraînements en équipe de jeunes, on a plein d'exercices pour comprendre ça, et aussi des cours théoriques. Le Barça a révolutionné le football parce qu'il forme ses joueurs comme s'ils devaient être des entraîneurs. Comprendre le jeu, c'est comme découvrir un monde nouveau. J'ai eu la chance de faire cette découverte à dix ans. Carles Puyol, notre capitaine, est venu au club à 17 ans. Posez-lui la question, il vous dira qu'il ne connaissait absolument rien au football[55]. >>

Bien sûr, il ne faut pas idéaliser la méthode sur tous les plans : le FC Barcelone est à la fois le club européen de ce niveau qui aligne le plus grand nombre de joueurs formés au club, et le plus endetté, puisqu'il continue de recruter en parallèle et qu'il assume une politique de hauts salaires afin de conserver ses meilleurs joueurs.

Certains grands joueurs ont été rejetés par le Barça parce qu'ils ne s'étaient pas pliés à la culture du club. C'est notamment le jugement porté par Marco Van Basten, l'ancienne étoile du Milan AC et des Pays-Bas, au sujet de Zlatan Ibrahimovic, viré au bout d'un an par Guardiola : << Zlatan a eu du mal parce qu'il n'a pas été éduqué à Barcelone. Quand il perdait le ballon, il s'arrêtait, quelques secondes peut-être, mais quelques secondes quand même. Or, le Barça est une mécanique en mouvement. Tout le monde doit bouger en même temps[56]. >>

Tel est l'héritage d'un club largement centenaire et de Johan Cruyff, l'ancien grand joueur d'Ajax et des Pays-Bas, inspirateur de cette révolution qui s'est imposée à ses héritiers. Xavi, encore : << Cruyff a changé l'histoire du club. Il est le principal créateur de la culture footballistique du Barça. Il a créé une base solide, a décrété : ''Nous allons désormais jouer ainsi et ça ne sera plus jamais négociable.'' Il a allié cette philosophie de jeu à une compétitivité qui a conduit à la victoire, et puis à la culture de la victoire. Il a donné une identité au Barça, à tous les niveaux[57]. >>

Le Hollandais s'est reconnu dans les années Guardiola, et au moment de l'adoubement, a rappelé ce qu'était non seulement le Barça, mais l'idée du Barça : << Même si son football est différent, Guardiola l'a bâti avec les mêmes valeurs. Il a perpétué l'éthique. Sans le respect des autres, rien n'est possible. Et il a mis la culture de l'effort, les heures de travail, le sacrifice au-dessus du talent individuel. Le Barça, c'est une véritable proposition sociale, un art de vivre[58]. »

Saint-Étienne, un projet toujours vert ?

Le projet du club peut être une identité permanente, ou une simple nostalgie. Une force, donc, ou une faiblesse. À Barcelone, on l'a vu, c'est une invitation perpétuelle à l'excellence. À Saint-Étienne, c'est un fardeau. La gloire des années 1970 s'est posée comme une ombre sur toutes les générations qui ont suivi, et qui ne sont jamais parvenues à régler le problème de l'héritage. Fallait-il couper le cordon ou maintenir le lien ? Le « ni avec les anciens Verts, ni avec eux » a plongé l'AS Saint-Étienne entre deux eaux, le préservant à la fois des victoires et des tréfonds.

Mais l'identité d'un club n'existe pas seulement à travers les résultats. Saint-Étienne n'a plus été champion de France depuis 1981, il a attendu 2013 et la Coupe de la Ligue pour disputer et remporter enfin une finale nationale au Stade de France, face à Rennes (1-0), mais cette longue attente n'a jamais altéré le lien entre le club et les supporters, qui reste l'un des plus forts en France. À Barcelone, l'identité est liée à l'histoire, à la Catalogne et au jeu. À Saint-Étienne le public est le même que dans l'après-guerre, à une époque où il était composé en majorité de mineurs. Lors du premier match européen de l'AS Saint-Étienne, en 1957, les usines avaient fermé l'après-midi pour que les supporters puissent se rendre au stade Geoffroy-Guichard en milieu de semaine, parce que le stade n'était pas encore équipé d'éclairage. Il n'y a plus de classe ouvrière, mais le public de Saint-Étienne, comme celui de Lens, a le même rapport avec son équipe et apprécie beaucoup plus les efforts visibles de joueurs limités que le talent intermittent de surdoués indolents. C'est son héritage. Quand un joueur stéphanois ne donne pas assez pour son équipe, l'invitation est la même qu'avant (« Je t'enverrais tout ça à la mine... »), alors que les mines n'existent plus et que ceux qui se rendent au stade n'en ont connu que le musée.

La domination permanente fondée sur la possession du ballon et la patience ne correspond pas aux attentes du public stéphanois, qui préfère les chevauchées soudaines, les efforts désordonnés mais empreints de panache.

Le stade, aussi, participe au projet du club. À Barcelone, il est à ciel ouvert, le bruit se perd, et les supporters ne chantent pas après le coup d'envoi, ils sont des spectateurs de La Scala. À Saint-Étienne, l'architecture est rectangulaire et couverte, les encouragements résonnent, et ces rugissements s'accordent au jeu d'une équipe qui pousserait par vagues. Signer à Saint-Étienne, c'est s'engager à perpétuer la culture de l'effort et accepter le poids du passé, de ces années 1970 lointaines qui ont maintenu une popularité particulière jusqu'au XXIe siècle.

Le projet : traduction de la promesse à ses « clients »

Les supporters sont les juges de la fidélité de l'équipe du moment au projet social et technique de leur club. Ils peuvent même juger infidèle un entraîneur qui gagne : c'est ainsi que Fabio Capello, l'entraîneur italien, a été évincé du Real Madrid en 2007 alors qu'il venait de remporter le titre de champion d'Espagne. Les « socios » l'avaient jugé trop défensif, ils s'étaient ennuyés au stade, et ils n'avaient pas supporté qu'il écarte provisoirement le Brésilien Ronaldo et le Britannique David Beckham en cours de saison. Capello mettait l'équipe au-dessus de tout, mais avait oublié que le club était plus fort que l'équipe.

L'importance de l'histoire

En Angleterre, le cadre est encore différent. Le projet du club reste avant tout une fidélité inconditionnelle, comme à Liverpool, depuis les années 1960 où le manager de l'époque, Bill Shankly, avait su créer un lien particulier, fondé sur la fierté plus encore que sur la victoire. Phil Thompson, plusieurs fois champion d'Europe avec Liverpool dans les années 1980, disait de son enfance à Anfield, le stade des Reds : « À l'époque, on allait à Anfield comme le dimanche à la messe, avec la même ferveur, la même croyance, pour communier avec l'équipe et lui rendre hommage. Le football était devenu une religion, et Shankly le Messie[59]. » Le projet du club peut être lié à l'atmosphère de la ville : Liverpool a partagé les Beatles, le football, le chômage et les drames, et tout cela a créé un lien avec le club. Le principe de jeu essentiel de Shankly n'était pas seulement technique : « Passez la balle au maillot rouge le plus proche de vous » était un cri de ralliement.

La traduction du projet jusque sur le terrain

En fait, en Angleterre, le projet de club peut être également un projet de jeu quand l'encadrement est stable. À Manchester United, la permanence d'Alex Ferguson pendant si longtemps à la tête de l'équipe a donné au club un équilibre entre la formation et le recrutement, ce qui a permis le maintien de l'identification : « Aujourd'hui, les grands joueurs passent de club en club, bougent sans arrêt. C'est donc avec les jeunes qu'on construit l'état d'esprit d'une équipe, l'âme d'un club. Je dois être présent à ce niveau-là. Il faut créer un lien personnel pour qu'ils vous écoutent, pour que vos paroles aient un impact sur eux. Si vous le faites avec passion, que vous leur montrez, alors ce lien dure. Dans la formation, la plupart des clubs font les mêmes choses que nous. Mais nous avons la chance d'avoir une histoire, un socle. Nous avons le stade et les supporters. Leur niveau d'exigence est compris par tous depuis longtemps. Il y a le désir aussi[60]. »

Une résonance interne et externe

L'identité, enfin, peut être régionale et politique. Si personne ne peut encore imaginer ce que serait le destin du FC Barcelone en championnat d'Espagne dans l'hypothèse de l'indépendance de la Catalogne, il est possible de savoir à quoi ressemble un club qui fait passer son identité régionale avant son intérêt sportif : à l'Athletic Bilbao.

Sa politique historique était de n'aligner que des joueurs basques formés au club, le recrutement des jeunes s'effectuant selon la règle dite des grands-parents : un grand-père ou une grand-mère basque suffisait pour intégrer la « *cantera* », l'école de football du club. À partir des années 1990, afin de maintenir sa compétitivité, l'Athletic Bilbao s'est autorisé à recruter d'autres joueurs basques qu'il n'aurait pas formés lui-même. C'est ainsi que Bixente Lizarazu a évolué à Bilbao pendant une saison, à un moment compliqué de sa vie de Basque, puisque l'ETA lui réclamait un impôt avec une certaine pression. En décembre 1975, quelques jours après la mort de Franco, les capitaines de Bilbao et de la Real Sociedad avaient déployé le drapeau basque sur le terrain. Certains clubs français essaient d'attirer leurs supporters en flattant un régionalisme qui ne se retrouve pas dans leur politique sportive : Rennes diffuse un hymne breton avant les matchs et Nice se décline en provençal. Mais c'est de l'ordre de la communication externe, un opportunisme récent plus qu'une culture profonde.

2 — LA DÉCLINAISON D'UN PROJET D'ENTREPRISE

Le Barça : exemple ultime d'alignement stratégique

Aujourd'hui, le FC Barcelone est une référence, aussi bien pour les résultats footballistiques que pour la cohérence de sa gestion sportive. Ce qui nous intéresse dans le domaine managérial n'est pas l'aspect purement financier, mais bien le management des hommes et des femmes d'une organisation et comment tous ces acteurs interagissent.

Le projet du FC Barcelone est clair, communiqué à tous, et sa synthèse est inscrite partout : « Mes qué un Club. » Nous retrouvons ainsi cette inscription sur les maillots des joueurs, sur le site internet en première page, sur les gradins du stade et sur tous les éléments de communication du club. Bien que cette phrase ne soit pas l'intégralité du projet, elle est néanmoins présente partout afin de rappeler à tous que ce projet existe.

Au-delà de cette communication orchestrée, toutes les décisions importantes veillant à mettre en œuvre ce projet convergent : le recrutement, la formation, les autres entités du club, les dirigeants ou formateurs qui sont pour la plupart d'anciens joueurs, les lieux d'entraînement et de match (le stade du FC Barcelone est le plus grand d'Europe avec ses 99 354 sièges). Même le choix des sponsors maillot (Unicef, Qatar Foundation) est en cohérence avec le projet.

Bâtir un projet d'entreprise cohérent

Alors est-il possible de construire dans l'entreprise un projet aussi fort que celui du FC Barcelone, un objectif commun, un élément de rassemblement de toutes les forces vives, toujours visible à l'interne comme à l'externe ?

Dans un projet d'entreprise complet, nous retrouvons un certain nombre d'ingrédients. Afin d'éviter le sempiternel débat sur les différentes terminologies (mission, vision, valeurs, ambitions, orientations, croyances), nous allons l'illustrer par les questions les plus simples possibles :

▶ D'où venons-nous ?

▶ Que voulons-nous être ?

▶ À quoi servons-nous ?

▶ Que voulons-nous avoir accompli dans les prochaines années ?

▶ Quelles sont les règles du jeu entre nous ?

Ces éléments représentent le chapeau qui va inspirer les différentes actions des directions et individus de l'entreprise.

▶ D'où venons-nous ?

Saint-Étienne possédait lors de la saison 2011-2012 la quatrième meilleure affluence du championnat de France, avec 409 129 spectateurs. Et pourtant, pas un titre, pas un podium pendant plus de trente ans, avant la Coupe de la Ligue en 2013. Alors qu'est-ce qui attire autant les spectateurs, les clients ? Le rêve et le souvenir !

Il est important de faire le lien avec le passé de l'entreprise car il représente des bases fortes sur lesquelles s'appuyer en cas de difficultés. C'est une reconnaissance forte du travail effectué par les plus anciens. Cette plongée dans le passé permettra également d'identifier de bonnes recettes et d'éviter de reproduire les erreurs anciennes.

Ce qu'il est important de rappeler à ce stade :

▶ la fondation : qui sont les créateurs, comment se sont-ils associés, quelle a été l'idée fondatrice, et quel a été l'élément déclencheur de cette histoire ?

▶ les premiers succès : qu'est-ce qui a permis à l'entreprise de décoller ?

▶ les grosses difficultés : rappeler les grandes difficultés que l'entreprise a su surmonter et quels ont été les ingrédients de la réussite ? Ce qu'elle a retiré de cette expérience difficile ?

▶ les dates marquantes : quelles ont été les grandes étapes marquantes de l'histoire, les produits phares, les périodes clés ?

▶ les dirigeants marquants et ce qu'ils ont apporté : quels héritages ont laissé les grands dirigeants ? Les hommes clés ?

Ce travail sur les dates clés de l'entreprise peut également être un moyen de travailler sur le legs des anciens : comment ils ont vu l'entreprise évoluer, se modifier, ce qu'elle a réussi à préserver à travers les années pour ainsi favoriser la transmission vers les plus jeunes générations.

▶ Que voulons-nous être ?

Cette question revient à se demander quelle est notre cible majeure, quel est l'horizon suivi par tous les membres de l'équipe. Elle doit dépasser toutes les problématiques de court terme, fixer un cap et être suffisamment large pour que chacun dans l'entreprise s'y reconnaisse.

« Tous les joueurs formés au club se sentent investis d'une mission[61]. » Cette phrase, rappelée par Emmanuel Petit, montre à quel point cette question est importante pour une entreprise. Exercer son métier de la meilleure des façons est important, mais le faire en ayant conscience de contribuer à quelque chose de plus grand est primordial. C'est un rappel de l'histoire du tailleur de pierre, à qui l'on demande ce qu'il fait et qui répond : « Je participe à la construction d'une cathédrale. »

Dans cette partie, on doit retrouver :

▶ sa raison d'être : pourquoi sommes-nous là ? Quel est notre objectif ultime ?

▶ son ADN : ce qu'elle fait différemment des autres.

Pour répondre à cette question, il faut généralement commencer par « nous sommes... » et y inclure ce que l'entreprise réalise et souhaite réaliser dans le futur. Veillez à ce que chacun, chaque grand métier de la société se retrouve dans cette phrase unique.

▶ À quoi servons-nous ?

Cette partie vient compléter naturellement la question précédente : l'expression des grandes activités de l'entreprise. Cela traduit en quelque sorte les promesses de l'entreprise à ses parties prenantes.

Si tous les clubs ont pour objectif de gagner des matchs, les « utilités » des clubs de football sont plus variées :

▶ donner une bonne image du territoire local, voire représenter le pays dans les compétitions internationales ;

▶ former de jeunes joueurs pour les revendre à d'autres clubs ;

▶ vendre des maillots à travers le monde.

La lecture des réponses doit pouvoir donner le sens de votre activité à un prospect, un nouvel embauché, à toute personne découvrant votre entreprise... et bien entendu à tous ceux qui ont déjà un lien avec vous.

Généralement, les réponses sont exprimées de la façon suivante : « Nous voulons, nous souhaitons, nous mettons en œuvre... »

▶ Que voulons-nous avoir accompli dans les prochaines années ?

La traduction chiffrée du projet : quelles sont les grandes cibles à atteindre ? Quels sont les grands indicateurs clés qui nous permettront de dire que notre projet est atteint ? Ces éléments doivent refléter la situation souhaitée au terme du projet. Les réponses doivent être générales et intégrer toutes les directions de l'entreprise. Elles seront ensuite déclinées par entités et constitueront les plans d'action spécifiques des différentes équipes. Elles permettent ainsi de donner du sens en ancrant dans le concret les éléments de vision et de missions.

Si la volonté du PSG et de Monaco est clairement de gagner le championnat de France et de terminer régulièrement parmi les cinq ou six meilleurs clubs en Europe, certaines ambitions d'autres clubs de premier plan français, comme les deux Olympiques notamment, sont plutôt financières : réduire la masse salariale sous un certain seuil.

▶ Quelles sont les règles du jeu entre nous ?

Nous n'utiliserons volontairement pas le terme « valeurs », qui est bien malheureusement trop souvent galvaudé dans le monde de l'entreprise. Comme il fait référence à des croyances et à des aspects très personnels, voire intimes, l'utiliser dans l'entreprise peut s'accompagner de quelques freins.

Néanmoins, la clarification des règles du jeu est un point majeur. Déclinées, elles permettent de régir les relations entre les personnes, et surtout de fixer un cadre, nécessaire à tout recadrage (cela va de soi...). Ainsi, au FC Barcelone, ils forment des personnes et non seulement des footballeurs. C'est le cas également pour certaines entreprises, qui lors des formations ou des recrutements, mettent l'accent sur les valeurs, les comportements, les attitudes et la capacité à évoluer dans un collectif. Les référentiels de management ou les chartes des bonnes pratiques sont autant d'exemples de déclinaison de ces règles du jeu au quotidien.

Enfin, des règles du jeu connues et partagées permettent également de maintenir une culture d'entreprise forte, avec des règles de fonctionnement incarnées par tous les individus.

Les risques de ne pas avoir de projet fort et visible

Si les risques de ne pas avoir de projet fort et visible ne se font pas forcément ressentir dans la vie de tous les jours et dans les périodes d'euphorie, c'est bien dans les moments difficiles, les moments de doute, qu'il est primordial de partager ces éléments. Un objectif commun et partagé de tous permettra de garder du sens à l'action de chacun et une cohésion de groupe. En dehors d'un projet d'équipe fort, chacun jouera alors son projet individuel. L'exemple du FC Barcelone montre bien que se séparer de très bons joueurs, parfois les meilleurs à leur poste, n'est pas forcément préjudiciable si le projet collectif est solide. Ainsi, on peut se séparer d'Ibrahimovic, de Ronaldinho, d'Eto'o ou encore de Deco, qui, d'après leur entraîneur de l'époque, ne rentraient pas suffisamment dans une logique collective, et continuer à gagner.

L'exemple de la différence entre le Montpellier 2011-2012 et son homologue 2012-2013 est flagrant. Si l'entraîneur et les joueurs majeurs sont restés au club (à l'exception de Giroud), la différence est qu'en 2011-2012 ils couraient tous après le même projet, le même objectif commun : devenir champions de France. Ce projet était à leur portée et tous se sont rangés derrière le collectif. Lors de la saison suivante, le projet ayant été atteint, chaque joueur a remis en avant son projet personnel, n'ayant plus de projet fédérateur suffisamment mobilisateur, avec les piètres résultats qui s'en sont suivis.

Quelle durée pour un projet d'entreprise ?

Si les plans quinquennaux étaient légion par le passé, force est de constater qu'un horizon à trois ans est plus approprié aujourd'hui.

Beaucoup d'entreprises travaillent aujourd'hui avec trois horizons de temps bien distincts :

▶ un projet à long terme : notre vision à dix–quinze ans ;

▶ un projet à moyen terme : notre vision à trois ans qui s'inscrit dans la droite ligne du projet long terme ;

▶ une déclinaison annuelle plus opérationnelle, une feuille de route.

Faire vivre le projet dans l'entreprise

Bien sûr, bâtir un plan stratégique n'est pas donné à tout le monde, mais en suivant quelques règles et en s'appuyant sur quelques personnes clés, il n'est pas si difficile de bâtir un projet cohérent et facilement compréhensible pour la totalité de ses équipes.

En revanche, la difficulté majeure pour un dirigeant est de faire en sorte que chacun dans l'entreprise s'y retrouve, s'y reconnaisse et ait envie de contribuer.

La meilleure façon de faire en sorte que chacun se l'approprie est encore que chacun y contribue.

GRILLE D'ATELIER N° 4
BÂTIR UN PROJET D'ENTREPRISE PARTAGÉ

Suffit-il donc pour un club de foot de copier le projet barcelonais pour s'assurer le succès ? Bien sûr que non. Chaque projet est spécifique et souvent marqué par le dirigeant ou l'équipe dirigeante qui l'a bâti.

Alors comment construire « son » projet stratégique, ou plus précisément le projet stratégique de son entreprise ?

Il existe un grand nombre de méthodes pour construire un projet stratégique, mais trois méthodologies majeures ressortent :

Description	Avantages	Inconvénients
Le dirigeant seul ou avec son équipe de direction établit aussi bien le projet que les moyens à mettre en œuvre pour atteindre les ambitions affichées.	Le temps de création et la cohérence entre tous les aspects du projet. La sensation de garder la main sur tous les aspects.	Le risque que le projet ne soit pas approprié, qu'il reste « le projet de l'équipe dirigeante », le temps de déclinaison, le manque de créativité.
Le dirigeant seul ou avec son équipe de direction établit le projet puis les opérationnels identifient les moyens pour atteindre les ambitions affichées.	Le temps de création est plus court encore et l'appropriation se fait sur les déclinaisons à mettre en œuvre. L'appropriation est ainsi plus forte et plus rapide.	Le temps d'appropriation par les équipes, le risque d'incohérence lorsque les déclinaisons sont faites équipe par équipe.
Le dirigeant fixe le cadre, les incontournables du projet et crée des chantiers de réflexion au niveau de ses managers, qui identifient ainsi une grande partie des composantes du projet.	Mise en mouvement de tout ou partie de l'entreprise, partage et appropriation des problématiques et des enjeux de l'entreprise en amont, gain de temps dans la déclinaison.	Le temps de création est plus long car participatif, la nécessité d'avoir des ressources impliquées dans l'entreprise, la capacité du dirigeant à « lâcher prise » afin de laisser les managers s'impliquer.

Voici donc les 10 étapes clés pour bâtir un projet d'entreprise partagé :

1. élargir sa vision. échanger et partager avec son comité de direction sur les évolutions possibles de son secteur d'activité. Identifier également ce que les meilleurs des autres domaines font et voir ce qui pourrait être intégré ;

2. fixer le cadre de la réflexion. Identifier les éléments incontournables du projet, ce qui demeure de votre responsabilité et ce que vous soumettez à la réflexion de vos équipes ;

3. identifier les contributions de chacun. Déterminer les rôles de chacun dans l'élaboration et la mise en œuvre du projet. Répartir les rôles à chaque strate hiérarchique ;

4. demander au moins deux scénarios pour chaque réflexion. Fixer comme contrainte de produire deux propositions pour chaque sujet, incluant une hypothèse de base et une hypothèse haute. Cette hypothèse haute permettra de libérer la créativité de chacun et d'identifier des pistes d'action nouvelles ;

5. écouter et orienter. Après une première réflexion des équipes sur les différents thèmes, écouter et orienter les réflexions. Certains thèmes peuvent se croiser, certaines hypothèses peuvent être irréalistes ou non prioritaires : vous assurer de ne pas faire travailler vos équipes trop longtemps pour rien ;

6. consolider et valider. Après une deuxième phase de réflexion, consolider les travaux et valider le plan général. Inclure les sujets que vous avez gardés à votre main ;

7. mettre en forme. Des images valent mieux que de longs discours. Ne pas hésiter à valoriser le travail de vos équipes par une présentation soignée et faire remonter les messages clés à la surface ;

8. communiquer en mettant en avant les contributeurs. Ce n'est pas votre projet, mais bien le projet de tous. Faire passer le message !

9. faire identifier une ou deux actions concrètes prioritaires dans chacune des équipes : pour mettre en mouvement rapidement les équipes dans le nouveau projet et faciliter l'appropriation à tous

les étages, créer une démarche pour que chaque équipe, avec son manager, identifie une ou deux actions prioritaires à mettre en œuvre à leur niveau qui vont dans le sens du projet ;

10. suivre les actions : le risque principal, à ce stade, est que le projet s'essouffle. Valoriser les victoires rapides et entretenir l'action de tous à travers les actions de chacune des équipes. Continuer à communiquer.

Zoom

Pourquoi demander deux scénarios pour chaque réflexion ?

Parce qu'un dirigeant doit être celui qui décide, pas celui qui dit « non ». Si vos équipes repartent de la première rencontre avec un « non », cela risque de les démotiver, et le résultat obtenu sera l'inverse de celui escompté. Avec la possibilité de choisir entre plusieurs hypothèses, votre rôle devient bien plus positif : celui qui oriente et décide.

THÈME N° 5
LA COMMUNICATION DU PROJET À L'ÉQUIPE

L es principaux échecs dans les entreprises sont rarement dus à une mauvaise stratégie ou à une mauvaise définition d'objectifs, mais le plus souvent à la difficulté de mise en œuvre. Comme nous l'avons vu dans le thème précédent, un patron seul, ou avec son comité de direction, peut se réunir pendant quelques heures, quelques jours, et bâtir une stratégie viable et cohérente. Toute la difficulté réside ensuite dans la mise en œuvre sur le terrain de cette stratégie. Qu'est-ce que chacun va retenir ? Comprendre ? Qu'est-ce que cela va changer pour chacun ? Comment cela va-t-il se traduire concrètement sur le terrain ?

La question pour un entraîneur est à peu près la même. Une fois définis le style de jeu et la tactique (les fameux 4-4-2, 4-2-3-1, 4-3-3 et autres compositions de chiffres), comment faire en sorte que les joueurs exécutent collectivement les consignes sur le terrain ?

1 — LA COMMUNICATION DU PROJET DU CLUB

Antonio Conte : la concrétisation du projet de la Juventus de Turin

Paradoxalement, il est parfois plus facile d'effectuer un basculement de culture avec un manager qui est imprégné de l'histoire du club. C'est ce qui est arrivé à la Juventus de Turin : elle sortait de deux saisons terminées à la septième place du championnat d'Italie, lorsque son ancien milieu de terrain, Antonio Conte, en est devenu l'entraîneur, au début de l'été 2011. Et en mai 2012, la Juve est redevenue championne d'Italie, après n'avoir perdu aucun match.

Antonio CONTE

Italien
Né le 31 juillet 1969 à Lecce
Entraîneur de la Juventus de Turin

CARRIÈRE D'ENTRAÎNEUR
Arezzo : 2006-2007
Bari : 2007-2009
Atalanta : 2009-2010
Sienne : 2010-2011
Juventus de Turin : Depuis 2011

CARRIÈRE DE JOUEUR
Lecce : 1985-1992
Juventus de Turin : 1992-2004

20 sélections en équipe d'Italie

PALMARÈS DE JOUEUR
Ligue des champions : 1996 (Juventus de Turin)

Coupe intercontinentale : 1996 (Juventus de Turin)
Supercoupe d'Europe : 1996 (Juventus de Turin)
Coupe de l'UEFA : 1993 (Juventus de Turin)
Champion d'Italie : 1995, 1997, 1998, 2002 et 2003 (Juventus de Turin)
Supercoupe d'Italie : 1995, 1997, 2002 et 2003 (Juventus de Turin)
Coupe d'Italie : 1995 (Juventus de Turin)

PALMARÈS D'ENTRAÎNEUR
Champion d'Italie : 2012 et 2013 (Juventus de Turin)
Supercoupe d'Italie : 2012 (Juventus de Turin)

Les histoires de victoires sont souvent les mêmes. Celle-ci est différente, parce qu'elle s'est accompagnée d'un changement d'identité, dicté par un entraîneur profondément enraciné dans le club et son histoire. Ancien coéquipier de Zidane et de Deschamps dans la Juve des années 1990, Antonio Conte a su, d'entrée, donner tout à la fois des gages de fidélité et des promesses de changement. « Je suis rentré à la maison » ont été ses premières paroles, quand il a franchi la grille de Vinovo, le nouveau centre d'entraînement de la Juve, qu'il ne connaissait pas. C'était un rappel implicite à ses treize années de joueurs passées sous le maillot *bianconero*.

Il a su s'appuyer sur l'histoire, mais aussi sur l'instabilité récente, puisqu'il était le septième entraîneur en cinq ans. Il est difficile de porter le projet d'une Juve moderne sans évoquer le scandale de la corruption qui l'a envoyée en série B en 2006, pour avoir notamment entretenu des liens trop étroits avec certains arbitres qui lui accordaient facilement des pénaltys imaginaires. Mais Conte a délaissé ce terrain glissant, par calcul ou par amnésie, pour concentrer son message sur le jeu. Lui-même suspendu six mois pour sa non-dénonciation d'un match arrangé quand il était entraîneur de Sienne, incarne parfaitement les zones d'ombre du grand club italien. Mais l'Italie est volontiers amnésique et la signature de Conte s'est imprimée sur le jeu, en premier lieu.

L'identité du football italien était défensive ? Antonio Conte a décidé que la nouvelle Juve serait offensive. Le projet du nouveau jeu a été porté, également, par l'entrée dans le nouveau stade, en septembre 2011. Le capitaine de la Juve et de l'équipe d'Italie, le gardien Gianluigi Buffon, a expliqué l'effet porteur de cette concordance : « J'ai d'abord cru au projet quand j'ai vu travailler notre entraîneur, quand j'ai vu que les joueurs, avec lui, avaient envie de se remettre en question, de le suivre à fond dans chacune de ses consignes. Et, ensuite, en septembre, après la présentation du nouveau stade, j'ai eu comme un flash. Je me suis senti fier. Peut-être que ça nous a rappelé à tous ce qu'était la Juventus, et ce que ça voulait dire de jouer ici. Ce jour-là, j'ai retrouvé le rêve. Et quand un joueur comme moi se remet à rêver, c'est difficile pour les autres de l'arrêter[62]. » Sur l'apport d'Antonio Conte, Buffon synthétise : « Il nous a transmis une détermination, une culture de la souffrance, une culture du travail incroyable. Et il nous a aussi appris à jouer au foot dans un style plus offensif. Il veut une équipe qui joue, qui a le ballon, qui donne du rythme. Il a aussi montré qu'il était intelligent, parce que tout le monde disait qu'il était attaché à un seul schéma tactique. Au contraire, il a vite su s'adapter. »

Dans ses premières saisons d'entraîneur, avant d'arriver à la Juve, Antonio Conte organisait ses équipes en 4-2-4 : deux milieux de terrain défensifs, deux milieux attaquants excentrés, deux attaquants de pointe. Mais à Turin, il a insufflé la souplesse et la flexibilité plutôt que le dogme, même si ce 4-2-4 qui rappelait le football des années 1970 est demeuré une base de sa réflexion.

En fait, son projet consistait à être flexible dans l'organisation, mais ferme sur quelques principes : « Garder le ballon, imposer l'initiative des opérations et tenter le plus possible d'évoluer à une touche de balle. Ce sont les bases de ma vision du jeu. Les schémas peuvent évoluer. C'est ce que j'ai toujours cherché à faire. Il serait stupide de rester cantonné à ses propres convictions. Si je regarde un match à la télé et que je vois quelque chose qui me plaît, je peux tenter de m'en inspirer, en le modulant par rapport à mon équipe. L'évolution tactique est donc permanente. Les meilleurs techniciens sont ceux qui ont l'humilité de ne pas s'arrêter à leurs propres idées, mais qui évoluent à travers l'étude, l'expérience et le dialogue avec leurs joueurs[63]. »

Pendant les séances d'entraînement, il insiste tellement qu'Alessandro Del Piero, l'idole de Turin qui a quitté la Juve pendant l'été 2012, à 37 ans, l'avait surnommé « le Marteau », pour l'outil, pas pour la folie. Aveu de Conte : « Oui, je martèle mes propres idées et mes méthodes. Je martèle à longueur de séances que l'équipe doit se comporter d'une certaine façon et avoir une identité précise[64]. »

Nouveau stade, nouveaux titres, nouveau jeu, la Juventus a bien changé, même si elle est restée fidèle au principe jadis édicté par Giampiero Boniperti, son président de 1971 à 1990 : « À la Juve, gagner n'est pas important. C'est la seule chose qui compte. »

Expliquer le nouveau projet aux joueurs

Dans la communication du projet à l'équipe, le message compte dès les premiers mots. Pour Fabio Capello, cela passe d'abord par l'affirmation de l'autorité : « Avec des joueurs de classe mondiale, il faut que le respect ne se discute pas. Il faut savoir que l'entraîneur commande et que les joueurs obéissent. Le plus important est de ne jamais se mettre en position de faiblesse. Car avec les joueurs d'aujourd'hui, on ne peut plus revenir en arrière une fois que les hostilités sont ouvertes. Quand vous faites l'anguille, les joueurs ont vite fait de comprendre votre fonctionnement[65]. »

Pour un entraîneur, le message est quotidien, à l'entraînement. Pour un sélectionneur, la communication du projet à l'équipe est aussi indirecte que directe. Tout compte. Deux ans avant la finale de la Coupe du monde 2006, Raymond Domenech, le sélectionneur de l'équipe de France, avait martelé : « Le rendez-vous est le 9 juillet 2006, le jour de la finale de la Coupe du monde. » Pendant deux ans, il lui a fallu en entretenir l'idée chez ses joueurs, tout en continuant à gagner des matchs. Il décrit sa démarche dans cet entretien, réalisé pour ce livre.

Raymond Domenech, comment entretenir le projet à distance ?

On ne le fait pas tout seul. Dès le départ, on a fait un gros travail avec un DRH, Jean-Pierre Doly, qui intervenait au niveau du staff pour faire passer le message. Je voyais Jean-Pierre avant, je lui disais l'idée que je souhaitais faire passer pour le stage à venir, pour que le staff ensuite transmette aux joueurs en permanence, pour que mon discours ne soit pas le seul. Pour qu'autour de moi tous ceux qui seraient en contact avec les joueurs aient le même discours, le même angle d'attaque du match. Il fallait que persiste l'idée essentielle de l'objectif : gagner, aller au bout, se qualifier. Cela représentait vingt personnes autour, de celui qui nettoie les chaussettes au médecin. Ils avaient tous un rôle par rapport à ce message.

Est-ce que toutes vos interviews dans la presse étaient seulement une manière de faire passer votre message aux joueurs ?

C'était important. C'était la deuxième lame du message. Mais quand on a des matchs amicaux et qu'on a seulement les joueurs sur trois jours, il n'est pas facile de faire passer un message. Sur huit ou dix jours, oui, on a le temps de faire passer le message.

Quand vous étiez avec les joueurs, quel était l'essentiel de votre travail ?

Psychologique. Il s'agissait de reprendre le message qu'ils avaient entendu. En général, je l'avais amorcé à la fin du match précédent, dans le vestiaire, pour être sûr qu'il n'y ait pas d'interférence dans les déclarations des joueurs à la presse, ensuite, et que tout le monde ait le même langage. Je préparais, c'est vrai, le message collectif, en ciblant deux ou trois idées fortes. Je n'obligeais personne, mais quand j'annonçais aux joueurs : « Écoutez, voilà ce que je vais dire, moi », le joueur qui déclare le contraire, ensuite, se pose comme un dissident. Alors, soit il l'assume, jusqu'au débat ou au conflit, soit il se tait et reprend mon discours. Et sur ce plan-là, les joueurs sont plutôt grégaires, par sentiment collectif ou par confort. J'ai rarement entendu à la fin d'un match des discours qui sortaient totalement du cadre de cette base : ce que l'on a fait dans le match, ce qu'il faut retenir, et comment cela s'insère dans notre objectif. En général, ils retraduisaient ça parfaitement, je n'avais plus besoin de parler moi-même. Mais c'est important, très important. Et celui qui veut prendre le contre-pied se met en difficulté.

> « Ils avaient tous un rôle par rapport à ce message »

Comme Yoann Gourcuff lors de l'émission « Téléfoot » pendant la Coupe du monde 2010 à Knysna, avec André-Pierre Gignac, après France-Uruguay (0-0) ?

Je les avais briefés avant cette émission, je les avais prévenus qu'ils allaient avoir des questions sur notre efficacité offensive, et je leur avais donné des réponses possibles : on est bien, le collectif se met en place, oui le premier match était un peu compliqué, mais on va continuer à se structurer. Et Gourcuff commence à parler, et à expliquer que « le bloc défensif ne remonte pas assez vite ». Je voyais déjà tous mes défenseurs avoir envie de l'étrangler pour ce reproche public. Il n'avait pas compris.

La plus grande difficulté : faire adhérer

Le message de l'entraîneur porte aussi bien sur l'objectif, le résultat, que sur le moyen, le système de jeu. Dans les deux cas, il s'agit de convaincre. Lorsque l'on demande à Carlo Ancelotti, entraîneur notamment du PSG, s'il est plus facile d'élaborer une tactique ou de la faire comprendre aux joueurs, il n'hésite pas : « Sans aucun doute la faire comprendre aux joueurs. Élaborer une tactique n'est pas très compliqué. Le plus difficile est de transmettre. Tu dois être clair, simple[66]. »

Rafel Benitez, l'entraîneur de Naples, ne dit pas autre chose : « Les entraîneurs ont tous une idée sur la façon de faire jouer une équipe, mais savoir transmettre cette idée, c'est ce qui fera la différence. C'est la manière dont sera reçu le message qui déterminera si les joueurs adhèrent à votre management. La différence entre le bon et le moins bon entraîneur se fait à ce niveau[67]. »

Il y a donc le discours au sens général, pour entretenir le projet de l'équipe à moyen et long terme, et il y a la causerie, ce rite d'avant-match, dans le salon d'un hôtel impersonnel, où l'entraîneur rappelle les principes de jeu et les applique à son adversaire du jour. Description d'une causerie par Rafael Benitez : « J'explique ce que l'équipe doit faire, quel type de jeu elle doit développer, comment elle doit attaquer, défendre, la position des joueurs, les phases de jeu qui peuvent gêner l'adversaire[68]. » L'importance des matchs se juge à la qualité d'écoute des joueurs plus qu'à la qualité de la causerie. « L'écoute est très importante, souligne Didier Deschamps. Mais si je dis une phrase, sur vingt-cinq joueurs, il y en a dix qui vont retenir un mot, dix qui vont en retenir un autre. L'important à mes yeux, c'est aussi de répéter en faisant attention à utiliser certains mots-clés qui, eux, doivent rester constants[69]. » Et c'est comme cela que le projet de l'équipe est entretenu, match après match, jour après jour.

2 — LA COMMUNICATION DU CHANGEMENT EN ENTREPRISE

Pour chaque changement annoncé : cinq étapes incontournables

Tous les entraîneurs sont d'accord : il est bien plus facile d'établir une tactique sur un tableau noir que de la faire appliquer de façon uniforme par tous les membres de l'équipe. À chaque annonce d'un changement, qu'il soit positif ou négatif, subi ou contraint, tous les individus passeront par cinq phases incontournables, illustrées par cette courbe.

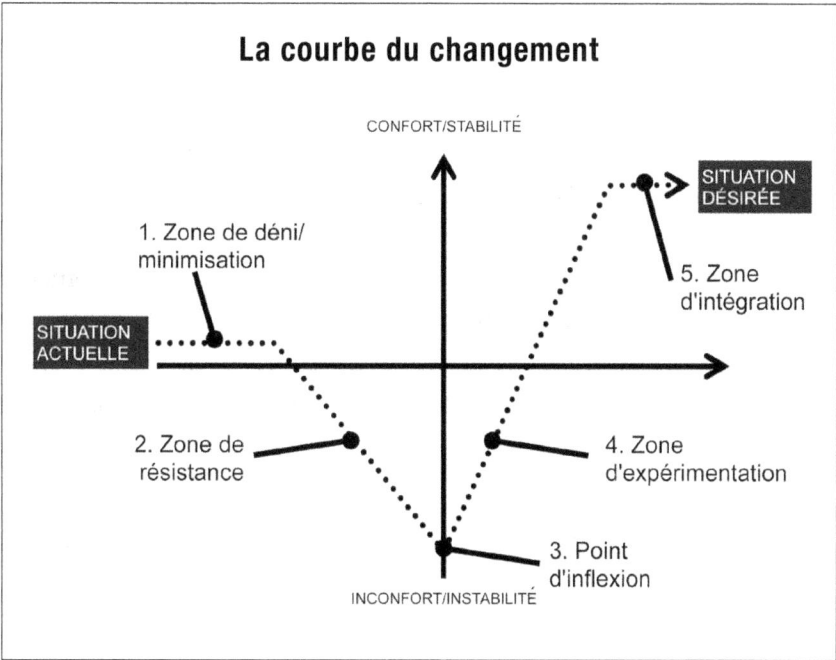

La courbe du changement

CONFORT/STABILITÉ

SITUATION DÉSIRÉE

1. Zone de déni/ minimisation

5. Zone d'intégration

SITUATION ACTUELLE

2. Zone de résistance

4. Zone d'expérimentation

3. Point d'inflexion

INCONFORT/INSTABILITÉ

Cette courbe a été adaptée pour le monde de l'entreprise à partir des travaux du docteur Elisabeth Kübler-Ross, psychiatre et professeur de médecine du comportement née en 1926 et décédée en 2004.

En résumé, chaque individu ne peut pas passer d'une situation actuelle, confortable, à une situation future, plus confortable, sans passer par cinq phases successives et par une période d'inconfort.

Pour illustrer cette courbe, nous allons prendre l'exemple d'un manager qui annonce à son équipe qu'il va mettre en place un nouveau système informatique qui remplacera l'ancien.

▶ Étape 1 : le déni, l'inaction

À l'annonce d'un changement, la plupart des collaborateurs n'entendent pas, ne comprennent pas, ne font pas le lien entre leur quotidien et ce changement qui va les modifier en profondeur. Soit on ne croit pas au changement, soit on le minimise.

Exemples de réaction des collaborateurs : « On verra bien s'ils l'installent un jour » ou encore « Ce n'est pas cela qui va changer notre vie ».

▶ Étape 2 : la résistance

La deuxième étape, la plus redoutée par tous les managers, est la phase de résistance. Cette résistance est naturelle, bénéfique même. Si rien ne se produit lors de l'annonce d'un changement, c'est que la phase 1 n'est pas encore passée. La résistance ne se traduit pas toujours par des éléments rationnels. Au contraire, les réactions sont plutôt émotionnelles : les personnes s'interrogent à ce stade sur leur propre capacité à changer, sur leurs peurs, sur l'abandon de leur confort présent. Comme ces craintes ne peuvent pas être exprimées directement, c'est le projet qui est attaqué.

Exemples de réaction des collaborateurs : « Mais pourquoi changer maintenant, notre système va bien ? », « Pourquoi ce système-là ? » ou encore « Et combien cela va-t-il coûter alors qu'il y a d'autres priorités ! »

▶ Étape 3 : le point d'inflexion

Le point d'inflexion est le moment de bascule, quand le collaborateur cesse de résister et se met en action. Ce moment est également appelé « deuil » ou « déclic ».

Exemples de réaction des collaborateurs : « Bon, on va l'essayer quand même ce nouveau système » ou, moins encourageant : « De toute façon, on n'a pas le choix... »

▶ Étape 4 : l'expérimentation

La phase test... On expérimente, on essaie, on gagne en confiance avec la nouvelle situation pour gagner en confort et en stabilité. Plus la phase de résistance a été longue, plus la phase d'expérimentation sera longue.

Exemples de réaction des collaborateurs : « Je vais m'inscrire à la formation pour le nouveau système » ou bien « J'ai découvert de nouvelles fonctionnalités que l'ancien système n'avait pas. »

▶ Étape 5 : l'intégration

Souvent oubliée dans l'entreprise, la phase d'intégration doit permettre à chacun d'ancrer définitivement le changement. Les nouveaux comportements doivent devenir des réflexes.

Exemples de réaction de collaborateurs : « J'ai désinstallé l'ancien système » ou bien « Je vais aider mon collègue qui a encore des difficultés afin qu'il se l'approprie ».

Cette courbe est individuelle et liée à chaque changement que nous vivons. Ainsi, lorsque le manager annonce un changement, autant de courbes se créent qu'il y a de collaborateurs.

Changer, c'est changer deux fois

Changer durablement, c'est changer deux fois. Le premier changement est mental. C'est le sens. C'est la conviction forte que la nouvelle situation, le nouveau projet est la solution la mieux adaptée dans les conditions actuelles. Chaque collaborateur calcule rapidement les plus et les moins de la nouvelle situation, et lorsque les plus sont plus nombreux à ses yeux, il adhère au changement. Le second changement est plus concret. Ce sont les procédures, les actions, les éléments concrets qui permettent de visualiser le changement.

Exemple rapide : pour un collaborateur systématiquement en retard, s'il ne comprend pas pourquoi c'est important d'arriver à l'heure pour lui, pour ses clients, pour le reste de son équipe, vous pouvez lui offrir la plus belle montre, un GPS et une voiture plus puissante, il partira dix minutes plus tard car il a une montre, un GPS et une voiture plus puissante...

Il faut donc s'assurer que les collaborateurs aient passé à la fois les étapes 3 et 4 de la courbe du changement afin de s'assurer qu'ils aient changé durablement.

Investir son temps sur les bonnes personnes

Le temps est une ressource rare pour le manager. Aussi, choisir comment investir son temps est une des compétences clés pour réussir à ce poste. Par réflexe, par croyance, lorsque nous tentons d'implémenter de nouveaux changements, notre attention, notre énergie est souvent concentrée sur ce qui attire et ce qui fait peur : les personnes opposées au changement. Cela requiert beaucoup d'énergie et de patience et n'amène pas toujours les résultats escomptés.

Face à un projet, le manager peut observer quatre types de comportement distincts :

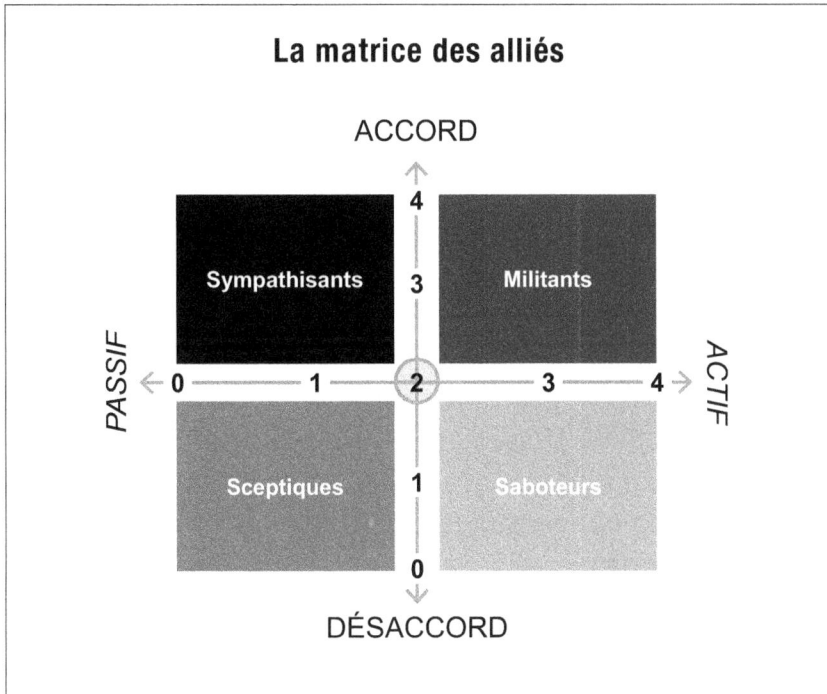

La matrice des alliés

ACCORD

Sympathisants	**3**	Militants

PASSIF ← 0 —— 1 —— **2** —— 3 —— 4 → ACTIF

Sceptiques	**1**	Saboteurs

DÉSACCORD

▶ les militants. Ce sont les premiers à se mettre en action. Ils adhèrent, ont un intérêt certain dans le projet et innovent, testent, « essuient les plâtres ». Les « *quick wins* », ces résultats et victoires rapides que tous les managers recherchent, proviennent de leurs actions. Ils défendent votre projet à vos côtés. Leur phrase : « On y va ! » ;

▶ les sympathisants. Ils adhèrent au changement mais n'agissent pas pour autant. Ils observent, attendent de voir les premiers résultats. Si, au bout d'un certain temps, ils ne sont pas convaincus, ils passent dans la troisième catégorie. Leur phrase : « On verra ! » ;

▶ les sceptiques. Comme leur nom l'indique, ils ne sont pas pour le changement. Ils préféraient l'ancien système, l'ancien projet ; ils ne croient pas forcément en vos idées. L'inconvénient, ou plutôt l'avantage, est qu'ils n'agissent pas. Leur phrase : « Je n'y crois pas ! » ;

▶ les saboteurs. Les saboteurs ont un double inconvénient : ils ne sont pas d'accord, ils n'adhèrent pas à votre projet et, en plus, ils se mettent en action pour faire en sorte que le projet échoue. Et ce n'est pas toujours pour les raisons mêmes du projet : il se peut que le projet ne soit qu'une excuse pour déclencher leurs actions. Leur phrase : « On va tout faire pour que ça n'arrive pas. »

Par qui commencer ? Où investir son temps ?

Nos réflexes nous poussent à investir notre temps vers ce qui dérange, ce qui fait du bruit. Or, le risque est de dépenser beaucoup d'énergie pour un résultat contre-productif. En effet, en management, les collaborateurs miment les actions de leur manager. Ainsi, si le manager s'intéresse de plus près aux saboteurs qu'aux militants, les collaborateurs en recherche de reconnaissance et d'attention vont s'approcher des saboteurs et copier leurs comportements.

Dans un premier temps, il faut donc s'approcher des militants. Ils sont déjà en action, ils vont obtenir des résultats rapides qui vont rendre concret le projet ou le changement souhaité. Il faut rendre leur situation enviable et surtout faire en sorte qu'ils ne se découragent pas. Le réflexe naturel est de se dire qu'ils sont déjà en action, que ce n'est pas la peine d'investir du temps auprès d'eux. Mais le risque est qu'ils se découragent, qu'ils ne se sentent pas soutenus. Et si vous les perdez, votre projet s'arrête automatiquement.

Dans un second temps, il faut mettre en action les sympathisants. Ils auront observé que vous avez passé du temps avec les militants. Ils auront envie d'être reconnus également. Il faut donc les amener à se mettre en mouvement. Pour le manager, le but est d'identifier les leviers qui vont leur permettre d'avancer, de lever les freins qui les avaient empêchés d'agir auparavant.

Une fois que vous avez encouragé et soutenu les acteurs positifs, vous pouvez aller à la rencontre des saboteurs. Les saboteurs ont une capacité de nuisance que les opposants n'ont pas. Il faut donc réduire cette capacité de nuisance. L'écoute de leurs revendications est bien sûr incontournable, mais vous pouvez également vous appuyer sur les militants pour contrecarrer les plans des saboteurs. Ils utiliseront d'autres arguments, auront d'autres stratégies et surtout, ils ne sont pas managers, ils sont au même niveau que les saboteurs. Leurs arguments auront plus de poids.

Enfin, la dernière population est celle des sceptiques, qui aura diminué car beaucoup d'entre eux, en observant les comportements du manager et des collègues, seront passés dans la case des sympathisants. Quelques actions bien ciblées et quelques freins levés vous permettront de les embarquer dans votre projet.

GRILLE D'ATELIER N° 5
ACCOMPAGNER LES CHANGEMENTS

La grille de travail suivante doit permettre à chaque manager de piloter au mieux un nouveau projet, un nouveau changement, en agissant au plus juste à chaque phase de la courbe du changement.

Les comportements des managers dans le changement

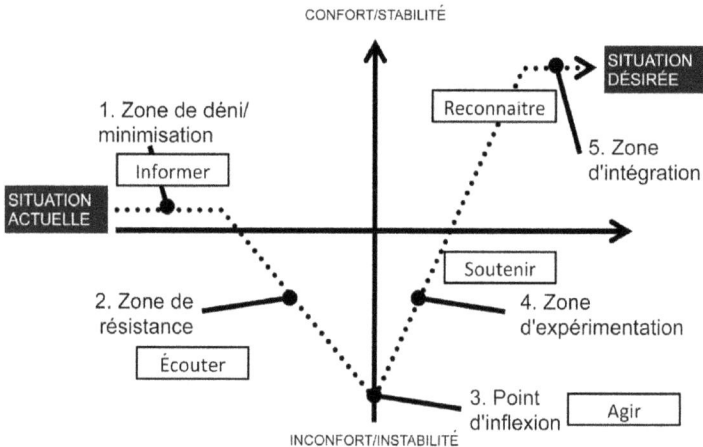

▶ **Phase 1 – Face au déni, à l'inaction : communiquez**

Dans la toute première phase, en tant que manager, vous devez vous assurer de bien faire passer votre message, de bien faire comprendre le projet à tous les interlocuteurs. Pour vous assurer de toucher tous les profils de votre équipe, vous devez y faire figurer :

▷ le quoi : à quoi cela va-t-il servir ? Quels sont les bénéfices attendus ?
Quel est le cœur du sujet ?

▷ le pourquoi : pourquoi est-ce important, quels sont les enjeux ? Quels
sont les risques si on ne le fait pas ?

▷ le qui : qui est impliqué ? Qu'est-ce que cela va changer pour chacun
d'entre vous ? Quelles sont les actions que l'on attend de chacun ?

▷ le comment : quelle est la mécanique ? Quels sont les délais ? Comment
cela va-t-il se passer ?

Le rôle du manager est donc de donner du sens, d'expliquer, de faire
comprendre.

▶ Phase 2 – La phase de résistance : écoutez

Une fois qu'ont été expliqués les contours et données toutes les
informations relatives au changement, arrive l'étape la plus difficile
pour les managers : l'écoute. Face à la résistance des interlocuteurs, la
tentation est immense d'essayer de répondre à chaque objection apportée,
de convaincre par des arguments rationnels. Mais cela constitue une
erreur à plusieurs égards.

La première raison est que les réactions ne sont pas rationnelles mais
émotionnelles. Les mots prononcés par les interlocuteurs lors de cette
phase ne sont pas forcément les raisons mêmes de cette résistance.
C'est d'ailleurs rarement le cas. Cela donnerait des réactions du type « je
ne veux pas mettre en œuvre ce nouveau système informatique car je
n'ai jamais rien compris à l'informatique et que cela me rappelle que je
suis incompétent sur ces sujets », ou encore « oh non, j'avais trouvé les
failles de l'ancien système et cela me permettait d'avoir des avantages
personnels ».

La seconde raison est que vous n'aurez pas suffisamment d'arguments
pour répondre à toutes les objections, qui se renouvelleront d'ailleurs.

La troisième est qu'en faisant cela vous vous remettez en cause et risquez
de tomber dans la justification, ce qui dévaloriserait le projet et vos idées.

Enfin, il peut y avoir de réelles et sincères objections qui doivent être entendues pour être prises en compte pour la bonne marche du projet.

Donc plutôt que de tenter de répondre du tac au tac, écoutez, notez, entendez sincèrement tous les commentaires et objections qui sont apportées. Ajustez votre projet si besoins, mais, surtout, laissez vos interlocuteurs s'exprimer. D'ailleurs, il vaut mieux qu'ils vous livrent leurs réticences plutôt qu'ils l'expriment dans un cadre que vous ne contrôlez pas.

▶ **Phase 3 – Le point d'inflexion : agissez**

Une fois que tous les avis ont été recueillis, vous devez commencer à agir : utilisez le nouveau logiciel, mettez en œuvre le nouveau projet, avancez. Le souci, c'est qu'aucun livre de management ne pourra vous certifier du délai exact qui doit s'écouler entre l'annonce du changement et le point d'inflexion. Mais vous disposez de deux indicateurs majeurs : les arguments qui vous reviennent se répètent, et vos militants sont déjà à l'action. Agir trop tôt donnera le signe que l'avis de vos interlocuteurs ne compte pas. Agir trop tard risque de vous priver de vos alliés et de vos meilleurs éléments.

▶ **Phase 4 – La phase d'expérimentation : soutenez**

Dans la phase d'expérimentation, le rôle du manager est de soutenir les efforts de chacun. Il est fortement probable que les premières tentatives de vos interlocuteurs ne soient pas couronnées de succès. Ce n'est absolument pas grave, bien au contraire. Ils se sont mis en action, il faut donc reconnaître et valoriser cette mise en mouvement. Ils ont fait des erreurs ? Tant mieux, car progresser c'est changer d'erreur. Ce sont des erreurs nouvelles, et l'apprentissage permettra de les éviter à l'avenir. Utilisez chaque échec comme une opportunité d'apprentissage. Il faut également s'appuyer sur toutes les petites victoires, les fameux « *quick wins* » qui permettent de concrétiser le changement. Laisser le droit à l'erreur, encourager, reconnaître les efforts et les premières réussites, aussi petites soient-elles, voilà le rôle du manager pendant cette phase, jusqu'à ce que tout le monde repasse à nouveau dans une zone de confort.

▶ Phase 5 – La phase d'intégration : reconnaissez les progrès

Eh non, ce n'est pas terminé ! Bien au contraire. Les pratiques sont nouvelles et ne sont pas encore de l'ordre des réflexes. Il faut donc s'assurer qu'elles perdurent et ne pas considérer que le changement est acquis trop rapidement. Reconnaissez le succès, les efforts fournis. Analysez avec vos interlocuteurs les éléments qui vous ont permis de gravir cette montagne, et partagez-les avec le plus grand nombre pour valoriser les équipes.

Bien jouer votre rôle à chaque étape du changement vous permettra :

▶ de l'accélérer ;

▶ de responsabiliser et mobiliser vos équipes ;

▶ de préparer les changements à suivre : plus vos équipes dédramatiseront le changement, plus elles l'accepteront facilement.

Attention, assurez-vous de connaître votre propre positionnement sur la courbe du changement par rapport à l'annonce que vous allez réaliser. Si l'on vous demande de relayer un projet, et que vous êtes encore en phase de résistance ou non convaincu par le contenu ou les finalités du projet, ne vous lancez pas dans la communication de celui-ci, car vous risquez d'être peu convaincant lors de la première étape ou rapidement à court d'arguments. Assurez-vous de franchir le point d'inflexion en cherchant de l'information, en échangeant avec votre supérieur ou des collègues, pour vous bâtir votre propre opinion.

THÈME N° 6
SURVIVRE AUX CHANGEMENTS

Réagir et accompagner les changements est une activité quotidienne pour le manager. Pour durer, il doit développer son agilité et sans cesse se remettre en cause pour appréhender au mieux les nouvelles situations auxquelles il fait face. Mais pas seulement, il doit aussi comprendre pour accompagner les membres de son équipe.

Il est indéniable que la pression des résultats à court terme, accentuée par l'omniprésence des médias dans les temps forts (les jours de matchs) ainsi que dans les temps faibles (le reste du temps), rend la survie de l'entraîneur à son poste bien plus complexe que celle du manager dans son entreprise. Mais si des personnages comme Alex Ferguson ou Arsène Wenger ont réussi à passer plus de vingt ans à la tête de deux des clubs les plus médiatiques au monde, nous pouvons tenter de retirer quelques enseignements de ces carrières exemplaires.

1 — DURER À SON POSTE D'ENTRAÎNEUR

Alex Ferguson, quasiment trois décennies au plus haut niveau mondial

Alex Ferguson a pris sa retraite de manager de Manchester United, en mai 2013, à l'âge de 71 ans. Il dirigeait le club depuis 1986, aura attendu huit ans avant de gagner son premier trophée, a été anobli en 1999, devenu sir Alex après la victoire en Ligue des champions cette année-là.

Alex FERGUSON

Écossais
Né le 31 décembre 1941 à Glasgow
Retraité depuis juin 2013

CARRIÈRE D'ENTRAÎNEUR
East Stirlingshire : 1974
Saint Mirren : 1974-1978
Aberdeen : 1978-1986
Sélectionneur de l'Écosse : 1985-1985
Manchester United : De 1986 à 2013

CARRIÈRE DE JOUEUR
Queen's Park : 1957-1960
Saint Johnstone : 1960-1964
Dumfermline Athletics : 1964-1967
Glasgow Rangers : 1967-1969
Falkirk : 1969-1973
Ayr United : 1973-1974

PALMARÈS DE JOUEUR
Champion de D2 d'Écosse : 1963 (Saint Johnstone) et 1970 (Falkirke)
Palmarès d'entraîneur

Ligue des champions : 1999 et 2008 (Manchester United)
Coupe intercontinentale : 1999 (Manchester United)
Mondial des clubs : 2008 (Manchester United)
Supercoupe d'Europe : 1983 (Aberdeen) et 1991 (Manchester United)
Coupe d'Europe des vainqueurs de Coupe 1983 (Aberdeen) et 1991
(Manchester United)
Champion d'Angleterre : 1993, 1994, 1996, 1997, 1999, 2000, 2001,
2003, 2007, 2008, 2009, 2011 et 2013 (Manchester United)
Coupe d'Angleterre : 1990, 1994, 1996, 1999 et 2004 (Manchester United)
Coupe de la Ligue anglaise : 1992, 2006, 2009 et 2010 (Manchester United)
Community Shield : 1990, 1993, 1994, 1996, 1997, 2003, 2007, 2008,
2010 et 2011 (Manchester United)
Champion d'Écosse : 1980, 1984 et 1985 (Aberdeen)
Coupe d'Écosse : 1982, 1983, 1984 et 1986 (Aberdeen)
Coupe de la Ligue écossaise : 1986 (Aberdeen)
Champion d'Écosse de D2 : 1977 (Saint Mirren)

Sir Alex a annoncé, un jour, qu'il s'arrêterait en 2002, à l'âge de 60 ans. Cela a duré quelques mois, puis il est revenu sur sa décision. « J'ai fait une erreur en annonçant ma retraite, mais je l'avais fait parce que j'estimais que c'était une juste attitude vis-à-vis du club, a-t-il souvent raconté. C'était assez bête de penser que j'allais pouvoir m'arrêter du jour au lendemain, et c'était encore plus bête de penser que je n'aurais pas assez d'énergie pour continuer. C'est ma femme qui m'a remis dans le droit chemin en me disant qu'elle ne voulait pas me voir à la maison, que je serais insupportable. Désormais, je n'annoncerai plus rien, ne planifierai plus rien[70]. »

Il a presque tenu cette promesse. Deux semaines avant la fin du championnat d'Angleterre 2012-2013, sir Alex a annoncé sa retraite d'un communiqué circonstancié, presque un peu froid, qui semblait un acte de management posthume : montrer aux joueurs que les sentiments n'ont pas toujours de lien avec la victoire et que le club serait toujours plus grand que chacun d'entre eux, puisque lui-même, Alex Ferguson, s'effaçait et s'apprêtait à être sinon remplaçable, du moins remplacé.

Ce qui aura porté Ferguson, c'est sa vitalité et son obsession de la victoire, dans une organisation qui a changé au fil du temps : « Quand je suis arrivé à Manchester, le club n'avait pas la dimension qu'il a prise à présent, souligne-t-il. J'ai donc pu intégrer beaucoup de choses au fil des ans et, aujourd'hui, je peux gérer tout ça le plus normalement du monde. Si j'ai survécu aussi longtemps, c'est aussi parce que j'arrive à faire le vide, par moments, et à ne pas me laisser submerger par les événements. Et puis, si je continue à vouloir tout contrôler au club, plus les années passent, plus j'ai compris qu'il fallait aussi savoir déléguer. Je ne peux plus courir à droite et à gauche et tout faire tout seul[71]. »

Il a survécu aux changements par son formidable instinct, par son immersion perpétuelle dans les nouvelles générations, et par une adaptation de son rôle. Par goût, il n'entraînait pas tous les jours : on se souvient l'avoir vu dans un avion Manchester-Londres le lendemain d'un match européen de MU, alors qu'il y avait entraînement. Il nous a demandé le numéro de *France Football* que l'on avait à la main, puis il nous a raconté que, ce jour-là, il allait voir ses chevaux sur les champs de courses.

Il a délégué pour n'avoir pas à tout faire tout seul, pour pouvoir s'échapper du quotidien à l'occasion, mais également pour résoudre plus facilement certaines équations du football moderne. S'il a duré, c'est aussi parce que certains de ses adjoints, et notamment le Portugais Carlos Queiroz, sur lequel il s'appuyait beaucoup, ont complété sa culture tactique par leur influence continentale.

Pour survivre aux changements, il faut d'abord changer soi-même. Pour remporter une deuxième Ligue des champions, en 2008, Ferguson a renoncé aux flamboyances de 1999 après avoir compris qu'une approche plus défensive, encouragée par Queiroz, serait plus efficace.

Durer, c'est bien sûr ne pas passer son temps à se retourner, fuir la nostalgie et la satisfaction de soi. Mode d'emploi, par le manager de Manchester United lui-même : « Je préfère regarder ce que j'ai à réussir plutôt que ce que j'ai fait. Cela m'a permis de ne pas me surestimer. Et puis, tous les honneurs agacent ma femme, ce qui m'aide à rester les pieds sur terre. Quand on a appelé à la maison pour m'annoncer l'anoblissement, elle a répondu : ''Vous ne pensez pas qu'il en a assez ?'' À la maison, vous ne trouverez rien qui se rapporte à ma carrière. Si je ramène un bouquin sur le foot, elle me dit : ''Qu'est-ce que tu fous avec ça ?''[72] »

Dans le livre *Secrets de coache*, Ferguson évoque ainsi non seulement son adaptation aux changements, mais également sa recherche permanente d'une évolution : « Je crois que les changements sont bons pour l'équipe. Il faut que nous soyons constamment aux aguets. Mon rôle est d'orchestrer tout ça. Le plus dur dans le football est de manager le changement. Manager le changement, c'est beaucoup plus dur que de choisir une équipe. Mais il faut changer, parce que le football change. Parce que ça va de plus en plus vite. Pour rester devant, il faut changer, même dans le succès. C'est pour ça que je fais confiance à mes yeux. L'observation. Quand le niveau de performance n'est plus le même, il faut savoir le constater. Mais il faut surtout comprendre pourquoi. Est-ce que le joueur est fini ? Est-il trop vieux ? A-t-il perdu son enthousiasme, sa détermination ? Il faut rester objectif et lucide[73]. »

Puisqu'un groupe a parfois besoin d'un nouvel entraîneur pour entendre un autre discours, et qu'il a conservé le pouvoir pendant vingt-sept saisons, Alex Ferguson aura plutôt changé ceux qui l'écoutent, les joueurs : « Nous gagnons des titres et nous cherchons toujours à assurer le renouvellement de l'équipe. Les joueurs aiment qu'un nouveau visage arrive dans le vestiaire. C'est excitant pour tout le monde. C'est la preuve que le club continue d'avancer. Peut-être avions-nous fait des erreurs dans les années 1990 en ne nous montrant pas assez ambitieux sur le marché des transferts[74]. » Mais c'était une moins grande erreur, sans doute, que de songer à la retraite à 60 ans.

Arsène et Arsenal, inséparables depuis le siècle dernier

Arsène Wenger est à Arsenal depuis 1996. Il a connu le bonheur tranquille de celui qui construit, la joie des triomphes, de la reconnaissance et des accomplissements, puis l'impatience ou même l'ingratitude des amnésiques, après de longues années sans trophée. Il a connu un football quasi anglais, puis il lui est arrivé d'aligner une équipe d'Arsenal sans le moindre joueur britannique, ce qu'il ne fait plus. Il a été très lié à son directeur général, David

Dein, pendant plusieurs années, puis son ami a vendu ses actions et il a désormais des comptes à rendre à des actionnaires américains.

Il n'a jamais annoncé qu'il serait là pour dix ans et il est là depuis plus de seize ans. Il n'a pas tout à fait fonctionné comme Ferguson face à l'éventuelle usure du temps. Lorsqu'il a quitté MU, sir Alex est parti à la retraite. Wenger, lui, a été en contact avec la plupart des grands clubs européens, notamment le Real Madrid et le PSG qatari, et la question de son départ est revenue régulièrement sur le tapis. C'est comme si l'idée de partir à tout moment avait été suffisante pour renouveler sans cesse son envie de rester. Il navigue entre la fidélité absolue, qui repose certes sur un contrat qui lui apporte plus de huit millions d'euros annuels, et une certaine lucidité sur la fin de l'histoire un jour : « Un manager peut croire qu'il a une histoire d'amour à vie avec un club. Il ne doit pas non plus être naïf. Ça peut s'arrêter du jour au lendemain[75]. » Il est, surtout, assez lucide pour savoir qu'il risque d'avoir du mal à choisir le jour de son départ : « Sait-on quand on n'est plus assez bon ? C'est très difficile à dire. Je ne crois pas en la retraite sauf si vous y êtes contraint. » Il y a, enfin, cet aveu, effectué lors d'une conférence des managers, en Angleterre : « Il n'y a pas eu de jour où je me suis dit : je peux vivre sans[76]. »

Lorsque les résultats sont bons et qu'il se sent plein d'énergie, il déclare : « Je n'ai jamais pensé à partir et je vais continuer encore vingt ans si je peux. Je comprends mieux Ferguson. Je m'étais dit que j'arrêterais à 50 ans, mais je n'arrive pas à concevoir la vie sans le football, sauf si je devais être obligé de m'arrêter bien sûr. Cela arrivera un jour, mais je n'y pense pas actuellement[77]. » Et quand les résultats le fragilisent, il s'en tient à l'horizon de son contrat, dont l'actuel court jusqu'en 2014 : « À mon âge [Wenger est né en 1949], je dois considérer les choses année après année[78]. »

La remise en cause permanente

Par-delà sa capacité naturelle de résistance à la pression et son envie permanente de gagner, Wenger a duré, aussi, parce que le management à l'anglaise a élargi son horizon, et parce qu'il a fait la synthèse d'autres cultures, tirant un grand profit, notamment, de son passage au Japon entre ses huit années à Monaco et son installation à Londres : « Le Japon, cela a été un tournant dans ma vie. Qu'on le veuille ou non, la culture européenne est un peu unidimensionnelle. Quand on passe d'un pays à l'autre, en Europe, on n'a pas vraiment l'impression de changer. Au Japon, j'ai dû m'adapter à une autre culture, à d'autres valeurs, et c'était ce dont j'avais besoin à ce moment-là[79]. »

L'énergie et la volonté de réussir

Durer, cela dépend du cadre, donc, mais surtout de sa propre attitude mentale. Guy Roux, plus de quarante ans à la tête de l'AJ Auxerre, sait exactement ce qui l'a rendu si longtemps performant, et ce qui a officialisé son crépuscule, bien après l'âge officiel de la retraite en France. Aveu : « Il faut une grosse agressivité. Sans ça, tu es mort, tu es un prof. Après, cette agressivité décline avec l'âge, tu as l'impression de perdre ta libido. Je l'ai pourtant gardée longtemps, très longtemps. En même temps, il faut aussi voir que l'autorité à la schlague, ça ne marche pas, il faut être capable de dompter son agressivité[80]. »

Arsène Wenger analyse sa propre longévité sous le même angle : « C'est un simple problème de testostérone, de force physique. Guy Roux l'a bien résumé quand il dit s'être retrouvé devant un mur, ne parvenant plus à renverser la vapeur. Pour être entraîneur de haut niveau, il faut de la force physique, de la force animale. C'est un métier de combat. Je n'en suis pas encore là, mais je suis à l'écoute du temps. J'y repenserai dans quelques années. Mais je crois avoir de la lucidité à ce niveau-là, il y a un petit papillon en moi qui me dit sans cesse où j'en suis de ma faim, de mon esprit de sacrifice. Je me poserai la question, un jour, de savoir si je dois sacrifier le reste de ma vie pour gagner des matchs que j'ai déjà gagnés[81]. »

Ceux qui durent, comme toujours, ne sont pas ceux qui managent en dilettante. Tous les vieux entraîneurs ont en commun une obsession profonde. « Le secret, dit Guy Roux, c'est la persévérance mentale. Il ne faut jamais cesser d'être combatif et de vouloir y consacrer toute sa vie[82]. » Lors d'une rencontre entre Guy Roux et Gérard Houllier, organisée par *L'Équipe*, Houllier avait dressé ce portrait de l'entraîneur auxerrois : « Tu es obstiné. J'aime bien ceux qui ont une vision, une ligne de conduite et qui s'y tiennent, peu importe ce qu'en pensent les gens. Mais tu es obstiné sans être têtu. Tu l'as montré, par exemple, en changeant de système de jeu, qui convenait mieux à ta nouvelle génération. Et tu es un peu comme moi : tu es obsessionnel. On rend les gens malheureux autour de nous, mais je crois que dans le foot on réussit en ne pensant qu'à ça[83]. »

Être en phase avec son environnement

La définition habituelle du bon entraîneur dessine la difficulté de résister aux changements : un bon entraîneur, c'est celui qui est là au bon endroit, au bon moment. Le bon endroit n'est pas le même pour tout le monde. C'est une question de culture ou de niveau. Le jeu défensif d'un entraîneur italien ne peut pas convenir au football espagnol. Le cadre tactique très laxiste d'un entraîneur britannique ne serait pas accepté en Italie. De même, il y a des entraîneurs spécialistes de la Ligue 2, qui connaissent tout de cet environnement particulier sur les plans médiatique, sportif et populaire, qui savent exactement comment s'adresser à des joueurs de ce niveau-là, mais qui perdent leurs repères et leur efficacité au niveau supérieur, en Ligue 1. Un environnement nouveau demande un mélange d'autorité à affirmer et d'adaptation nécessaire : à Lyon, Claude Puel a manqué la seconde partie du programme.

Le bon moment, pour entraîner, peut correspondre à la valeur de l'effectif, à la stabilité politique et sportive du club. Pendant deux ou trois ans, un entraîneur peut avoir de la chance. Mais le bon moment peut difficilement durer dix ans. Après, ce n'est plus de la chance.

Et bien sûr, la théorie du bon endroit et du bon moment ne tient pas pour les entraîneurs extraordinaires qui réussissent partout. José Mourinho, évidemment, champion au Portugal, en Italie, en Angleterre et en Espagne. Fabio Capello, en Italie et en Espagne. Un entraîneur comme le Néerlandais Louis Van Gaal a certes échoué à l'Inter Milan, mais il avait fait de l'Ajax Amsterdam le champion d'Europe 1995, et il a réussi au FC Barcelone, malgré des conflits considérables, ainsi qu'au Bayern Munich, en dépit d'un limogeage spectaculaire. Pour juger de la trace d'un entraîneur, il ne faut pas s'attarder sur la fin de l'histoire.

Zoom

Les chaises musicales, le grand jeu de 2013

Les grands managers du football européen sont identifiés depuis longtemps. Certains ne survivent pas aux modes, d'autres traversent les époques. Et comme toujours, il suffit d'un ou deux mouvements pour créer le tourbillon. L'été 2013 restera l'un des plus agités de l'histoire moderne, en la matière : Manchester United, Manchester City, le Real Madrid, Chelsea, le Bayern Munich, notamment, ont changé d'entraîneur. Mais les noms, eux, ne changent guère. Mourinho est revenu à Chelsea, Pellegrini, qui venait de Malaga mais a entraîné le Real, est parti à Manchester City, Guardiola est sorti de son année sabbatique pour succéder à Jupp Heynckes au Bayern Munich, pendant que Carlo Ancelotti n'a longtemps pas su s'il allait entraîner le PSG ou le Real Madrid.

2 — S'ADAPTER AUX CHANGEMENTS DANS L'ENTREPRISE

L'importance de l'envie aussi dans l'entreprise

De nombreux facteurs externes peuvent influer sur la survie d'un manager à son poste, mais le facteur interne est de loin le plus déterminant. Nous pouvons résister à des clients exigeants, des collègues difficiles, des consignes floues, mais lorsque l'étincelle n'est plus là et qu'il est difficile de se lever tous les matins, alors la survie au poste est sérieusement menacée.

Bien évidemment, l'adrénaline procurée par le monde du sport est un carburant unique, mais chacun de nous peut identifier, entretenir, développer les aspects positifs de notre activité quotidienne.

Pour entretenir cette énergie liée à l'envie, il est essentiel pour chacun de savoir décrocher également. Si sir Alex cultive sa passion des chevaux, d'autres se ressourcent dans des activités intellectuelles (lectures, voyages), physiques (sports extrêmes, loisirs) ou encore familiales.

Il peut paraître anodin, anecdotique même de s'attarder à l'importance de l'envie et de maintenir cette énergie pour durer. Il est donc judicieux de rappeler à ce stade les deux principales causes de *burn out*, ce moment difficile où le corps dit « stop » :

▶ le surmenage, l'impossibilité de faire redescendre la pression ;

▶ le manque d'activité, le manque de sens, la perte d'utilité ressentie.

Dans le football, même les plus grands ressentent le besoin de déconnecter complètement. Nous pouvons ainsi citer deux entraîneurs champions du monde, Lippi et Jacquet, qui ont ressenti le besoin de déconnecter après leur succès, et l'un des meilleurs entraîneurs contemporains, Josep Guardiola, « lessivé » après quatre ans à la tête de la meilleure équipe de football de tous les temps.

Même lorsque l'activité principale est un sport (le football), les principaux acteurs ressentent le besoin de couper. Il en est de même pour tous.

Le changement… contrainte ou nécessité ?

Trois idées reçues ne sont malheureusement pas près de disparaître de la tête des Français, et notamment des managers :

▶ « Pour changer, la crise est nécessaire » ;
▶ « Pourquoi on changerait, on a toujours fait comme ça ? » ;
▶ « Si l'on change, c'est parce qu'on n'a pas bien fait les choses avant ».

« Est-il préférable de prévenir ou de subir les changements ? », c'est la question que chacun devrait se poser.

Bien trop souvent, nous attendons une excuse, un besoin, une crise pour changer les choses. Parce que le changement fait mal, parce qu'il nous sort de notre confort et nous engage dans la voie de l'incertitude. Alors on repousse l'échéance, on trouve des excuses, on remet à demain, jusqu'à ce qu'on n'ait plus le choix. Malheureusement, lorsque l'échéance arrive, nous devons quand même gérer ce changement, de façon contrainte, et dans des conditions dégradées.

Un exemple vécu mille fois par les managers : vous êtes à l'extérieur du bureau et une demande urgente arrive. Vous ne pouvez pas rentrer pour gérer vous-même, ni gérer à distance... Alors vous déléguez, et ce dans les pires conditions.

Et le problème est bien là... un changement subi est toujours plus difficile à piloter qu'un changement voulu.

Il faut donc apprendre à changer régulièrement (la remise en cause) pour mieux se préparer à mener les changements indépendants de notre volonté. Cela montrera à tous que la crise n'est pas toujours nécessaire pour déclencher un changement. Cela rappellera également qu'un changement n'est pas une remise en cause du travail effectué auparavant.

Faut-il changer une équipe qui gagne ?

Et la réponse est... oui. Mais attention à ce que vous changez !

Nous l'avons vu précédemment, il vaut mieux prévenir que guérir. Il faut donc s'interroger aux ingrédients de la victoire :

▶ Qu'est-ce qui a permis de gagner ?

▶ Qu'est-ce qui a permis de durer ?

▶ Comment avons-nous géré les moments difficiles ?

Ces éléments, profonds, doivent rester stables. Ils doivent être connus, partagés, renforcés.

D'autres pistes, plus en surface, peuvent être creusées :

▶ Qu'est-ce que nous pouvons améliorer pour nos clients ?

▶ Quelles nouvelles pistes, nouveaux produits, services, méthodes pouvons-nous mettre en œuvre ?

Mais attention, de nombreuses erreurs ont été commises par les managers qui avaient besoin de changement :

▶ retirer un ou plusieurs leaders d'ambiance ;

▶ retirer des privilèges visibles ;

▶ retirer un bon élément sans le remplacer ou réduire le nombre de collaborateurs de façon déséquilibrée ;

▶ tomber dans l'autogestion (souvenez-vous de l'équipe de France en 2002, et des résultats qui s'en sont suivis), retirer toutes les contraintes ;

▶ ne pas se fixer de nouveaux challenges, de nouveaux sommets à atteindre. Et le sport a un grand avantage dans ce domaine sur le monde de l'entreprise : les records !

Savoir s'entourer pour compléter ses compétences

Il existe un réflexe managérial qui consiste à s'entourer des gens qui nous ressemblent pour de bonnes raisons évidentes : cela rassure, cela facilite la compréhension et le travail à court terme et cela renforce même nos convictions. En revanche, cela comporte deux dérives majeures. La première est que nous avons plus de difficultés à prendre du recul sur notre activité : ce que nous ne voyons pas arriver, notre clone ne le verra pas forcément non plus... La seconde est que l'on se prive d'une source de créativité et de remise en cause immense. Certes, nous perdons un peu de temps en négociations ou en explications, mais cela nous amène à envisager d'autres situations, d'autres façons de faire ou de voir une situation. Cela nous permet de rester en vigilance.

Bien s'entourer, c'est une première étape. Il faut ensuite accepter de lâcher prise et de laisser une part de responsabilité à ses équipes. Quand Alex Ferguson gagne la Ligue des champions en 2008, c'est grâce à la confiance qu'il a construite avec son adjoint. Cette confiance, bâtie dans les victoires mais aussi les défaites, a permis de confronter les visions de chacun et de compléter chacun la leur. Ferguson est devenu meilleur au fil des ans parce qu'il a su s'entourer, écouter, tirer le meilleur des personnes qui l'ont accompagné, même s'ils étaient hiérarchiquement inférieurs.

Posez-vous la question : qu'est-ce que je peux apprendre des personnes qui travaillent avec moi ? Comment leur donner plus de responsabilités au quotidien pour que leur talent s'exprime ?

Tirer les leçons des défaites... mais surtout des victoires !

« On apprend toujours plus dans les défaites que dans les victoires. » Cet adage, répandu dans le monde du football et bien au-delà, est malheureusement incomplet. La réalité est plutôt la suivante : « Nous avons toujours mieux appris à tirer les leçons des défaites, mais pas des victoires. » Certes, la nuance est subtile, mais de taille.

Nous avons l'habitude de la remise en cause à la suite d'une défaite, d'un échec. L'effort est naturel, puisqu'il renvoie à des choses désagréables, que nous ne voulons plus revivre. Ainsi, à la suite d'un dysfonctionnement ou d'un échec, nous créons toute une batterie de commissions, de groupes de travail, de réflexion pour résoudre ces problématiques. Normal ? Souhaitable ? Indispensable ? Pour répondre à ces questions, il faut se recentrer sur les impacts de ces réflexions sur l'échec :

▶ nous entretenons la dynamique d'échec ;

▶ nous mettons en lumière des difficultés, des choses négatives, que chacun veut oublier ;

▶ nous cherchons les coupables et les auteurs de la faute ;

Nous vous proposons une autre voie, bien plus positive, bien plus vertueuse : faire l'inverse !

Plutôt que de s'attarder sur ce qui n'a pas fonctionné, il faut tirer les leçons des réussites, valoriser ceux qui ont réussi, rendre ce sentiment de réussite agréable, positif, une flamme qu'il faut entretenir. Quels sont les impacts :

► nous valorisons ceux qui ont réussi ;

► nous mettons en avant les recettes qui marchent, des éléments positifs, que chacun veut communiquer ;

► nous cherchons les moteurs, les collaborateurs actifs, qui réussissent ;

► nous entretenons ainsi une dynamique vertueuse, positive.

Une des sociétés les plus connues pour sa capacité d'innovation et d'adaptation est sans aucun conteste la société 3M (l'inventeur des Post-it notamment). À chaque fois qu'une innovation est trouvée, testée, validée, elle est ensuite présentée à chacune des autres entités de l'entreprise, pour savoir si elle peut être adoptée, adaptée, mise en œuvre, voire bonifiée par la nouvelle équipe. Et pas seulement pour les innovations produits, mais également les innovations de process, managériales, etc.

Une dernière question à vous poser à ce sujet : en ce moment, les acteurs du football regardent-ils plutôt les clubs de bas de tableau ou bien l'inverse ?

Ils se tournent vers le Bayern Munich, le FC Barcelone, Manchester United ou encore la Juventus, pour comprendre ce qui les a menés à la victoire. Alors apprenons à tirer les leçons... de nos victoires !

© Groupe Eyrolles

GRILLE D'ATELIER N° 6
LA CAPACITÉ DE REMISE EN CAUSE DE MON ÉQUIPE

Un manager qui dure, c'est avant tout un manager qui a des résultats. Et ces résultats, ils sont produits par ses équipes. Afin de vous assurer d'une remise en cause régulière de votre équipe, pour toujours garder une équipe qui gagne, nous vous proposons un échange avec eux à partir de l'outil suivant.

Consignes de l'exercice :

▷ distribuez cette grille à chaque membre de votre équipe. Demandez-leur de réfléchir individuellement et de se positionner virtuellement sur chacun des 10 continuums ;

▷ au bout de cinq minutes, créez un échange sur chacun des points de la liste. Réalisez une moyenne des notes pour l'équipe ;

▷ faites de même pour les 10 points ;

▷ additionnez les points obtenus.

La capacité de remise en cause de notre équipe		
Le changement nous effraie	1 2 3 4 5 6 7 8 9 10	Le changement nous motive
Pas la peine de le provoquer, le changement arrivera bien un jour	1 2 3 4 5 6 7 8 9 10	Il est préférable de provoquer le changement que de le subir
Nous sommes très attachés à notre fiche de poste	1 2 3 4 5 6 7 8 9 10	Nous faisons ce qui est utile pour l'équipe et les clients
Chacun ne fait que ce qui lui plaît dans l'équipe	1 2 3 4 5 6 7 8 9 10	Chacun met ses compétences au profit des besoins de l'équipe et du client
C'est aux autres à s'adapter	1 2 3 4 5 6 7 8 9 10	C'est à nous de nous adapter aux évolutions de l'environnement
Chacun est expert sur son sujet : personne n'intervient sur son domaine	1 2 3 4 5 6 7 8 9 10	Chacun a la possibilité d'interagir avec les autres membres de l'équipe sur le fond des sujets
Les idées nouvelles doivent venir du chef	1 2 3 4 5 6 7 8 9 10	Tout le monde peut et doit apporter des idées
La règle doit être suivie à tout prix	1 2 3 4 5 6 7 8 9 10	L'esprit de la règle doit être suivi à tout prix
Nous devons garder pour nous nos secrets et bonnes recettes	1 2 3 4 5 6 7 8 9 10	Nous devons partager nos secrets et bonnes recettes
L'erreur est inacceptable dans notre équipe	1 2 3 4 5 6 7 8 9 10	L'erreur est nécessaire pour progresser

L'important n'est pas le score obtenu. Ce score vous indiquera simplement l'étendue et l'intensité des travaux à effectuer avec votre équipe.

Avec vos collaborateurs, identifiez les points les plus extrêmes et travaillez avec eux sur les éléments suivants :

▶ Quelles sont les forces de notre équipe ? Comment les maintenir ?

▶ Quelles sont les zones de progrès de notre équipe ? Quelles actions mettre en œuvre ?

THÈME N° 7
LA DÉLÉGATION

Nous l'avons vu tout au long du livre, le pouvoir de l'entraîneur s'est déplacé : de moins en moins technique, de plus en plus relationnel et politique. L'entraîneur « moderne » passe la plupart de son temps en dehors du terrain d'entraînement, ces actions étant aujourd'hui majoritairement déléguées à ses adjoints, tous des spécialistes dans leur domaine. Le rôle de manager, y compris celui de manager de proximité, a entamé la même évolution : on lui demande de maîtriser un plus grand nombre de paramètres, de donner du sens, de piloter l'activité et de développer les personnes. S'il veut remplir correctement tous ses rôles, il doit lâcher prise sur certaines actions à la portée de ses adjoints (quand il en a) ou de ses collaborateurs.

Mais est-il facile, aisé de déléguer ? Comment faire confiance à ses collaborateurs et adjoints ? Comment s'assurer de mettre en œuvre toutes les attentes de ses dirigeants ?

1 — LA DÉLÉGATION DANS LE FOOTBALL

La délégation du pouvoir au manager

La majorité du football européen vit en régime présidentiel. La proximité entre le président et l'entraîneur induit une pression quotidienne. L'histoire est pleine d'exemples d'ingérences présidentielles, assumées ou non, pour maintenir la valeur marchande d'un joueur acheté à prix d'or, ou pour plaire aux supporters.

Arsène WENGER

Français
Né le 22 octobre 1949 à Duttlenheim
Entraineur d'Arsenal

CARRIÈRE D'ENTRAÎNEUR
Nancy : 1984-1987
Monaco : 1987-1994
Nagoya : 1994-1996
Arsenal : Depuis 1996

CARRIÈRE DE JOUEUR :
Mulhouse : 1973-1975
Strasbourg : 1978-1981

PALMARÈS DE JOUEUR
Champion de France : 1979 (Strasbourg)

PALMARÈS D'ENTRAÎNEUR
Champion d'Angleterre : 1998, 2002 et 2004 (Arsenal)
Coupe d'Angleterre : 1998, 2002, 2003 et 2005 (Arsenal)
Community Shield : 1998, 1999, 2002 et 2004 (Arsenal)

Champion de France : 1988 (AS Monaco)
Coupe de France : 1991 (AS Monaco)
Coupe de l'empereur du Japon : 1995 (Nagoya)
Supercoupe du Japon : 1996 (Nagoya)

Les entraîneurs sont de mieux en mieux armés, ne serait-ce que contractuellement, pour résister. Mais ils savent que trop de résistance affaiblira leur position en cas de mauvais résultats. Par-dessus le marché, si l'on ose dire, bon nombre d'entraîneurs européens n'ont pas eux-mêmes le pouvoir de recruter : cela peut être le domaine d'un directeur sportif, voire d'un président qui peut choisir ses nouveaux joueurs en fonction de leur agent et de ses intérêts propres.

En Angleterre, le monde est un peu plus simple. Le régime est celui des managers. Personne, ou presque, ne connaît les présidents. Ils ne parlent jamais dans les journaux, ou alors une fois par an, la télévision ne les montre jamais en gros plan dans les tribunes, et ils ne font jamais une remarque tactique. Ils donnent une enveloppe au manager qu'ils ont choisi et lui laissent une entière liberté.

Cette liberté n'est pas seulement sportive. Le manager à l'anglaise dirige toute la politique du club. À Arsenal, Arsène Wenger a supervisé lui-même les plans du centre d'entraînement à Colney et du nouveau stade. Il analyse ainsi cette différence fondamentale : « C'est une charge et un stress supplémentaires, bien sûr, mais aussi une chance supplémentaire, parce que je sais que si je ne réussis pas, je le dois à mes mauvaises décisions. Un entraîneur, c'est avant tout quelqu'un qui doit prendre les bonnes décisions. Malheureusement, dans beaucoup de clubs, il y a énormément de décisions qui échappent aux entraîneurs. En France, on peut reconnaître vos compétences d'entraîneur sur un domaine, mais on hésite souvent à vous donner des responsabilités en dehors du terrain. Ou alors, si on le fait, c'est toujours avec une réticence. C'est un réflexe très latin, au fond. En Angleterre et dans la mentalité anglo-saxonne, c'est tout le contraire. On te donne la responsabilité et le pouvoir, on te laisse faire et on te regarde faire. Si c'est bien, on te laisse continuer. Sinon, on met quelqu'un d'autre[84]. »

Le manager français d'Arsenal se souvient de la première partie de sa carrière, une époque où il n'avait pas les mains aussi libres dans l'orientation de la vie sportive du club : « Au début de ma carrière d'entraîneur, je n'étais pas décideur. À Monaco, le président Campora aimait bien les secrets et j'étais exclu des discussions financières. Au Japon, à Nagoya, j'ai franchi une étape transitoire : c'est moi, notamment, qui m'occupais du recrutement des joueurs étrangers. À Arsenal, je ne décide pas du budget, mais je décide de la manière d'utiliser les moyens que l'on met à ma disposition[85]. »

Plus de pouvoir implique forcément plus de délégation : le manager à l'anglaise a le droit de s'occuper de tout, mais ses journées ne font toujours que vingt-quatre heures. Description par Arsène Wenger, dans le détail : « Nous avons une fois par mois des réunions techniques avec le staff médical, les responsables du matériel et ceux du centre d'entraînement, pour voir ce qui ne va pas, améliorer ce qui peut l'être, s'il y a des problèmes de discipline, de suivi médical. Ma garde rapprochée, c'est le staff technique, mes adjoints : ils sont avec moi tous les jours pour des discussions actives. On fait le point sur ce que l'on va faire à l'entraînement, sur le match à venir, et parfois sur un match que l'on a vu à la télé la veille ! On passe beaucoup de temps ensemble, quand on joue tous les trois jours, avec les mises au vert[86]. »

L'Angleterre est le pays pour durer, parce que l'atmosphère autour du football est porteuse d'une énergie formidable, et parce que la liberté du manager s'accorde à un pouvoir qui lui permet le contrôle, du moins tant que les résultats sont conformes aux attentes des actionnaires. Gérard Houllier raconte que, dans des discussions sur le métier d'entraîneur en Angleterre avec Arsène Wenger et Alex Ferguson, le contrôle était au centre de tout : « Garder le contrôle est primordial. L'équipe ne peut fonctionner que si le leader, et pas seulement parce qu'il gueule, en contrôle tous les paramètres[87]. »

Lors de l'annonce d'une de ses nombreuses prolongations de contrat, au milieu des années 2000, Arsène Wenger avait insisté sur cette alliance de liberté et de responsabilité, pour expliquer son envie de continuer : « En Angleterre, on peut faire son travail avec une liberté totale. Le plus important, où que l'on soit dans le monde, c'est de se lever le matin en étant heureux d'aller travailler. La responsabilité est énorme mais, qu'on gagne ou qu'on perde, le résultat est la conséquence de ses propres décisions et de la qualité de la prestation de ses joueurs. Et de rien d'autre... Dans le football, c'est devenu rare[88]. »

Dépasser la simple gestion de son équipe

Pour un manager à l'anglaise comme pour tout un chacun, il n'y a pas de liberté sans contrainte. La vie quotidienne d'Arsène Wenger tourne autour de sa maison, dans le nord de Londres, du centre d'entraînement de Colney et du stade de l'Emirates. Il ne sort jamais, ne se rend jamais dans le centre de Londres.

Gérard Houllier a eu la même liberté, les mêmes contraintes, et la même influence à Liverpool de 1998 à 2004. Lui aussi a dessiné les plans du centre d'entraînement ultramoderne des Reds, à Melwood. Résumé de sa mission, par lui-même : « Le manager est responsable de tout le secteur sportif, note Houllier, de sa gestion au quotidien de toutes les équipes. Il doit laisser un héritage. Ensuite, il doit s'occuper des installations, influencer le travail du club. Le vice-président m'a dit : "Tu as mis le club au XXIe siècle." Enfin, un manager doit faire progresser les joueurs[89]. »

C'est une autre différence fondamentale. Un entraîneur de passage va gérer son effectif à court terme : il n'avancera pas dans la saison en réfléchissant à ce que sera le club dans cinq ans. Un manager à l'anglaise supervise également le centre de formation et doit avoir deux ou trois coups d'avance dans la construction de son équipe, introduire de jeunes joueurs pour maintenir un équilibre entre la politique de recrutement et la politique de formation ; en préparant l'avenir de son club et celui de ses jeunes joueurs, il prépare également son propre avenir.

Jacques Crevoisier, aujourd'hui consultant sur Canal+, a travaillé à Liverpool avec Gérard Houllier et rappelle ce mode de fonctionnement différent : « En Angleterre, le manager décide de tout. Il a une entière liberté, tactique, financière, dans la limite de son budget, bien sûr, mais il prend ses responsabilités. S'il échoue, il saute et n'a aucune excuse. C'est lui le boss. L'adjoint fait l'entraînement et le manager supervise. Il arrive souvent que le manager n'assiste pas à la séance[90]. »

Guy Roux, l'hyper-responsable

En France, Guy Roux était un manager à l'anglaise, mais il a dirigé toutes les séances. C'était une modernité paradoxale pour un Bourguignon aussi ancré dans son terroir, mais il est le seul entraîneur de club en France à avoir possédé un pouvoir aussi étendu, quoiqu'il s'en fût défendu. Son pouvoir dans le club avait consisté longtemps, déjà, à réclamer un franc de plus, puis un euro de plus, que le plus haut salaire de son effectif. Manager à l'anglaise, à Auxerre, cela consistait à passer à *L'Yonne républicaine* en rentrant de déplacement, dans les années où Auxerre jouait en championnat amateur, pour donner le compte rendu du match. Ou alors à superviser la nomination du nouveau colonel qui allait s'occuper des jeunes joueurs appelés à faire leur service militaire dans le coin. Ou encore à se lever la nuit avec des copains pour aller scier un arbre centenaire qui gênait la construction d'une nouvelle tribune. Sans oublier la visite impromptue, dans la soirée, chez un joueur qui organisait un repas, direction la cuisine pour regarder ce qui cuisait au four, demi-tour, pas un mot.

Hommage de Gérard Houllier au Bourguignon : « Pour moi, Guy était un manager à l'anglaise avant les autres. Il connaissait le nom des gamins de 13 ans, il s'occupait des terrains, il avait la mainmise sur tout... On ne réussit qu'ainsi, uniquement si l'on s'investit à 100 % dans tous les domaines. J'ai beaucoup appris de lui. Guy, c'est celui qui a compris très vite que les personnages les plus importants dans le club, ce sont les joueurs. Il faut tout régler pour qu'ils se sentent bien. Au niveau matériel, des entraînements, des soins, de la récupération ou de la machine à laver de la bonne femme qui peut tomber en panne... Ça, quelque part, je l'ai récupéré, même à Liverpool[91]. »

Quelle organisation lorsque l'on a autant de responsabilités ?

Ce contrôle permanent implique à la fois une organisation et une délégation, donc. Alex Ferguson, ainsi, raconte qu'à Manchester United il commençait toujours ses journées par les réunions qui ne portent pas sur le football lui-même. Une fois qu'il avait évacué ces problèmes, il se plongeait dans le foot, seulement le foot, confirmant que le haut niveau ne peut se gérer que s'il reste une obsession : « Les équipes de jeunes, la réserve, l'équipe première, je contrôle absolument tout. Au fil des années, j'ai toutefois compris qu'il fallait aussi savoir déléguer. C'est devenu capital pour moi de bien déléguer parce qu'aujourd'hui et à mon âge, je ne peux pas courir partout et tout faire tout seul[92]. »

Fixer le cadre de la délégation

Dans ce système de manager à l'anglaise, la distance à laquelle le président est maintenu est à la fois naturelle et culturelle. En France, le lâcher prise des présidents est moins naturel. Réputé à juste titre pour son management de la crise sportive, Jean-Michel Aulas, le président de Lyon, peut être silencieux pendant des mois, puis occuper la scène médiatique pendant plusieurs semaines. En mars 2012, après l'élimination de son équipe à Nicosie, c'est lui qui a suscité la réaction de ses joueurs en leur envoyant une lettre. L'entraîneur lyonnais Rémi Garde n'a pas senti son domaine d'intervention envahi par cette initiative, dont Jean-Michel Aulas est coutumier : « Cela ne m'a absolument pas gêné. Ce n'est pas la première fois qu'il agit ainsi, même dans les bonnes périodes. J'avais fait part à mes dirigeants de la nécessité d'agir auprès du groupe et que je n'en prendrais pas ombrage. La manière dont a été construite cette lettre, la manière dont elle leur a été distribuée n'était pas innocente. L'impact se voulait maximum[93]. »

Lorsqu'il a fait signer Claude Puel en 2008, Jean-Michel Aulas lui a offert un contrat de manager général, aux pouvoirs étendus, et les deux hommes avaient un accord qui rendait le président au silence, les soirs de match. Le lâcher-prise n'a pas été un triomphe, et le président lyonnais a juré qu'il ne recommencerait pas.

L'organisation du staff autour de l'entraîneur

L'organisation des staffs a changé dans le football professionnel moderne. Jusqu'à la fin des années 1990, l'entraîneur était souvent un homme seul. C'était un peu de sa faute : sa volonté de contrôle, sa paranoïa et son ego l'inclinaient à ne faire confiance à personne. Il n'en était pas rendu à entraîner lui-même les gardiens dans des séances spécifiques, comme dans les années 1980, mais il estimait pouvoir tout faire, préparer les séances, les animer, s'entretenir avec les joueurs, régler même leurs problèmes domestiques. Et puisqu'il était paranoïaque, il était en danger : éternel cercle vicieux. Et lorsqu'il était remplacé, son président, par ironie ou par facilité, nommait son adjoint à sa place.

Pour se protéger de cette facilité présidentielle et chasser la paranoïa au profit d'une véritable loyauté, les entraîneurs se sont organisés autrement. Ce n'est plus un entraîneur que les présidents de club engagent, c'est un staff. L'entraîneur n'a plus à craindre un coup de poignard de son adjoint, et concrètement, ce travail d'équipe répond mieux au management nécessaire d'une équipe de haut niveau au XXIe siècle.

Fabio Capello, en club ou en équipe d'Angleterre, était entouré du même staff. Il souligne : « Tous mes assistants sont primordiaux parce qu'ils ont chacun un rôle fondamental et ce que j'aime beaucoup, c'est qu'ils soient indépendants. Je les responsabilise énormément par rapport à leur fonction. On fait beaucoup de réunions, on prend les décisions ensemble. Le dernier mot me revient, mais ils sont très responsabilisés, très concentrés dans leur travail et je dirais que l'une de mes grandes chances, c'est d'avoir toujours eu un staff de top niveau[94]. »

La limite est claire : la collégialité dans le travail n'implique pas exactement une collégialité dans la prise de décision. L'entraîneur, en semaine comme en match, souhaite que son staff ait une fonction d'alerte, tout en restant à sa place. « En match, décrit Capello[95], tu dois avoir la capacité de comprendre ce qui se passe sur le terrain et la capacité de réagir selon les événements. Cette capacité de réaction, soit tu l'as, soit tu ne l'as pas ! C'est pourquoi il est important d'avoir quelqu'un à tes côtés pour te suggérer quelque chose ou te conforter dans ton idée. C'est le travail de tes collaborateurs. Mais c'est toujours toi qui prends la décision finale. »

L'adjoint, l'homme de confiance du manager

En équipe de France, Didier Deschamps n'a pas pu choisir intégralement le staff qui l'accompagnait à Marseille, mais il a tenu à la présence de son adjoint, Guy Stephan, qui connaît la fonction de numéro un (Lyon, Bordeaux, équipe du Sénégal), mais qui a fait l'essentiel de sa carrière comme adjoint, de Roger Lemerre en équipe de France, puis de Jean Tigana. Sur toutes les images, pendant les séances d'entraînement comme en match, on voit Didier Deschamps parler sans cesse avec Guy Stephan. Il justifie : « L'entraîneur aura toujours le dernier mot pour la décision, mais avant, dans le processus, il peut s'appuyer sur des spécialistes, pour le physique, pour les différents postes comme celui de gardien de but. Avant de décider, je veux avoir un maximum d'informations et je compte beaucoup sur mon staff pour m'en fournir. On se concerte, on réfléchit ensemble, mais au final, c'est moi qui décide et c'est moi qui supporte le risque de la décision. Le *final cut*, c'est moi[96]. »

Cette responsabilité suprême peut aboutir, parfois, à une différence d'exigence, si l'on en croit ce souvenir d'Arrigo Sacchi : « En 1990, après notre victoire en Coupe intercontinentale avec Milan, j'ai voulu rassembler le staff pour clarifier des aspects du match qui m'avaient déplu. Eux souhaitaient se reposer 24 heures. L'un a dit : "Nous sommes les meilleurs au monde." J'ai répondu : "Jusqu'à ce soir minuit..." L'écrivain Cesare Pavese a écrit : "L'obsession est un art[97]." »

À Barcelone, où il est devenu entraîneur numéro un après le renoncement de Pep Guardiola dont il était l'adjoint, Tito Villanova décrivait ainsi son poste de numéro deux : « La particularité de Pep c'est qu'avec lui, chacun des 25 membres du staff se sent important. Du responsable du matériel au deuxième entraîneur... le moindre maillon de la chaîne compte à ses yeux. C'est lui qui tranche les décisions finales. Mais il échange avec chacun d'entre nous et laisse une grande liberté à nos initiatives. Lui et moi, nous parlons beaucoup lors de la préparation des matchs ou au moment des changements. C'est l'une des grandes forces de Pep. Il fait en sorte que tous les joueurs et tous les membres du staff se sentent importants. Hors terrain, c'est moi qui réponds aux interviews et lui aux conférences de presse. Il n'a pas le temps de faire les deux[98]. »

Et Guardiola ne s'occupait que de l'équipe première du FC Barcelone. Commentaire de Didier Deschamps : « Guardiola est un entraîneur, pas un manager comme Ferguson. Il ne s'occupe pas de l'administratif, ni du jardinier. Il est technicien[99]. »

La limite des responsabilités des uns et des autres

La loyauté est indispensable, mais l'étanchéité également. Le staff doit savoir quelles informations il doit faire remonter à l'entraîneur, et quelles sont celles qu'il doit taire. Car à l'entraînement, dans la vie de tous les jours, l'entraîneur et les joueurs se croisent essentiellement sur le terrain. Francis Gillot, l'entraîneur de Bordeaux, dresse l'enjeu de ces rapports entre entraîneur et staff, tout en confirmant la distance dans le vestiaire entre l'autorité et les joueurs : « L'important, c'est de savoir s'entourer d'un staff compétent et intègre qui sait prendre la température et vite désamorcer la moindre bombe dans un vestiaire où moi, je vais peu[100]. »

La tactique « *good cop, bad cop* » existe, bien sûr, vieille comme le monde. Fabio Capello, ainsi, travaille toujours avec Italo Galbiati, son adjoint, qui explique : « On fonctionne sur un mode "père sévère" et "grand-père". Lui joue le rôle du père sévère, moi celui du grand-père. Quand il parle durement à un joueur, je passe derrière pour expliquer les choses avec diplomatie[101]. »

Des niveaux de délégation différents

Dans le PSG de Carlo Ancelotti, la répartition des rôles aura été claire : l'Anglais Paul Clement, le principal adjoint, pour gérer les séances, l'ancien international français Claude Makelele pour faire le lien entre le staff et les joueurs, et l'Italien Angelo Castellazzi pour l'observation des adversaires. Au-delà du contexte parisien, Paul Clement souligne notamment la nécessité d'une parole unie et forte devant le vestiaire, même si les adjoints ont des points de vue différents : « Quand vous vous retrouvez face aux joueurs, il est indispensable que le staff montre qu'il travaille dans la même direction. Au sein du staff, les petits désaccords doivent rester dans nos discussions privées. Une fois ces échanges finis, on fixe une position commune et on dit : "Maintenant, vis-à-vis du groupe, c'est ça, notre ligne de travail[102]." »

Le staff technique doit d'autant plus avancer en rang serré derrière l'entraîneur en chef que l'engagement des autres composantes du club peut être un peu plus aléatoire. Le rôle du directeur sportif est ambigu, à l'occasion. Son domaine d'intervention, la politique sportive en général et son statut particulier, un CDI qui lui offre durée et sécurité, en font un partenaire dont l'entraîneur se méfie toujours en période de crise. Dans un club comme Lyon, le pouvoir est exercé par le président, Jean-Michel Aulas, mais sur un domaine aussi essentiel et symbolique que le recrutement, l'affaire se règle toujours à deux voix contre une, parmi les trois votants : le président, le directeur sportif et l'entraîneur.

D'une manière générale, puisque le directeur sportif est une courroie de transmission entre le domaine technique et le président, ladite transmission peut être orientée et la plupart des entraîneurs qui perdent leur travail reprochent aux directeurs sportifs leur duplicité. Mais il y a autant de clubs que de modèles. À Rennes, jusqu'à l'été 2013, le président nommé par la famille Pinault n'était pas le patron exécutif du club au quotidien : celui qui prenait les décisions au jour le jour était le directeur sportif, Pierre Dréossi. À Rennes, l'entraîneur n'avait donc aucune chance de faire passer une décision à deux voix contre une.

Le football vit avec l'idée, en général, que l'entraîneur mène des missions ponctuelles, pendant que les directeurs sportifs et administratifs symbolisent la continuité et la stabilité dont le club a besoin pour se construire. Il y a deux calendriers parallèles : celui des contrats à temps, pour l'entraîneur, son staff et les joueurs, et celui des CDI, pour les directeurs et le personnel administratif. Les joueurs sortent de la relation directe avec l'entraîneur quand ils ont un problème avec ce dernier : s'ils veulent le résoudre de manière pacifique, ils passent par le directeur sportif ; sinon, ils font appel à l'arbitrage présidentiel. Les clubs qui se maintiennent au plus haut niveau sur la durée sont ceux où tout le monde parle d'une seule voix.

2 — LA DÉLÉGATION DANS LE MONDE DE L'ENTREPRISE

Manager son propre manager

En Angleterre et dans les cultures plus anglo-saxonnes, les managers reçoivent une lettre de mission et le pouvoir de décision qui va avec. Dans notre culture plus latine, le pouvoir est plus partagé, et la réussite dépend de la bonne entente de la ligne managériale. Un manager seul ne pourra faire avancer les choses s'il n'a pas le soutien de sa hiérarchie et le pouvoir dans sa zone de responsabilité.

Chaque manager doit donc savoir développer sa confiance avec son supérieur hiérarchique pour créer les conditions de la réussite dans sa propre zone de responsabilité. Il n'est pas rare de penser ainsi : « Mon manager, moins je le vois, mieux je me porte. » Une relation de ce type ne peut pas permettre un soutien inconditionnel et la résolution de problématiques complexes. Il faut donc que chaque manager s'emploie à développer la relation d'entraide avec son n + 1 : comment est-ce que je peux t'aider, comment ferais-tu pour résoudre ce problème, que penses-tu de telle personne ? Ces exemples de questions, synonymes de relations fortes avec son supérieur, permettront d'obtenir plus que les retours à ces interrogations : soutien, délégation de tâches à valeur ajoutée, positionnement sur des projets à forte visibilité.

La problématique du manager est donc de recevoir le bon niveau de délégation pour mettre en œuvre ses idées et ses actions et ensuite de déléguer une partie de son activité pour se concentrer sur les tâches à plus haute valeur ajoutée.

Est-ce naturel de déléguer ?

Exemple vécu : le manager part en séminaire pour deux jours. À la fin de la première journée, son collaborateur en panique lui laisse plusieurs messages sur son téléphone et quelques mails : un client important souhaite une modification profonde de la proposition commerciale qui lui a été envoyée. C'est urgent, il en a besoin le lendemain pour la présenter à son patron. Le manager n'a pas apporté son ordinateur, l'outil et l'historique des propositions étant sur ce dernier, il n'a pas la possibilité de le faire lui–même. Habituellement, il est le seul à produire les propositions dans l'équipe et n'a qu'une heure devant lui avant que le grand conférencier invité pour le séminaire ne prenne la parole. Alors il va piloter la délégation dans l'urgence, dans de mauvaises conditions. Le client aura bien sa proposition le lendemain, au prix d'un stress pour le manager et le collaborateur (qui d'ailleurs a dû passer une partie de sa soirée à intégrer les commentaires de son chef avant la validation du lendemain matin à l'aube).

Cet exemple est représentatif de la manière dont sont traités une grande partie des actes de délégation dans les entreprises aujourd'hui : le manager délègue quand il n'a plus le temps ou quand il n'a plus le choix. Cet acte, qui nécessite accompagnement, suivi, réajustement, est donc voué à l'échec lorsqu'il est piloté de cette manière. Et pourtant, on finit par réaliser que le résultat final n'est pas si mauvais, que le collaborateur s'en est bien sorti, qu'il est en fait capable d'exécuter certaines tâches complexes. La seule question qui demeure : pourquoi ne pas l'avoir fait plus tôt et dans de meilleures conditions ?

Qu'est-ce qui freine la délégation ?

Lorsque le thème de la délégation est abordé lors des formations ou des suivis de managers, il s'accompagne systématiquement de la réponse phare des résistants : « Oui, mais... » Dans la liste présentée ci-dessous, les freins s'apparentent tantôt à des excuses, tantôt à des peurs. Tenter de les résoudre rationnellement ne fera pas avancer la délégation, car ce sont souvent des craintes émotionnelles. Il faut donc accepter que le risque existe, de le prendre en compte, et l'expérience de quelques délégations réussies et d'heures gagnées permettront d'en venir à bout.

Voici donc un florilège des freins à la délégation exprimés par les managers :

- « Cela va me prendre plus de temps que si je le fais moi-même » ;
- « Je passe plus de temps à refaire le travail que si je l'avais fait au départ » ;
- « Ce ne sera pas aussi bien fait que si c'est moi qui le fais » ;
- « Je lui ai déjà délégué quelque chose et ce qu'il m'a rendu n'était pas au niveau » ;
- « Je pense qu'il ne saura pas faire » ;
- « Je vais perdre la main sur le sujet si c'est un autre qui le traite » ou « Je n'aime pas ne pas avoir le contrôle » ;
- « Ça va, j'ai le temps en ce moment » ;
- « J'aime vraiment bien faire ça » ;
- « C'est trop important pour que je le délègue » ;
- « Je suis manager, c'est à moi de faire » ;
- « J'ai peur que mon collaborateur ne refuse » ;
- « J'aime bien garder pour moi les actions critiques, j'ai le sentiment d'être important ».

Il se peut que la lecture de cette liste de freins conforte le manager dans l'idée que la délégation n'est pas utile, qu'elle est plus une contrainte qu'une vraie valeur ajoutée. Pour éviter cela, nous allons reprendre chacun des points pour tenter d'expliquer et surmonter les différentes peurs.

▶ « Cela va me prendre plus de temps que si je le fais moi-même »

Il y a de fortes chances que cette affirmation soit exacte si l'on regarde une délégation seule. Mais le temps investi pour une fois peut être gagné lors des délégations suivantes. Il est clair qu'à court terme la délégation s'apparente plus à un investissement. Pour le rendre rentable, il faut regarder à moyen/long terme et renouveler l'exercice.

▶ « Je passe plus de temps à refaire le travail que si je l'avais fait au départ »

Premièrement, cette croyance est fausse car lorsque l'on refait le travail à partir de la base d'un collaborateur, on passe généralement moins de temps que si le travail est fait à partir de zéro. Évidemment, cela exclut un « hors sujet » complet du collaborateur. Mais cela nous amène à la deuxième partie de la réponse : si le travail rendu est mal fait, inadapté, non conforme aux attentes, c'est peut-être parce que la consigne donnée au départ n'était pas suffisamment claire, détaillée, compréhensible ou adaptée au collaborateur.

▶ « Ce ne sera pas aussi bien fait que si c'est moi qui le fais »

Cette affirmation nous amène à nous interroger sur l'autonomie réelle du collaborateur : si l'autonomie est faible, la délégation portera sur le processus ET sur le résultat attendu. Si l'autonomie du collaborateur est forte, alors le cadrage de la délégation portera uniquement sur le résultat attendu. Pour arriver au résultat, le collaborateur passera peut-être par un chemin différent. Et alors ? L'important est le résultat, qui sera peut-être meilleur... mais cela nous amène directement à d'autres freins traités plus loin.

▶ « Je lui ai déjà délégué quelque chose et ce qu'il m'a rendu n'était pas au niveau »

Pour rassurer tous ceux ont vécu cette situation, nous devons leur dire que c'est une situation tout à fait normale. Il est fortement improbable, sauf à avoir investi beaucoup de temps dans le cadrage de la délégation, que le premier résultat soit satisfaisant en tous points. Cela ramène à la courbe d'apprentissage de chacun. La première fois que nous avons fait du vélo, nous ne sommes pas tous partis tout droit au premier coup de pédale. Il a fallu des échecs, des essais successifs, quelquefois des roulettes pour donner confiance et apprendre, avant d'avancer seul.

▶ « Je pense qu'il ne saura pas faire »

Cette affirmation est unilatérale, et qui plus est passive. Pour la surmonter, le manager peut réaliser deux actions : demander à son collaborateur s'il se sent capable d'effectuer l'action et de tester en conditions réelles en investissant du temps dans le cadrage. Penser quelque chose d'hypothétique ne permettra pas de changer la situation.

▶ « Je vais perdre la main sur le sujet si c'est un autre qui le traite » ou « Je n'aime pas ne pas avoir le contrôle »

La délégation consiste à faire faire à un collaborateur une tâche qui revient au manager. S'il délègue en effet l'action de faire, il garde en revanche le suivi et la validation, ainsi que la responsabilité de la tâche. Ainsi, par ces actions, il garde l'historique et le contrôle sur le sujet. Cela nécessite néanmoins de bien cadrer le suivi et l'accompagnement du collaborateur.

▶ « Ça va, j'ai le temps en ce moment »

Raison de plus pour investir du temps sur la délégation. Ce temps investi sera alors récupéré plus tard, lorsque l'activité sera soutenue. Avoir du temps permet de créer les bonnes conditions pour une bonne délégation : donner du sens à l'action, bien s'entendre sur les livrables, échanger sur les actions à mettre en œuvre.

▶ « J'aime vraiment bien faire ça »

C'est peut-être le frein le plus récalcitrant, avec le manque de confiance en soi. Pour l'illustrer, nous prendrons le sujet dans l'autre sens : si le collaborateur ne reçoit en délégation que des sujets sans valeur ajoutée, rébarbatifs, ennuyeux, il risque de se décourager et de se soulever contre cette situation. Il faut donc s'assurer de déléguer un panaché d'actions pour entretenir sa motivation... et la sienne propre.

▶ « C'est trop important pour que je le délègue »

Un grand nombre d'actions sont éligibles à la délégation. Plus l'importance est grande, plus le suivi doit être organisé et fréquent. De plus, une tâche importante peut être déléguée en plusieurs parties dans un premier temps, puis complétée lorsque les compétences relatives à la première partie sont acquises.

▶ « Je suis manager, c'est à moi de faire »

Cela renvoie à une image ancienne du manager : celui qui sait plus que les autres et qui contrôle tout au sein de son équipe. Heureusement pour les collaborateurs et les managers, ce temps est révolu. Un manager est avant tout un organisateur qui s'assure que les choses sont faites... et bien faites. Ensuite, que ce soit lui ou un membre de l'équipe qui réalise l'action, ce n'est qu'une question d'organisation des tâches. Bien sûr, il existe un certain nombre d'actions que le manager ne peut pas déléguer. Mais elles sont moins nombreuses que cette croyance ne le laisse à penser.

▶ « J'ai peur que mon collaborateur ne refuse »

Cette peur est intéressante car elle ne traite pas directement du thème de la délégation, mais plus de l'autorité du manager face à son équipe. Dans ce cas, la problématique à traiter pour le manager n'est pas « comment déléguer une action à un collaborateur », mais bien « comment je gagne ma légitimité de manager auprès de mes équipes ».

▶ « J'aime bien garder pour moi les actions critiques, j'ai le sentiment d'être important »

Une autre peur est liée à celle-ci : que le collaborateur ne devienne meilleur que le manager. Et pourtant, cela devrait être une mission pour chacun d'entre eux : donner les clés pour faire grandir les individus, et cela passe parfois par laisser la main sur les actions critiques. Les entreprises aujourd'hui valorisent de plus en plus les managers développeurs, au détriment des managers qui empêchent leurs collaborateurs de donner le meilleur d'eux-mêmes.

Confiance en l'autre ou confiance en soi ?

Le thème de la confiance est central dans l'acte de délégation. L'un des freins majeurs est justement ce manque de confiance. Bien souvent, ce manque envers un collaborateur est aussi la traduction du peu de confiance envers soi-même, envers sa capacité à rattraper une situation ou le simple fait de devoir dire à un collaborateur que ce qu'il a fait ne répond pas aux attentes. Si c'est le cas, si le manager manque de confiance en lui, il doit alors bien choisir le collaborateur à qui il va déléguer ses premières missions : quelqu'un d'autonome, de positif, prêt à entendre des critiques constructives. Une fois rassuré par les premiers retours positifs, il pourra poursuivre l'exercice avec d'autres collaborateurs, le risque étant de toujours déléguer à la même personne.

En résumé : un gain de temps, un gain en relation, une opportunité de faire grandir ses collaborateurs... et de faire évoluer son management ! Mais au lieu d'essayer de se convaincre par des idées et des croyances, il vaut mieux s'essayer une ou deux fois en conditions réelles.

GRILLE D'ATELIER N° 7
METTRE EN ŒUVRE ET PILOTER UNE DÉLÉGATION

Pour mettre en place une délégation, vous devez suivre des étapes bien précises. Mais avant tout, vous devez identifier le bon niveau d'autonomie de votre collaborateur.

Pour cela, vous devez vous interroger sur deux dimensions : le niveau d'engagement et le niveau de compétences. À partir des résultats obtenus, vous pourrez mettre en place le bon niveau de délégation.

Engagement fort/compétences élevées : votre collaborateur n'attend qu'une chose, prendre des responsabilités et progresser. Il a les compétences pour venir à bout de n'importe quelle tâche qui lui sera confiée. Et s'il ne possède pas encore la réponse à toutes les questions qui se poseront, il n'hésitera pas à venir vous voir pour vous questionner. Vous pourrez donc lui confier des tâches à haute valeur ajoutée avec un minimum de suivi. N'insistez pas trop sur le comment : il pourra certainement innover et trouver des façons de faire nouvelles. Vous n'avez qu'à vous rendre disponible quand il aura besoin de vous.

Engagement fort/compétences peu élevées : votre collaborateur a l'envie mais pas forcément les compétences. La délégation lui permettra d'en acquérir avec votre soutien. Au-delà de la cible à atteindre, vous devrez également lui expliquer comment atteindre les résultats : quels moyens, quels outils utiliser. Cette délégation vous prendra concrètement plus de temps, mais fera largement grandir les compétences de votre collaborateur.

Engagement faible/compétences élevées : votre collaborateur possède les compétences mais pas forcément l'envie. La délégation doit vous permettre de vous décharger d'une partie de votre travail, mais peut également valoriser ou relancer ce type de collaborateur. Assurez-vous d'identifier les actions qu'il apprécie pour les lui déléguer et cadrez fortement la démarche, pour vous assurer de l'exécution des différentes tâches.

Engagement faible/compétences peu élevées : dans un premier temps, il faut vous assurer que votre collaborateur exécute les tâches qui lui sont confiées dans le cadre de sa propre activité. Lui rajouter de nouvelles actions risque de le détourner de sa propre production. Une délégation lui permettra néanmoins de développer ses compétences sur de nouvelles actions, de trouver des points d'accroche pour accroître sa motivation et surtout vous décharger d'un certain nombre de tâches. Assurez-vous de lui donner la cible attendue, les actions pour l'atteindre, le processus de suivi et l'importance de la réussite de cette action. Bien que les tâches soient déléguées, un temps de suivi considérable devra être investi les premières fois.

▶ Mettre en œuvre une délégation

Une bonne délégation se décompose généralement en quatre temps :

- ▶ avant la délégation ;
- ▶ l'entretien de délégation ;
- ▶ le suivi de la délégation ;
- ▶ l'entretien de clôture.

▶ Avant la délégation

Définissez la tâche que vous souhaitez déléguer. Plus la description du résultat final est complète, plus le résultat obtenu sera proche de vos attentes.

Donnez du sens : pourquoi cette délégation est-elle importante ? Pour vous ? Pour le collaborateur ? Pour le client ?

© Groupe Eyrolles

Identifiez le bon collaborateur à partir de votre tableau d'activité ainsi qu'en identifiant le niveau de compétences et d'engagement nécessaire pour cette délégation.

Identifiez les repères de temps : quand doit être terminé le travail ? Quelles sont les étapes de suivi ?

▶ L'entretien de délégation

Temps 1. Expliquez au collaborateur en quoi la délégation est différente d'une répartition de tâches classique.

Temps 2. Présentez-lui le contenu de la délégation : le résultat à atteindre.

Temps 3. Donnez-lui le sens de cette délégation : pourquoi est-ce important ? Ce que vous espérez de cette délégation pour lui ? Pourquoi il a été choisi ?

Temps 4. Imposez ou suggérez les outils et actions à mettre en œuvre en fonction de son niveau d'autonomie.

Temps 5. Fixez le cadre de la délégation : suivi, points de passage, date de remise.

Temps 6. Répondez à toutes ses questions afin de clarifier les zones d'ombre restantes.

Temps 7 : Fixez la prochaine échéance.

À la fin de l'entretien, le collaborateur doit être en mesure de se mettre en action après avoir pu exprimer ses besoins et ses questionnements.

▶ Le suivi de la délégation

Pendant la délégation, veillez à vous tenir au courant de l'avancée de l'action. Plus le niveau d'autonomie du collaborateur est faible, plus votre suivi doit être fréquent. En tout état de cause, vous devez vous rendre disponible si le collaborateur a besoin de vous. Pour éviter toute mauvaise surprise sur le rendu des travaux de votre collaborateur, assurez-vous d'avoir un temps de validation et de corrections si le résultat différait des attentes.

▶ L'entretien de clôture

L'entretien de clôture doit permettre deux choses : féliciter le collaborateur, le remercier pour son action extraordinaire et lui faire un retour sur le contenu de sa production :

▶ ce qu'il a appris ou ce qu'il maîtrise grâce à la délégation ;

▶ les zones sur lesquelles il pourra s'améliorer la prochaine fois.

Vous pouvez également rappeler au collaborateur ce que la délégation vous a permis de réaliser personnellement.

Si le résultat n'est pas au niveau, assurez-vous d'identifier :

▶ ce qui a manqué au collaborateur pour y parvenir ;

▶ ce qu'il faut mettre en œuvre pour s'assurer du résultat la prochaine fois.

Et contrairement aux croyances, si le collaborateur a échoué sur une première délégation, il ne faut pas hésiter à lui redonner une autre chance rapidement, en s'assurant de cadrer au mieux son action et de répondre à ses besoins pour le mener à la réussite.

THÈME N° 8
LE MANAGEMENT
DE PROJET
TRANSVERSE

À certaines occasions dans la vie de l'entreprise, telles qu'un nouveau projet stratégique, une démarche transverse sur un sujet d'actualité ou encore une recherche d'optimisation de processus, des managers se voient nommés chefs de projet transverse. D'autres sont tout au long de l'année investis d'une mission transverse. Ils dirigent un projet et doivent mettre en lien des acteurs sur lesquels ils n'ont aucun lien hiérarchique. Comme le sélectionneur, ils doivent sélectionner les meilleures compétences, qui vont devoir travailler ensemble dans un temps limité, pour atteindre un objectif commun. Les difficultés et spécificités du poste qu'ils vivent et ressentent sont très proches. La différence majeure reste néanmoins la question du temps : comme le poste d'entraîneur-joueur qui tend à disparaître, la double fonction entraîneur de club–sélectionneur est rare, tandis que le manager d'entreprise, lorsqu'il se voit confié sa mission spéciale, continue de manager son équipe au quotidien.

1 — LA SÉLECTION NATIONALE : PROJET TRANSVERSE FOOTBALLISTIQUE

Équipe de France de Football

Fondation : 1919
Stade : Stade de France à Saint-Denis (81 338 places)
Sélectionneur : Didier Deschamps (Français)

PALMARÈS DE L'ÉQUIPE DE FRANCE
Coupe du monde (1) : 1998
Championnat d'Europe des Nations (2) : 1984 et 2000
Coupe des Confédérations (2) : 2001 et 2003
Médaille d'or aux JO (1) : 1984

LONGÉVITÉ DES SÉLECTIONNEURS DE L'ÉQUIPE DE FRANCE
Raymond DOMENECH (2004-2010) : 79 matchs
Michel HIDALGO (1976-1984) : 75 matchs
Aimé JACQUET (1994-1998) et Roger LEMERRE (1998-2002) : 53 matchs
Henri MICHEL (1984-1988) : 36 matchs
Georges BOULOGNE (1969-1973) : 31 matchs
Michel PLATINI (1988-1992) : 29 matchs
Jacques SANTINI (2002-2004) : 28 matchs
Laurent BLANC (2010-2012) : 27 matchs
Henri GUERIN (1964-1966) : 15 matchs
Stefan KOVACS (1973-1975) : 15 matchs
Gérard HOULLIER (1992-1993) : 12 matchs
Louis DUGAUGUEZ (1967-1968) : 9 matchs
Jean SNELLA et José ARRIBAS (1966) : 4 matchs
Just FONTAINE (1967) : 2 matchs
Série en cours : Didier Deschamps, nommé en juillet 2012.

Le rôle de sélectionneur de l'équipe de France : Domenech, le recordman

Depuis l'avènement du sélectionneur unique, en 1964 (avant, l'entraîneur de l'équipe de France devait subir les choix du comité de sélection), Raymond Domenech est l'entraîneur qui a dirigé le plus souvent les Bleus. Il est aussi celui qui a obtenu le meilleur résultat dans une Coupe du monde disputée à l'étranger, avec la finale 2006. Il avait été, auparavant, entraîneur de club, dirigeant Mulhouse pendant quatre ans, puis Lyon pendant cinq ans.

L'histoire ne se termine pas toujours bien, mais il est décidément un homme de records : aucun entraîneur de l'OL de l'ère Jean-Michel Aulas n'est resté aussi longtemps que lui à la tête de l'équipe lyonnaise. Raymond Domenech nous a accordé une longue interview pour ce livre, afin d'explorer les différences dans le management qu'impliquent les rôles respectifs de sélectionneur ou d'entraîneur.

Quelle est la différence fondamentale entre le rôle d'entraîneur et celui de sélectionneur ?

Le temps, déjà. Même si le manager de sélection, comme j'ai fonctionné moi, avait une grosse ressemblance avec le manager d'un club. Dans le bureau au quotidien, j'ai tout géré, comme dans un club. Quand vous êtes sélectionneur, vous n'êtes pas entraîneur au jour le jour, mais puisque vous gérez tout le reste, directement ou à distance, vous êtes manager en permanence. Entraîneur, vous l'êtes pour deux jours ou une semaine, dans la saison, selon la durée des rendez-vous internationaux. Ce sont deux temps différents, mais dans la préparation de l'action, le rôle est le même.

Votre rôle est d'assembler les compétences ?

De faire en sorte qu'ils aient envie de partager avec les autres, ce qui n'est pas toujours le cas. Comme dans les groupes, il y a des rivalités, financières, sportives, féminines, qui diminuent parfois leur envie d'être ensemble. S'ils n'ont pas l'intelligence nécessaire pour dépasser leurs querelles, l'équipe est morte.

Pour un sélectionneur, la phase finale est un temps complètement différent dans le management ?

C'est un temps qui est préparé pendant de longs mois. Ensuite, pendant un mois, un peu plus quand ça marche bien, un peu moins quand c'est difficile, vous devenez vraiment entraîneur au quotidien.

Il faut gérer différemment les remplaçants ?

La vraie question est là : comment faire pour les maintenir, les garder en phase avec l'objectif, faire en sorte qu'ils restent sous pression et performants si l'on doit faire appel à eux ? Ils n'ont qu'une envie, c'est de jouer ; ils n'ont que les mauvais côtés d'une phase finale (l'attente, voire l'ennui, mais pas les matchs). Pendant que les autres jouent et gagnent, comme en 2006, ils doivent s'entraîner plus, le lendemain, pour compenser leur manque de temps de jeu.

Vikash Dhorasoo dit que vous avez bien roulé vos remplaçants, en 2006, en leur faisant croire qu'ils étaient importants...

Je n'ai pas réussi à leur faire croire, ils l'étaient vraiment ! La preuve, c'est qu'en 2004, deux ans plus tôt, le groupe avait été bouffé par les remplaçants qui pensaient être plus forts qu'une équipe vieillissante. Alors que la réalité est toujours la même en phase finale : il y a onze titulaires, et douze remplaçants. Il faut arriver à ancrer l'idée chez les remplaçants qu'ils sont importants : pas parce qu'ils sont plus faciles à gérer s'ils le croient, mais parce que c'est vrai, et que c'est la seule manière qu'ils soient performants en cas de blessure, de suspension ou de méforme d'un titulaire.

Mais un sélectionneur, dans le management, fait une vraie différence entre un joueur majeur, avec lequel il entretient un rapport privilégié et régulier, et les remplaçants...

Vous êtes obligés. Avec les remplaçants, c'est une gestion ponctuelle. Avec les joueurs majeurs, c'est une relation qui s'entretient tout au long de l'année. Il faut un suivi avec les vrais leaders. Avec les autres, c'est parfois du rattrapage, et dans ce cas-là, vous ne faites pas du management, mais de la psychiatrie (sourires). Les vrais leaders, il faut les asseoir dans ce rôle, dans leur responsabilité. Les remplaçants, il faut les entretenir pour qu'ils se maintiennent à leur niveau, pour qu'ils soient chacun le meilleur remplaçant possible. Quand vous avez la chance d'avoir des remplaçants qui ont compris qu'ils ne joueront que si un autre joueur meurt, vous avez tout gagné. Mais ce n'est pas facile. C'est clair pour certains, moins pour d'autres, et c'est là qu'intervient la psychiatrie...

La fonction de sélectionneur, même s'il faut rendre des comptes au pays tout entier, semble s'accompagner d'un rapport à l'autorité plus faible que dans un club, où l'entraîneur est vraiment l'employé du président ?

En club, c'est vrai, le lien entre l'entraîneur et le président est direct. En équipe de France, vous rendez des comptes à tout le monde, mais l'autorité du président de la Fédération, du moins à mon époque, n'était pas vraiment présente. Je n'avais pas vraiment d'autorité au-dessus de moi. Elle est revenue aujourd'hui, c'est assez sensible, parce que Noël Le Graët est issu du monde professionnel, mais les anciens présidents de la Fédération n'étaient pas du tout préparés à la gestion médiatique et psychologique de l'équipe de France, ils étaient plutôt des accompagnateurs d'équipe.

> **« En équipe de France, vous rendez des comptes à tout le monde »**

Vis-à-vis des joueurs, l'autorité d'un sélectionneur est-elle plus grande que celle d'un entraîneur de club ?

Oui, parce que la sanction est immédiate. D'un jour sur l'autre, un joueur n'est plus retenu et ne joue plus en équipe de France, voilà. Un joueur qui n'est pas content de son sort en club peut demander à être transféré. En sélection, on ne peut pas changer de pays, et tant qu'un sélectionneur est en place, la seule manière d'être international est de se soumettre sinon à son autorité, du moins à ses décisions. Le joueur peut répondre par une campagne de presse, ce qui est déjà arrivé, rien n'y changera. Sur ce plan-là, oui, un sélectionneur a plus de pouvoir immédiat sur le joueur qu'un entraîneur. Mais c'est un pouvoir relatif : par exemple, je n'aurais jamais pu virer Zidane...

Deux managers pour le prix d'un

Les joueurs de très haut niveau vivent avec deux managers : leur entraîneur de club et leur sélectionneur. Ils ne parlent pas toujours d'une seule voix. Paradoxalement, leurs intérêts sont surtout convergents quand tout va mal. Quand il s'agit de relancer un joueur qui doute, l'appel en sélection a souvent des prolongements positifs en club. Mais quand il s'agit d'utiliser en sélection un joueur qui accumule les matchs et les buts, le club est réticent et craint la blessure. Les clubs se battent contre ce principe éternel qu'ils vivent comme un anachronisme : les joueurs qu'ils paient des fortunes se blessent parfois en jouant pour rien, ou presque, avec leur pays. Mais puisque la sélection donne de la valeur commerciale aux joueurs, qui valent toujours plus cher après une Coupe du monde réussie, un équilibre précaire s'installe.

La collaboration entre un sélectionneur et un entraîneur de club est un aspect essentiel de la vie du joueur. Quand elle est bonne, le joueur se sent l'objet d'un double intérêt qui le valorise et le rassure ; quand elle est orageuse, il se sent pris en otage entre les intérêts divergents de deux hommes, mais aussi entre son club et son pays. Même quand elles sont trop importantes aux yeux des supporters, les primes internationales ne représentent pas grand-chose en regard du revenu annuel des joueurs de l'équipe de France : ils en portent le maillot par fierté, contrairement à ce que l'on peut dire, parce qu'il s'agit d'un aspect essentiel de la reconnaissance qu'ils quêtent dans leur carrière, et parce que la Coupe du monde, le rêve absolu de tout joueur, se joue avec une sélection.

Ce paysage est régulièrement agité de soubresauts. Arsène Wenger, par exemple, a eu des relations orageuses avec la plupart des sélectionneurs français depuis quinze ans, dont il était un fournisseur d'internationaux régulier. Mais dans le même temps, la présence de ses joueurs en sélection crédibilise son recrutement, et tout ce beau monde parvient à se ranger à peu près derrière un intérêt commun.

2 — LE MANAGEMENT DE PROJET TRANSVERSE EN ENTREPRISE

Sortir les meilleurs talents de leur environnement naturel

Fier de sa nomination (il fait partie des quelques *happy few* à qui l'on donne des responsabilités supplémentaires et une occasion de démontrer sa valeur à la direction générale), le manager de projet transverse doit s'atteler à deux priorités :

▶ comprendre, valider, bonifier sa lettre de mission ;

▶ constituer (s'il en a la possibilité) ou découvrir sa liste de contributeurs.

Des compétences différentes du manager traditionnel

Le rôle de manager de projet nécessite des compétences relationnelles et techniques. S'il doit bien évidemment maîtriser un minimum les tenants et les aboutissants du projet, il doit surtout s'assurer que « la mayonnaise prenne » entre tous les membres hétéroclites de l'équipe, dans un temps court, avec un objectif commun. Les compétences recherchées pour un chef de projet sont les suivantes :

▶ gestion de projet et ses outils ;

▶ animation d'atelier et de rencontres participatives ;

▶ connaissances suffisantes du sujet (mais pas forcément une expertise poussée) ;

▶ communication écrite ;

▶ capacité de synthèse ;

▶ aisance relationnelle.

Les cinq premières compétences sont aisément compréhensibles, et elles sont incontournables lors des rencontres de travail. La sixième compétence est primordiale dans les moments inter-travaux. L'aisance relationnelle permettra au chef de projet de convaincre les participants cibles à rejoindre le groupe, à arbitrer entre deux ou plusieurs priorités, à négocier avec le n + 1 du participant pour le faire venir à son chantier, pour défendre telle ou telle idée auprès des dirigeants à l'issue des travaux.

Quelle équipe bâtir ?

Pour les chefs de projet transverses qui ont la possibilité de construire leur propre équipe de contributeurs, il convient de sélectionner les meilleures compétences, non pas sur le sujet, mais pour faire avancer le projet. Ainsi, il convient de bâtir une équipe variée avec des experts, bien sûr, mais également des utilisateurs, des participants de métiers différents, voire des novices. Bien souvent, le regard neuf est oublié, et la rencontre se transforme en querelles d'experts sur des détails où le sens global est parfois mis de côté.

Ainsi, pour bâtir une équipe projet équilibrée, assurez-vous d'avoir dans votre équipe :

▶ des personnes axées sur l'objectif à atteindre : ils connaissent le sujet, travaillent régulièrement dessus. Ils ont en tête la cible à atteindre et oublient parfois de se poser les questions essentielles que des non- experts se poseront ;

▶ des créatifs : ils posent sans arrêt des questions de compréhension. Leurs deux favorites : « Et pourquoi fait-on comme ça ? » et « Et si on faisait comme ça ? » Ils peuvent remettre en cause les idées déjà avancées, mais permettent surtout de trouver de nouvelles pistes ;

▶ des participants axés sur les personnes. Si les premiers sont obnubilés par l'objectif à atteindre, les seconds par les nouvelles idées, ces contributeurs vont s'assurer que chacun va y trouver sa place, que personne d'important ne sera oublié ;

▶ des adeptes du « comment ». Le quatrième type de participant doit pouvoir s'assurer de l'intégration de l'objectif, des idées nouvelles, des profils de chacun dans une mécanique qui fonctionne. Il s'assurera du principe de réalité du projet et des prochaines étapes de son déroulement.

Une bonne équipe est donc une équipe équilibrée avec des profils complémentaires.

Valider sa feuille de mission

Il n'est malheureusement pas rare qu'un chantier accouche d'une souris. La plupart du temps, cela est dû à un mauvais cadrage de départ. Nombre de chefs de chantier se sont retrouvés avec pour seule consigne le nom vague du thème qu'ils devaient traiter : « Le CRM », ou bien « Développer la communication transverse ».

Or, pour partir du bon pied, le manager de projet transverse doit disposer d'une feuille de route bien précise.

Il doit d'abord identifier si l'objectif de son chantier est :

▶ d'informer et de sensibiliser sur un thème ?

▶ de recueillir des avis sur un sujet ?

▶ de suggérer des idées nouvelles ?

▶ de résoudre une problématique ?

▶ de mettre en œuvre une solution ?

La question qui suit est de savoir si le groupe a réel un pouvoir de décision ou non.

Enfin, la lettre de mission, reçue ou à clarifier par le chef de projet, doit comporter les éléments suivants :

▶ le contexte et les enjeux du projet en question ;

▶ l'objectif principal ;

▶ les résultats attendus ;

▶ le format des livrables attendus ;

▶ les acteurs clés du projet (pilote, sponsor, rapporteur) ;

▶ la composition de l'équipe projet (suggérée, imposée ou à construire) ;

▶ les éléments à disposition des membres de l'équipe projet (les travaux déjà réalisés sur le sujet, les réflexions connexes) ;

▶ les moyens mis à disposition (ou la procédure pour demander des moyens si besoin) ;

▶ l'échéancier de travail (ou tout du moins la date de remise des premiers travaux).

Une fois clarifiée, la lettre de mission devient la feuille de route du chef de projet pour mener à bien sa démarche.

Garder le fil de l'histoire

La problématique majeure du chef de projet ne réside pas toujours dans le temps fort du projet (les rencontres de réflexion où tous les acteurs sont présents), mais dans tous les temps faibles pour que tous les participants gardent en tête le projet, malgré leur quotidien bien chargé. Rien de pire que la rencontre de travail où le premier quart sert à reprendre tout ce qui a déjà été fait avant de pouvoir poursuivre les travaux de réflexion. Ainsi, pour garder à l'esprit de ses contributeurs le chantier en cours, le manager de projet peut :

▶ envoyer ou mettre à disposition des participants le compte rendu de la rencontre passée ;

▶ informer les supérieurs hiérarchiques des participants sur la contribution du groupe de travail ;

▶ publier des travaux intermédiaires (enquêtes, études, chiffres clés) ;

▶ créer des points individuels avec les membres du projet ;

▶ envoyer les convocations avec du contenu lié au projet (précédents travaux, documents à connaître pour la suite).

Comme le sélectionneur qui utilise les médias entre les fenêtres internationales, le manager de projet doit garder un lien régulier avec ses contributeurs pour que le projet garde une actualité.

Attention à l'écueil récurrent : l'expert chef de projet qui cherche à faire valider ses propres idées. En une phrase est résumé l'écueil principal des travaux en mode « chantier » : utiliser les participants du chantier pour faire passer ses propres idées. Le but des chantiers est bien de profiter de l'expérience et de l'expertise des collaborateurs invités, et non de mettre en avant les chefs de projet.

GRILLE DE TRAVAIL N° 8
MÉTHODES DE CRÉATIVITÉ POUR GROUPES DE TRAVAIL

Il existe une multitude de techniques et de méthodes de créativité pour animer un chantier transverse. Nous développerons deux méthodes simples à utiliser pour mener à bien une réflexion sur des sujets transverses :

▶ la méthode des scénarios ;

▶ le chemin du client.

▶ La méthode des scénarios

Cette méthode permet de se projeter dans le futur et d'imaginer les pistes d'action qui mènent à la réussite... ou au désastre. Cette méthode permettra aux membres du groupe de travail d'imaginer à la fois le résultat final (la cible à atteindre) et les actions à mettre en œuvre pour y arriver.

Deux variantes sont utilisées dans les entreprises.

Scénario rose/scénario gris

Séparez l'équipe en deux sous-groupes. Le premier traitera le scénario rêvé. Exemple : « Nous sommes en 2020, toute l'entreprise est reconnue pour l'engagement de nos équipes, pour la qualité de nos prestations ainsi que pour le rôle actif de nos managers. Qu'avons-nous fait pour y arriver ? » Le second sous-groupe traitera le scénario catastrophe :

« Nous sommes en 2020, toute l'entreprise est dénigrée pour le piètre engagement de nos équipes. La qualité de nos prestations est décriée et nos managers ont démissionné moralement. L'ambiance de travail est en berne. Qu'avons-nous fait, qu'avons-nous oublié de faire pour arriver à cette situation ? » Après un certain temps d'échange, chaque équipe présente à l'autre les pistes d'action à mettre en œuvre ou les écueils à éviter, complétant ainsi votre feuille de route.

Scénario de base/Scénario de rupture

La seconde variante est idéale pour identifier des actions nouvelles ou pour aller plus loin dans les actions à mener. Proposez à votre équipe d'identifier deux scénarios pour cadrer votre projet :

▶ Le scénario de base : il concentre les idées traditionnelles imaginées par les participants. Cela représente la méthodologie classique menée par la plupart des chefs de projet ;

▶ Le scénario de rupture : comme son nom l'indique, il doit comporter des propositions en rupture par rapport au scénario de base. Exemples : si le scénario de base comporte une proposition d'atteindre 100 000 clients de plus dans trois ans, le scénario de rupture pourra imaginer atteindre 120 000 clients de plus dans trois ans, ou alors 100 000 clients de plus en deux ans seulement. Cette méthode permet d'imaginer des pistes plus audacieuses, plus innovantes, que par la simple réflexion traditionnelle. Cela permettra également aux décideurs de choisir entre plusieurs hypothèses, plutôt que de n'avoir qu'une proposition à laquelle ils pourront répondre par la négative. Ainsi, plus d'idées, plus d'audace, et l'assurance d'avoir une réponse positive apportée par les décideurs.

▶ Le chemin du client

Cet atelier permet de réunir les acteurs d'un process pour l'améliorer en prenant en compte les attentes et les besoins des clients plutôt que les contingences des différents acteurs. En effet, traditionnellement, dans un process, chaque acteur se questionne sur l'exécution de la partie qui le concerne. Or, il se peut que chacun effectue réellement une bonne action sur son périmètre, mais que la somme collective ne réponde pas à la demande du client final. Cette description est aisément transposable dans le monde du football : les 11 meilleurs joueurs du pays ne forment pas toujours la meilleure équipe sur le terrain. L'important, c'est de jouer avec un objectif commun.

Ainsi, le chemin du client permet de concentrer tous les acteurs d'un process autour de la satisfaction client.

Pour illustrer cet outil de travail, nous allons décliner un exemple : le process crédit dans un établissement bancaire.

L'activité « chemin du client » se déroule en deux phases distinctes :

▶ la première consiste à identifier toutes les étapes d'un processus, vues par les yeux du client ;

▶ la seconde consiste à améliorer chacune des étapes de ce processus pour la satisfaction du client.

Phase 1 : identifier les étapes

Identifiez toutes les étapes par lesquelles le client passe, tous les moments de vérité qui contribuent à la satisfaction du client. Volontairement, il faut décrire ces étapes en commençant ses phrases par : « Le client fait ceci, se demande cela... » Il faut donc éviter de reprendre le découpage traditionnel du process du point de vue de l'entreprise.

Afin de permettre une réflexion utile et approfondie de chacune des étapes clés, il faut en identifier entre 6 et 10 environ.

Exemple : un particulier souhaite faire financer son prêt par sa banque.

▶ Étape 1 : le client fait un tour d'horizon des différentes offres des banques (sites internet, courtiers, visites de vitrines d'agences).

▶ Étape 2 : le client rentre en contact avec notre banque (par Internet, par téléphone, en agence, via un courtier).

▶ Étape 3 : il est convié à un premier entretien.

▶ Étape 4 : il négocie ses conditions, fournit les pièces justificatives et reçoit un accord de principe.

▶ Étape 5 : le client finalise le dépôt de son dossier et reçoit un accord définitif.

▶ Étape 6 : il reçoit l'offre et signe.

▶ Étape 7 : le client reçoit les fonds et les utilise.

▶ Étape 8 : le client reprend contact pour un suivi de son crédit ou pour une autre demande (assurance, produits financiers, autre).

Phase 2 : analyser les différentes étapes

Nous choisirons l'étape 3 pour poursuivre la démonstration par l'exemple.

Pour chacune des étapes, posez-vous les questions suivantes :

Étape n° 3 : le client est convié à un premier entretien (exemple)	
Quelles sont les attentes du client à cette étape ?	Quels sont les risques de ratage ?
Que le collaborateur soit informé du projet du client avant l'entretien, qu'il ne soit pas obligé de tout répéter. -...	Que le collaborateur soit en retard au RDV. -...
Quel est l'état des lieux actuel ? Ce que nous faisons bien aujourd'hui ?	Quel est l'état des lieux actuel ? Ce que nous faisons moins bien aujourd'hui ?
Nous remettons au client un pack comprenant nos offres et les conditions générales. -...	Le collaborateur ne vérifie pas systématiquement si le client/prospect a déjà un compte chez nous. -...

Que font les autres dans ce domaine (concurrents ou autres métiers) ?	
Les clients sont accueillis avec un café et des chocolats. -...	
Les actions que nous devons mettre en œuvre (actions existantes ou à créer) ?	Les acteurs impliqués ?
Remettre au client le pack et s'assurer de parcourir avec lui la liste des besoins pour constituer son dossier. -...	Le service marketing pour produire les packs. -...

En fonction du temps dont vous disposez, vous pouvez identifier les étapes préalablement aux travaux en ateliers. Une fois les différents acteurs réunis, répartissez-les dans des équipes mixtes, avec des collaborateurs de chaque service, pour contribuer aux différentes étapes. Vous pouvez noter les questions sur des feuilles de paper board et demander aux participants de passer d'une étape à une autre pour compléter les réponses aux questions posées. Cela donnera une dynamique positive à toute l'équipe.

À la fin de la rencontre, rappelez la suite des travaux et engagez-vous à faire un retour précis à tous les membres du groupe de travail.

THÈME N° 9
LE DÉVELOP-PEMENT DES COMPÉTENCES

Rendre ses collaborateurs meilleurs est une obsession pour les entraîneurs de football, et cela devrait être une priorité pour tous les managers d'entreprise. Les évolutions de l'environnement sont de plus en plus complexes, la concurrence plus aguerrie, la différence se fait le plus souvent grâce aux talents des hommes et des femmes qui composent les équipes.

Si une grande partie de la responsabilité du développement des compétences incombe aux collaborateurs eux-mêmes, quelle est la part de l'organisation... et des managers ? Quelles sont les actions à mettre en œuvre pour aider chacun à grandir ?

Le football nous démontre année après année qu'une addition de compétences n'est pas toujours utile si les individus n'ont pas décidé de jouer ensemble, collectivement. Alors comment développer la dynamique collective pour maximiser les apports individuels ?

1 — LE DÉVELOPPEMENT DES COMPÉTENCES DES FOOTBALLEURS

MilanLab : le « Development Center » du Milan AC

Milan Associazione Calcio

Italie
Créé le 16 décembre 1899
Stade : Giuseppe Meazza (80 018 places)
Entraîneur : Massimilano ALLEGRI (Italie)

PALMARÈS DU CLUB
Ligue des champions (7) : 1963, 1969, 1989, 1990, 1994, 2003 et 2007
Mondial des clubs (1) : 2007
Coupe intercontinentale (3) : 1969, 1989 et 1990
Supercoupe d'Europe (5) : 1989, 1990, 1994, 2003 et 2007
Coupe des Coupes (2) : 1968 et 1973
Champion d'Italie (18) : 1901, 1906, 1907, 1951, 1955, 1957, 1959, 1962, 1968, 1979, 1988, 1992, 1993, 1994, 1996, 1999, 2004 et 2011
Supercoupe d'Italie(6) : 1988, 1992, 1993, 1994, 2004 et 2011
Coupe d'Italie (5) : 1967, 1972, 1973, 1977 et 2003

ncien joueur international formé au Havre, avant d'évoluer à Lyon, Bordeaux et au Paris Saint-Germain, Vikash Dhorasoo a passé une saison à l'AC Milan, en 2004-2005, à un moment de son histoire où le grand club milanais était encore capable de dominer l'Europe. Il raconte, pour ce livre, la manière dont l'AC Milan prépare ses joueurs à la performance.

Vikash, quelles étaient vos conditions d'entraînement ?

Tout est concentré au centre de Milanello. Il y a un restaurant diététique, et les joueurs ont une chambre à l'année, où ils peuvent se reposer à tout moment, avant ou après l'entraînement. Les stages de début de saison ont toujours lieu à Milanello, puisque tout est là. On ne quitte Milan que pour des tournées lointaines. Il y a une grande salle de musculation, un gymnase où l'on passe des tests physiques et un terrain de sable qui sert dans la préparation pour le travail de puissance, mais aussi pour la rééducation des blessés. Il y a aussi une petite forêt pour le travail d'endurance. Avec l'équipe professionnelle, en plus des adjoints de l'entraîneur, il y a sept préparateurs physiques, dont Angelo Mauri, que Carlo Ancelotti, notre entraîneur de l'époque, a emmené avec lui au PSG. La préparation est individualisée, ou alors groupée par profils athlétiques. Il y a des kinés, un chiropracteur, un acupuncteur, et les joueurs sont équipés de GPS à l'entraînement pour mesurer leurs efforts. Impossible de tricher (sourires)...

Quel est le rôle du MilanLab ?

Le MilanLab, une annexe scientifique à l'intérieur de Milanello, dirige en permanence cinq tests. Le premier est un test psychotechnique, sous forme de soixante questions personnelles auxquelles on doit répondre tous les quinze jours. C'est une feuille que l'on doit remettre aux deux psychologues. Il s'agit de savoir si l'on est heureux ou triste depuis

48 heures, si l'on a vu du monde, où l'on en est dans notre vie. Les autres tests sont des tests de force, sous forme de sauts, de concentration, notamment en fixant un point de stabilité, et il y a enfin la séance de la photo : on est nu, et notre position debout est examinée. Les résultats des notes permettent de savoir, sur une échelle de 1 à 10, si l'on est apte à la compétition. Mais cela dépend des joueurs : moi, il me fallait 9 pour jouer, alors que 5 suffisait à Seedorf (sourires)...

Comment se déroule l'entraînement lui-même ?

Le travail est très ciblé. On m'a beaucoup fait travailler les allers-retours parce que mon rôle au milieu était de faire le lien entre les lignes. Il y a beaucoup de tactique à l'entraînement. Les exercices ont toujours un sens, même une passe à dix ; il y a toujours une notion de placement, et de poste. En revanche, on ne fait pas de gammes techniques : on ne perd pas de temps avec ça, le Milan considère que ses joueurs savent le faire. Mais il y a tous les jours des gammes athlétiques, avant l'entraînement.

> **« Les exercices ont toujours un sens, même une passe à dix »**

Sous quelle forme s'effectue le débriefing des matchs ?

Avant le premier entraînement de la semaine, de façon très cool, pendant une minute. La veille des matchs, il y a une séance vidéo, et elle peut être participative : Ancelotti nous demandait nos souhaits sur certaines phases de jeu. Dans le dernier entraînement, à sa manière de composer les équipes, on savait qui allait jouer le lendemain.

Dans la causerie d'avant-match, l'accent était mis sur la tactique ou la motivation ?

Ancelotti donnait l'équipe, quelques consignes sur les coups de pied arrêtés, trois informations sur l'adversaire et c'est tout. Mais l'équipe *avait une grande confiance et beaucoup d'expérience. Et puis, juste avant le match, il y avait le « Daï-daï ! ». Toutes les personnes présentes dans le vestiaire se réunissent et poussent le cri de guerre. Au début, tu penses que tu as du recul, que tu ne le feras pas, et tu es pris, tu cries comme les autres. J'ai même vu Silvio Berlusconi le faire.*

L'analyse de l'action

Le football recherche de plus en plus du côté de la vidéo, de la science et de la statistique, pour le développement individuel des joueurs, ou l'amélioration collective de l'équipe. Les grands clubs, ou les grandes sélections, filment même les séances d'entraînement, désormais. La vidéo est une trace qui sert à la fois de preuve, au moment de convaincre le joueur d'une erreur ou d'une évolution nécessaire, et une manière de faire passer un message visuel à des individus qui ont besoin de voir pour comprendre, parfois, faute d'avoir suivi un apprentissage scolaire classique. Fabio Capello avoue : « C'est en regardant les images qu'un joueur va comprendre qu'il était mal placé sur telle ou telle action. La vidéo peut confirmer certaines choses ou débloquer certaines situations[104]. »

L'usage des statistiques est généralisé. Les grands clubs, désormais, remettent des DVD à leurs joueurs après chaque match : ils trouvent le plus souvent un montage de leurs actions individuelles, avec des statistiques personnelles. Le Français Damien Comolli, ancien directeur sportif de Saint-Étienne, de Tottenham et ancien directeur du football de Liverpool, a un jour longuement expliqué au journaliste de *France Football* Thierry Marchand sa foi dans les statistiques. Il dit que tout est parti de Wenger : « Un jour, quand j'étais à Arsenal, il m'a fait remarquer que Manchester United était l'équipe qui avait le meilleur pourcentage de réussite au niveau des passes dans la moitié de terrain adverse. Il a ajouté : "Tu comprends pourquoi ils sont toujours premiers ?" De ce jour, je me suis intéressé aux stats. Mais la révélation, ç'a été la lecture du livre de Michael Lewis, *Moneyball*[105]. Là, tout s'est mis en place. Grâce à une relation, je suis devenu ami avec Billy Beane, le héros du livre. Et depuis 2005 je travaille énormément là-dessus[106]. »

Billy Beane, incarné par Brad Pitt dans le film issu du livre, est le coach d'un sport de chiffres. Jusque-là, le football ne l'était pas. Ou moins. Mais tous les managers, au fond, ont la même quête d'une évaluation fiable. Explications de Comolli : « Le modèle sur les gardiens de but est très fiable, parce que ce sont des joueurs fixes. Celui sur les joueurs offensifs l'est également. Il y a plus d'interrogations sur les joueurs défensifs, dont les tâches sont plus compliquées à mesurer. Certaines boîtes spécialisées font carrément du "tracking" [système logiciel qui permet de suivre les déplacements]. C'est-à-dire qu'on sait en permanence où le joueur se trouve sur le terrain. On peut, grâce à ces outils, mesurer l'élément physique et athlétique d'un match. Si l'on prend tout ce qui se passe dans un match de foot à l'heure actuelle, on est au-delà du million d'événements[107]. »

Les stats servent également pour le recrutement. « Pour la venue à Liverpool de Luis Suarez, j'ai regardé les stats sur les trois dernières années, notamment le nombre de matchs joués, qui est un facteur très important. On s'oriente énormément vers des joueurs qui ne se blessent pas[108] », poursuit Comolli.

Mais cette évaluation est aussi une question de culture. Tous les clubs ne sont pas prêts à cet investissement. « Aux États-Unis ou en Angleterre, on considère que cela fait partie du secteur "recherche et développement", souligne Comolli. Les clubs anglais ont une avance technologique phénoménale. En France, où il est déjà difficile d'avoir des recruteurs, si en plus vous demandez d'investir dans des stats... Mais cela a révolutionné le sport aux États-Unis, et je ne vois pas pourquoi ça ne révolutionnerait pas le plus grand sport en Europe. La difficulté, c'est d'être rationnel dans un univers où vous êtes en permanence sous pression[109]. »

S'inspirer de ce qui se fait ailleurs

Le football ne s'inspire pas que des statistiques des autres grands sports professionnels. L'ancien sélectionneur de l'Allemagne Jurgen Klinsmann, sélectionneur des États-Unis, avoue avoir regardé du côté du basket : « En NBA, il y a 82 matchs de saison régulière, plus les play-offs. Ils voyagent beaucoup, et jouent parfois des matchs deux jours de suite. Il y a donc des choses à apprendre dans le domaine de la récupération, dans l'approche mentale du rythme et dans l'enchaînement des performances. Au base-ball, c'est 162 matchs de saison régulière. Comment font-ils ? Comment un coach comme Mike Krzyzewski (entraîneur de l'équipe universitaire de Duke et de l'équipe olympique des USA) crée-t-il un environnement de succès permanent malgré les nombreux changements qu'il enregistre forcément chaque année, puisque ses joueurs sont étudiants ? Comment fait-il pour faire progresser et développer techniquement des basketteurs, mais aussi leurs personnalités ? En football, on ne peut plus ignorer ce genre de travail[110]. »

Fabio Capello, lui, a souvent avoué avoir appris d'autres disciplines. Exemples : « Dans le volley, il n'y aucun contact physique, sinon avec la balle, alors les joueurs ressentent le besoin de se toucher après chaque point. Cela m'a fait réfléchir sur la notion de groupe. En regardant le hockey, un sport où les cages sont tellement étroites qu'il faut être devant le but pour marquer, j'ai réalisé que les buts se marquent justement là, devant les cages, et qu'il faut donc être en nombre dans la surface pour marquer. Même le base-ball est intéressant. Parce que tu es là, tu peux jouer, jouer, jouer, et ne jamais recevoir la balle. Tu attends, tu attends, et soudain tu dois courir. C'est le sport de la tension, de l'attente, donc de la concentration[111]. »

Le rôle de la formation

Au plus haut niveau, tout se joue sur des détails, disent les entraîneurs. Il faut parfois chercher ses détails au-delà du football.

La préparation de la victoire passe évidemment par la qualité de la formation. Explication d'Arsène Wenger : « On ne peut être un bon entraîneur que si l'on reste toujours un bon éducateur. Il y a des entraîneurs qui n'ont pas de résultats parce qu'ils n'ont pas une bonne équipe, mais qui parviennent à développer deux ou trois joueurs. Ils ont un rôle essentiel dans le football, et dans la carrière de ces joueurs. J'ai toujours intégré des jeunes à mes équipes. C'est difficile, parce que les joueurs les plus expérimentés s'inquiètent du niveau de l'équipe, mais il n'y a pas de plus grand plaisir qu'une équipe jeune qui décolle, et c'est la meilleure manière de perpétuer la culture d'un club[112]. »

L'importance du développement collectif

Un entraîneur doit à la fois gérer le développement individuel de ses joueurs et le développement collectif de son équipe. Ce deuxième aspect est le plus urgent, bien sûr, et paradoxalement celui dont les progrès sont les plus rapides et les plus spectaculaires : d'une semaine sur l'autre, un entraîneur peut régler les problèmes d'équilibre de son équipe et lui donner un visage complètement différent. Un détail ou le retour d'un joueur blessé peut lui permettre de fortifier sa défense et d'établir une nouvelle confiance collective dans un domaine où était affichée une faiblesse passagère, comme les coups de pied arrêtés.

Le développement du joueur s'étale sur une période plus longue. Il faut toujours quelques mois pour constater qu'un avant-centre, par exemple, a profité de l'influence de son entraîneur pour étendre son registre. Parfois, l'entraîneur doit convaincre un joueur repu de trophées et millionnaire qu'il a des progrès à faire ; mais, souvent, les grands joueurs ont cet instinct qui les pousse à toujours chercher une manière de conserver leur avance sur leurs contemporains.

Les entraîneurs ne se comportent pas avec tous de la même manière. Gérard Houllier, l'ancien entraîneur de Liverpool et de Lyon, a toujours dit qu'il fallait choyer les grands joueurs, ceux qui font gagner une équipe, et ne pas parler à Steven Gerrard ou à Juninho de la même manière qu'à un jeune.

Ce que l'époque modifie, dans le lien entraîneur-entraîné, c'est la tentation de l'individualisation de la préparation. Pas au sein même du club, mais à l'extérieur : de nombreux joueurs font appel à un kiné personnel, à un préparateur physique personnel, à un psychologue personnel. Dans le meilleur des cas, cette démarche conforte celle de l'entraîneur.

2 — LE DÉVELOPPEMENT DES COMPÉTENCES DES COLLABORATEURS

Progresser dans l'action

Dans le football, les statistiques et l'entraînement ne remplaceront jamais l'expérience acquise en plein match. Le joueur va certes progresser par les exercices techniques et tactiques proposés par l'entraîneur, mais il ne validera ses progrès que par le temps passé sur le terrain face à des adversaires réels.

Dans l'entreprise, le développement des compétences est bien trop souvent associé au terme « formation », comme si l'action et le progrès étaient dissociés. Bien au contraire, les plus gros progrès sont effectués au quotidien, par la multiplication des actions et des situations rencontrées, la formation servant bien souvent à prendre du recul et formaliser ce que l'on exécute au quotidien. Il n'est pas rare d'entendre parmi les participants le fameux : « Mais ça, je le savais déjà » ou encore « Je n'ai rien appris. »

Les formations sont-elles donc inutiles ? Évidemment non, elles permettent d'acquérir des compétences spécifiques dans un temps restreint, et sont souvent classées parmi les éléments de reconnaissance et d'investissement par les collaborateurs. Il faut néanmoins distinguer quatre types de formation :

▶ les formations techniques : elles sont indispensables pour développer rapidement des compétences techniques ou relationnelles des collaborateurs. Elles sont souvent effectuées en présentiel, avec un groupe de 10-12 personnes, et animées par un expert du sujet qui a un certain nombre de compétences à transférer aux participants ;

▶ les formations *e-learning* : ces formations sont adressées à distance, à l'aide d'un programme spécifique. L'acquisition de compétences techniques se fait alors en individuel, dans des temps plus réduits, qui peuvent également être fractionnés. Elles peuvent parfois compléter un programme de formation en présentiel ;

▶ les formations sociales : à mi-chemin entre le séminaire et la formation, ces rencontres permettent à une communauté de partager des connaissances mais également d'échanger et de partager des problématiques et des bonnes pratiques. De plus en plus pratiquées par les entreprises, ces formations réunissent en général un plus grand nombre de participants (de 20 à 50) et sont animées par des consultants-facilitateurs plutôt que par de purs formateurs ;

▶ les formations en équipe naturelle : c'est le format qui ressemble le plus à ce qui est pratiqué dans le football. La formation en équipe naturelle, c'est apprendre à faire ou à être ensemble. Dans les formations traditionnelles, le collaborateur (ou le manager) est sorti de son environnement naturel (son équipe) et progresse individuellement. Quand il retourne dans son équipe, il a certes appris ou acquis de nouvelles compétences, mais il est difficile de les mettre en œuvre car les autres, avec qui il est en interaction, n'ont pas fait le même cheminement intellectuel. Lorsque l'équipe progresse ensemble, les réflexes sont collectifs et les différents membres de l'équipe se soutiennent mutuellement. Ce type de formation est très adapté pour l'acquisition de compétences relationnelles ou pour la résolution de problématiques collectives.

Les autres formats pour développer les compétences de ses collaborateurs

Nous l'avons vu, la formation est un moyen important pour faire progresser les collaborateurs, mais c'est loin d'être le seul. Toujours en lien avec la formation, le partage des acquis et des concepts découverts en formation peut être partagé avec le reste de l'équipe pour faire progresser les autres collègues. D'autres « dispositifs » peuvent permettre aux collaborateurs de « grandir ».

▶ L'exemple

L'exemple est la première méthode qui permet d'enseigner à son propre collaborateur : le manager montre, le collaborateur reproduit. L'exemple est l'outil principal du manager de proximité, qui avec son expérience et son expertise fait progresser les collaborateurs de son équipe. Attention, toutefois, à bien laisser le collaborateur reproduire les gestes ou les actions seuls. Bien souvent, l'exemple se transforme en action du manager qui fait à la place du collaborateur, sans forcément lui expliquer ou lui demander ce qu'il retient.

▶ La délégation

Déjà développée dans le chapitre précédent, la délégation est un double investissement : pour le manager qui se déleste d'une partie de sa charge de travail tout en permettant à un collaborateur de progresser.

▶ Le tutorat

Le tutorat est une forme de suivi par un collègue plus expert. À la différence de l'exemple, le tutorat est effectué par une autre personne que le manager. Le tuteur va accompagner le collaborateur dans l'acquisition de connaissances et de techniques liées à son métier : en reproduisant les gestes et en appliquant les conseils personnalisés de l'expert, le collaborateur va progresser rapidement. Ce dispositif est souvent utilisé pour permettre la rencontre des générations. Nous reviendrons sur ce thème plus tard dans ce livre.

▶ Le mentorat

Le mentorat est une variante du tutorat qui porte plus sur l'acquisition de compétences relationnelles que sur les compétences techniques. Le mentor est une personne en dehors de la chaîne hiérarchique du collaborateur qui l'oriente sur ses choix professionnels, répond à ses questions, lui donne des conseils sur sa carrière et ses relations professionnelles. Très souvent utilisé dans le monde du conseil, le mentorat tarde à se développer dans les autres entreprises, si ce n'est par des moyens informels. Il n'est pas rare qu'un manager expérimenté prenne sous son aile un jeune collaborateur en qui il se reconnaît et lui prodigue de précieux conseils que l'on ne trouve évidemment jamais dans les livres de management.

▶ La responsabilisation

Loin d'être une technique, la responsabilisation est une façon d'être plus qu'une façon de faire. Plutôt que de résoudre les problèmes de ses collaborateurs en les reprenant à son compte, le manager peut choisir de les accompagner dans la réflexion. Par cette réflexion, il aide le collaborateur à chercher les causes du problème et crée ainsi les conditions pour qu'il puisse le résoudre seul plus tard. En reprenant à son compte toutes les problématiques apportées par ses collaborateurs, le manager fait face à un dilemme : certes il gagne bien souvent du temps dans l'urgence de l'activité, mais il n'aide pas son collaborateur à progresser, et ne crée pas les conditions pour gagner du temps plus tard. Il est ainsi condamné à reproduire le même schéma. Pour éviter cela, le manager doit demander à ses collaborateurs de leur apporter des propositions de solution plutôt que des problèmes. Et idéalement deux ou trois pistes différentes, plutôt qu'une seule. Ainsi, le collaborateur aura réfléchi sur la situation pour proposer des solutions et le manager sera celui qui oriente plutôt que celui qui fait ou celui qui dit « non » à la seule solution proposée.

▶ Le coaching

Le terme « coaching » a été à la mode dans les dernières années. Tout le monde était coach, et sous ce terme se retrouvaient un grand nombre d'actions et de comportements, quelquefois bien discutables. Le coaching est l'accompagnement par un spécialiste (externe) d'un collaborateur en situation professionnelle. Le coach, par l'art du questionnement, va favoriser la réflexion de son client, sans jamais l'influencer directement dans ses choix ou le conseiller. Le coach est un miroir qui aide à réfléchir et à choisir ses actions.

▶ Le rôle de référent

Afin de développer l'expertise et/ou les compétences managériales d'un collaborateur, le manager peut nommer un membre de son équipe référent sur un sujet. De par ce rôle, le référent devra approfondir ses connaissances sur le sujet et aider les autres à progresser sur ce thème. Ce rôle est très valorisant pour le collaborateur, car il lui donne une responsabilité et une reconnaissance technique sur le sujet en question.

▶ La représentation

Toujours pour faire progresser un collaborateur sur de l'expertise et sur les compétences relationnelles, il est possible de donner un pouvoir de représentation à un membre de l'équipe. À travers ce rôle, il devra représenter les travaux de son équipe lors d'une rencontre transverse ou devant des dirigeants. Il devra ainsi maîtriser son sujet et se préparer à répondre aux interrogations et questionnements. Comme le rôle de référent, la représentation est un acte valorisant pour le collaborateur, à l'interne et à l'externe de son équipe. C'est aussi un signal fort envoyé à votre équipe pour montrer que vous leur faites confiance.

▶ La veille

« Tu ne dois pas copier, tu dois apprendre par toi-même ! » Nous avons tous entendu cela lors de notre éducation : copier était de la triche. Or, dans l'entreprise, tout ce qui ne comporte pas de brevet peut être copié, ou peut au moins inspirer ses propres réflexions. Pour faire progresser un collaborateur et par rebonds toute une équipe, il est très simple d'organiser lors des rencontres collectives un temps de partage sur une bonne pratique. Le manager peut donc demander à un de ses collaborateurs d'étudier des pratiques des concurrents, des bonnes pratiques managériales, des techniques de vente et d'en faire une synthèse au reste de l'équipe. Le collaborateur progressera sur ses connaissances, et en fera profiter le reste de l'équipe. Et ainsi, à chaque rencontre collective, un nouveau collaborateur présente un nouveau sujet. Au-delà de faire progresser les connaissances de l'équipe, le manager fait progresser la capacité d'innovation et la curiosité de ses collaborateurs.

▶ Le partage de bonnes pratiques

Le partage de bonnes pratiques est une source inépuisable de progrès pour les entreprises, aussi bien pour les « donneurs » que pour les « receveurs ». Comme pour la veille, les avantages pour les receveurs de bonnes pratiques sont évidents. L'avantage pour les donneurs est que ce partage de bonnes pratiques permet de prendre du recul sur l'activité et de formaliser les raisons d'un succès. Cela permet également de valoriser le travail effectué et de le faire savoir à l'externe.

▶ L'immersion

L'immersion est souvent appelée « vis ma vie » dans l'entreprise, en référence à l'ancienne émission de TF1. Cela consiste à envoyer un collaborateur un jour, une semaine dans la peau d'un collaborateur d'une autre équipe. Ces expériences sont très bénéfiques pour des activités qui ne sont pas naturellement amenées à coopérer au quotidien, ou alors pour faire prendre conscience de l'importance de l'activité des uns et des autres.

Dans certaines entreprises, cette immersion fait partie intégrante du parcours d'intégration des cadres, à qui l'on demande, indépendamment du niveau hiérarchique et des responsabilités, de passer une semaine dans les centres de production et deux semaines dans les équipes commerciales afin de comprendre le cœur de métier de l'entreprise.

▶ Les points opérationnels de performance

Les points opérationnels de performance sont des points réguliers organisés entre le manager et son collaborateur pour partager un état des lieux des travaux de ce dernier. Lors de ces rencontres régulières, le collaborateur peut trouver des réponses sur les difficultés vécues, des conseils, des orientations de la part de son manager. L'avantage de ces points fixes est qu'ils permettent de créer une relation forte et de prévenir les difficultés que pourraient rencontrer les membres de l'équipe.

▶ Le codéveloppement

Le codéveloppement est une méthode récente de partage de pratiques entre collaborateurs ou managers. À l'aide d'une méthode spécifique et cadrée, 7 à 10 collègues se réunissent pour résoudre la problématique de l'un d'entre eux, à l'aide de questions de clarification et de propositions de pistes de solution. Le grand avantage de cette méthode est que les réponses viennent de leurs pairs, et qu'elles sont donc immédiatement applicables par le collaborateur ou le manager qui en bénéficie. Ces groupes d'échange de pratiques sont de plus en plus demandés dans les entreprises aujourd'hui.

▶ Les binômes

La nomination de binômes au sein d'une équipe ou d'une entreprise offre plusieurs avantages. Le premier est qu'un binôme se soutient mutuellement, s'encourage, s'émule. Le second est qu'ils profitent chacun de l'expérience et de l'expertise de l'autre. Enfin, si l'un d'eux vient à s'absenter, le binôme pourra prendre le relais sur les différents dossiers. La nomination de binôme doit être une action prioritaire pour chaque manager. Cela évite également l'isolement de certains membres dans l'équipe.

Garder en tête la courbe d'apprentissage

Utiliser une ou plusieurs méthodes citées ci-dessus ne garantit pas immédiatement le succès ou le progrès d'un collaborateur ou d'une équipe. Il faut bien garder en tête la courbe d'apprentissage de chacun. Le rôle du manager, une fois la mise en place d'un ou plusieurs dispositifs, est de continuer à soutenir et accompagner ses collaborateurs. Sans retour de son manager, le collaborateur perdra peu à peu son enthousiasme. Il faut également laisser une grande place au droit à l'erreur. Progresser, c'est changer d'erreur. Il faut donc accepter que tout ne soit pas parfait la première fois et s'assurer que le collaborateur ne refasse pas les mêmes erreurs que par le passé.

Zoom

Faut-il passer plus de temps avec les meilleurs ou avec les moins bons ?

C'est une question que nous avons posée aux managers que nous avons rencontrés, et la réponse est multiple. Notre opinion se décompose en deux parties : en terme de temps, il est probable que le manager ait plus de temps à passer avec les moins bons pour leur faire rattraper leur retard. Mais en termes de priorité, le manager doit d'abord s'assurer que les meilleurs ont ce qu'il faut pour bien faire leur travail. Une fois qu'ils sont mis sur les bons rails, il est alors possible de s'intéresser aux autres membres de l'équipe, et d'utiliser les dispositifs proposés pour les faire progresser. Il faut également ajouter que plus l'état d'esprit est sain dans l'équipe, plus les bons aideront les autres une fois leur mission accomplie. La réussite collective passe donc bien par la création d'un état d'esprit autant que par le développement des compétences des membres de son équipe.

GRILLE D'ATELIER N° 9
DÉVELOPPER LES COMPÉTENCES DE SON ÉQUIPE

Dans le football, il est très facile de se rendre compte que l'équipe a une identité propre et qu'additionner onze joueurs très compétents n'est pas forcément gage de victoire, si les membres de l'équipe n'ont pas décidé de jouer ensemble et trouvé des automatismes. Trois actions complémentaires permettent de développer la dynamique et la cohésion de votre équipe afin que tous les membres « jouent » ensemble.

Partager les OBLIC de chacun

Comme nous l'avons vu précédemment, l'équipe a une personnalité propre, qui doit produire au-delà de la somme des productions individuelles. Dans son livre *Constituer une équipe efficace*[113], Laurent Combalbert, ancien officier négociateur au sein du RAID, explique que pour réussir une équipe doit certes partager un objectif et des règles de vie commune, mais que chaque membre doit partager ses OBLIC avec les autres membres de l'équipe :

▶ Objectifs : quels sont mes propres objectifs ?

▶ Besoins : quels sont mes besoins pour réussir mes objectifs ?

▶ Limites : quelles sont mes limites, ce que je n'accepte pas de faire ?

▶ Contraintes : quelles sont mes contraintes, ce que je ne peux pas faire ?

Nous pouvons également traduire le I par Informations : Quelles sont les informations dont je dispose qui peuvent aider mes coéquipiers ?

Il est possible d'organiser lors d'un séminaire un partage des OBLIC de chaque membre de l'équipe afin de renforcer la cohésion de groupe.

Développer une matrice des compétences de l'équipe

La seconde action du manager consiste à identifier tous les process clés de l'équipe afin de savoir qui est expert, en maîtrise, en apprentissage ou en découverte du process. À partir du positionnement de chacun des membres de votre équipe, vous serez en capacité de savoir, et de montrer à l'équipe, quels sont les besoins en développement et qui peut aider qui sur les différents sujets.

Exemple de matrice des compétences de l'équipe

	Expert	Maîtrise	Apprentissage	Découverte
Traitement des réclamations client	Michel	X	X	X
Mise à jour de la page internet	X	Sophie Jacques	Hervé	Nicole
Développement de la base de données	Sophie	X	Hervé	Michel
...				
...				

Grâce à ce tableau, vous découvrirez vos besoins et les zones non couvertes en cas d'absence prolongée ou de départ. Cela permet également de valoriser les expertises de chacun et de créer de l'entraide.

Passer du temps ensemble à s'entraider

Comme les footballeurs qui répètent les dispositions tactiques sur le terrain, invitez vos collaborateurs à échanger régulièrement sur leurs réussites, leurs difficultés, et créez les conditions afin qu'ils s'entraident pour résoudre leurs problématiques. Vous serez surpris de voir le niveau d'entraide se développer et la capacité de l'équipe à gérer elle-même ses dysfonctionnements. Si la mayonnaise ne prend pas dès la première rencontre, c'est normal. Il faut laisser la confiance se bâtir, petit à petit. Il se peut que la première rencontre s'apparente plus à une série de récriminations, mais la seconde et les suivantes seront à coup sûr plus productives, une fois que les insatisfactions des uns et des autres seront exprimées.

Sans temps investi pour son propre développement, vous n'arriverez pas à créer l'esprit d'équipe nécessaire aux grandes réussites.

THÈME N° 10
LE MANAGEMENT PARTICIPATIF

L e terme « participatif » comporte tout un tas de définitions, de fantasmes, de compréhensions différentes dans le monde de l'entreprise.

Chacun de nous dans sa vie personnelle recherche à tout instant à apposer sa touche personnelle sur ce qui l'entoure : on commente, critique, on influence, on réagit. Il suffit de voir le développement de la relation à la presse où chacun peut interagir avec l'auteur en temps réel. Les commentaires sont quasiment autant lus que l'article du spécialiste. Et dans le commerce en ligne, les commentaires des internautes font et défont les arguments des vendeurs.

Aussi, à l'heure où il est possible de personnaliser à outrance la nouvelle voiture que l'on achète, pourquoi est-il si difficile de donner son avis à son propre manager ?

1 — LE MANAGEMENT PARTICIPATIF DANS LE FOOTBALL

Le joueur, relais de l'autorité

L'entraîneur, ou le sélectionneur, incarne une autorité sur l'équipe. Elle ne peut pas être isolée : si elle l'est, l'entraîneur le sera également. Pour que l'équipe fonctionne, il doit activer des relais, faire confiance et faire participer.

Raymond DOMENECH

Français
Né le 24 janvier 1952 à Lyon

CARRIÈRE D'ENTRAÎNEUR
FC Mulhouse : 1984-1988
Olympique Lyonnais : 1988-1993
Équipe de France Espoirs : 1993-2004
Équipe de France : 2004-2010

CARRIÈRE DE JOUEUR
Olympique Lyonnais : 1970-1977
RC Strasbourg : 1977-1981
Paris Saint-Germain : 1981-1982
Girondins de Bordeaux : 1982-1984
FC Mulhouse : 1984-1986
8 sélections en équipe de France

PALMARÈS DE JOUEUR
Champion de France : 1979 (RC Strasbourg) et 1984 (Girondins de Bordeaux)
Coupe de France : 1973 (Olympique Lyonnais)

PALMARÈS D'ENTRAÎNEUR
Championnat de France de D2 : 1989 (Olympique Lyonnais)

Dans une interview réalisée pour ce livre, Raymond Domenech explique ce qui a bien fonctionné dans ce domaine, à l'approche de la Coupe du monde 2006 et pendant l'épreuve, et dessine en creux ce qui a moins bien fonctionné, en 2008 et 2010.

Quelles sont les responsabilités que vous donnez à vos leaders ?

La responsabilité d'être le meilleur possible, d'être toujours bon. C'est leur vraie responsabilité, avec celle, essentielle, de gérer les possibles dérives des autres. Mais pour être un vrai leader, en avoir la légitimité, il faut être bon sur le terrain. On ne peut pas être un leader et être mauvais, ce n'est pas possible, les joueurs sont trop sensibles à l'adéquation entre le leadership et la performance. Le leader a l'aval du sélectionneur, les autres joueurs le savent, et cela déplace le lien direct d'autorité. C'est comme ça qu'une grande sélection doit fonctionner.

> « Si vous n'avez pas de relais, vous n'avez rien »

Est-ce une perte d'autorité ?

Non, et la manière dont Michel Hidalgo et Michel Platini fonctionnaient ensemble en est la preuve. Désigner Platini comme le relais, ou éventuellement l'instigateur de certaines décisions, c'était un geste d'autorité en regard du reste du groupe. Le bon management, c'est de laisser au leader une place qui correspond à son rayonnement collectif et à ses performances individuelles. Mon erreur, en 2008 et 2010, est d'avoir voulu continuer à m'appuyer sur des leaders comme je l'avais fait en 2006, en croyant que mes nouveaux leaders étaient aussi intelligents, alors que les joueurs avaient changé.

Dans l'entreprise, on tend vers plus de participatif. Est-ce possible dans le football ?

Moi, je m'arrangeais pour que les joueurs participent à mes idées (rires). Le plus important, c'est que quelqu'un ait une idée précise de la direction à prendre. Le participatif, je l'ai vécu comme joueur, à Lyon, dans les années 1970, avec Aimé Mignot comme entraîneur. Un jour, à Strasbourg, avec le libero Louba Mihajlovic et les autres, on a discuté le jour du match, à partir de 17 h 00, de la manière dont on allait jouer. En zone, en individuelle ? À 19 h 30, on parlait encore, et à la fin, au moment de se lever pour l'échauffement, les gars disent : « Bon, allez, on fait comme ça ! » Je suis intervenu pour demander : « Je n'ai pas bien compris, on fait comment ? » Deux heures et demie pour rien. Si le manager n'a pas une idée de base forte, le participatif ne mène à rien. En revanche, l'idée de base peut être amendée, un peu, au moins discutée, mais il faut que le groupe s'imprègne de cette idée en amont. D'où la nécessité de s'appuyer sur les leaders pour faire passer cette idée dans les jours précédents.

Quand vous dirigiez l'équipe de France Espoirs, vous avez fait du participatif, parfois en ne faisant pas de causerie, en disant aux joueurs de se débrouiller…

Je l'ai fait, oui, et c'était super, vraiment, pour leur faire prendre conscience de ce qu'ils devaient faire. Je sais ce que c'est que d'être joueur pendant qu'un entraîneur répète toujours les mêmes mots ; parfois, vous faites une barre à chaque fois que le même mot revient. À la fin, les joueurs n'écoutent plus, ou plus vraiment, ce qui revient au même. Donc, on invitait les joueurs à venir au tableau. On leur disait : « Allez-y, faites la causerie. Cela fait quatre jours que l'on s'entraîne et que vous avez deviné l'équipe que je vais aligner, allez-y… » Ils étaient gênés, parce qu'il fallait assumer le fait d'être sûr de jouer alors que rien n'était officiellement annoncé. C'était ma conception de la participation : ils devaient montrer qu'ils avaient compris le message que l'on avait fait passer dans la semaine. Au tableau, je leur demandais, au fond, de répéter ce que je leur avais expliqué pendant toute la semaine.

Sur la résolution des problèmes, sur la meilleure manière de contrer Cristiano Ronaldo, par exemple, est-ce que la participation existe ?

Cela peut se faire, mais pas en impliquant tous les joueurs. Pour prendre l'exemple de Ronaldo, que l'on a affronté en demi-finale de la Coupe du monde 2006 lors de France-Portugal (1-0), j'ai juste travaillé avec le défenseur latéral. On avait discuté avec Zidane, au préalable, sur la meilleure manière de le prendre. Je savais déjà ce que je voulais : que le milieu défensif situé de son côté se resserre vers lui et que le défenseur latéral, Willy Sagnol, l'emmène le plus loin possible en courant avec lui, sans jamais se jeter. « Il veut te faire le crochet, laisse-le toujours un peu devant toi pour qu'il coure. » J'ai discuté de ça avec Willy, mais pas en lui demandant comment il voulait faire. Cela sert à quoi d'être manager si l'on n'a pas d'idées et si l'on ne fait pas de choix ? La participation, oui, mais jusqu'à une certaine limite.

Que fait-on quand on n'a pas de joueur majeur sur lequel s'appuyer, quand on n'a pas de leader naturel ?

Rien. Vous pouvez rêver, avoir des illusions pendant quelque temps, mais la réalité finira toujours par vous rattraper. Si vous n'avez pas de relais, vous n'avez rien. Tous les joueurs seront dans leur coin, personne ne les fédérera. Quand tout ira bien, ils iront bien, mais au premier accroc, ce sera fini.

Est-ce que l'on crée des leaders ?

Quand on est obligé de chercher qui va être le capitaine, c'est qu'il n'y en a pas. Dans l'équipe de France, Rio Mavuba peut l'être, parce qu'il est plus âgé, parce qu'il occupe un poste clé, et parce que cela lui correspond. Mais on ne peut pas le décréter, ou organiser une élection. Voter, on l'a fait une fois, en équipe de France, parce que Gallas voulait être capitaine. Et les joueurs en ont élu un autre. À chaque fois que j'ai vu une élection de capitaine, cela a été la mort de l'équipe.

Est-ce que la notoriété remplace parfois, dans le choix du capitaine, la capacité à être leader ?

*Oui. Pourquoi croyez-vous que Thierry Henry était capitaine ?
Après, le choix du capitanat peut aussi aider un leader à émerger.
C'est un signe de reconnaissance du sélectionneur qui
vient en amont de sa légitimité vis-à-vis des autres.*

Le participatif existe-t-il dans le football ?

Le thème du participatif, dans le football, recouvre un vieux fantasme partagé par les joueurs et les journalistes : dans quelle mesure les joueurs majeurs n'imposent-ils pas leurs vues à l'entraîneur ? Dans la recherche d'un relais pour leur message, quelle limite l'entraîneur impose-t-il, et s'impose-t-il ? Les internationaux restés à la porte de la Coupe du monde 1998 estimaient que Didier Deschamps avait joué un rôle dans leur non-sélection, ce que le capitaine des Bleus a toujours nié. Ils s'appuyaient sur la relation privilégiée du sélectionneur de l'époque, Aimé Jacquet, et de son capitaine. Pendant l'Euro 84, que la France allait remporter, un attaquant des Bleus avait répondu à un journaliste venu lui demander s'il pensait jouer la finale : « Demande à Platini... » Michel Hidalgo, alors sélectionneur, n'avait jamais caché consulter son numéro 10 pour les grandes orientations. Ce n'était pas forcément un abandon de pouvoir : c'était seulement, peut-être, la meilleure manière de tirer le meilleur de Platini et de cette équipe.

Alex Ferguson, qui était pourtant un ancien joueur de D1 écossaise, reconnaît la nécessité d'adapter son management au génie, et pas seulement à cause de l'ego surdimensionné des joueurs géniaux : « Certains joueurs peuvent élever le jeu à un autre niveau, un niveau que moi-même je ne peux pas concevoir, parce que je ne possède pas leur vision, parce qu'ils voient des choses que moi, leur entraîneur, je ne peux pas voir[114]. »

L'instauration de cadres dans l'équipe

Et il y a, bien sûr, le statut. Quand Raymond Domenech déclare qu'il ne pouvait pas virer Zidane, on comprend très bien la nature du rapport de forces entre un entraîneur et la star de l'équipe. C'est un jeu subtil pour les deux parties. Vis-à-vis de ses partenaires, Zidane doit à la fois montrer qu'il a de l'influence sur le sélectionneur, pour renforcer sa légitimité de leader, et ne pas faire penser qu'il décide du nom des titulaires, pour rester fédérateur et n'être pas lui-même celui qui choisit, donc qui exclut.

Mais il faut faire la différence, sur ce plan-là, entre sélectionneur et joueur. Historiquement, le destin d'un sélectionneur qui réussit est toujours lié au talent d'un joueur majeur. En club, ce type de relation se conçoit plus difficilement, ne serait-ce que parce qu'un joueur peut être transféré à tout moment, ce qui n'est pas le cas en sélection.

En club, alors, la relation entraîneur-entraîné passe régulièrement par l'intermédiaire du staff. Fabio Capello a ainsi expliqué son point de vue sur le sujet : « Nous avons la chance de travailler peu d'heures par jour. Donc, le peu que l'on travaille, il faut le faire bien. C'est tout. Et après le travail, on est libre de s'amuser et de faire ce que l'on veut. Moi, je ne téléphone jamais à mes joueurs, jamais. Par exemple, si un joueur est blessé, je ne l'appelle pas lui ; je m'informe auprès du médecin. L'entraîneur n'est pas un grand frère, j'ai autre chose à faire que de mettre le nez dans les affaires de mes joueurs. L'entraîneur, c'est quelqu'un qui est seul contre vingt-cinq footballeurs[115]. »

Chacun chez soi, donc, sauf le reste du staff, qui est en garde alternée, tantôt confident du vestiaire, tantôt rempart de l'entraîneur. Le participatif, à l'échelle du club, repose donc essentiellement sur le staff, selon le domaine d'intervention qui lui est concédé ou qu'il conquiert, et selon la confiance que lui accorde l'entraîneur. Et si l'entraîneur ou le sélectionneur décide de consulter les joueurs, par principe, par calcul ou par nécessité, il doit l'organiser. Didier Deschamps avouait : « J'aime bien fonctionner avec un leadership à trois personnes. Ce sont mes relais. Pourquoi trois ? Parce qu'à quatre, ils ne peuvent pas se mettre d'accord et deux, c'est pareil. À trois, il y a une majorité. Et cinq, c'est trop. Je considère qu'il y a un leadership dans différents domaines. S'il y a un leader qui possède toutes les qualités, c'est mieux, mais c'est difficile à trouver par les temps qui courent. Donc je m'efforce de déterminer un leader mental et physique, un leader technique et un leader d'ambiance[116]. » Mais il n'a pas dit qu'il recherchait un leader d'opinion.

2 — LE MANAGEMENT PARTICIPATIF EN ENTREPRISE

Participatif = démocratie ?

Nous l'avons vu précédemment, le participatif est le meilleur moyen de communiquer, en tout temps, pour s'assurer de la meilleure compréhension du message de son interlocuteur. Nous avons vu également que faire du participatif ne correspond pas à faire modifier son message, mais bien à le renforcer. Et il en est de même dans la gestion de son équipe au quotidien.

La première réaction lorsque l'on parle de participatif au manager est rarement positive : « Ici, c'est moi qui décide ! » Cela nous amène à nous interroger sur ce qui est généralement perçu derrière le terme « participatif ».

Expérience vécue : un manager nous appelle pour lui venir en aide. Il a décidé de céder à la mode du participatif pour sa convention annuelle, alors il a donné carte blanche à ses équipes pour organiser le prochain séminaire. Il s'attendait à créer de la mobilisation, responsabiliser ses équipes, créer une dynamique positive. Au bout du compte, il a créé stress, démotivation, et a dû faire appel à un spécialiste... comme les précédentes années.

Si cet exemple peut prêter à sourire, il démontre néanmoins une grande confusion dans la tête des managers : participatif et démocratie. Faire du participatif ne revient pas à laisser ses collaborateurs décider de tout. Le manager, comme dans le cadre d'une délégation, d'ailleurs, doit bien conserver deux éléments : le cadre qu'il fixe et la décision finale sur chaque point important. Pour le reste, il peut laisser ses équipes échanger, proposer, construire. Mais la validation et le respect des règles doivent lui revenir.

Une difficulté de plus pour le manager de football : choisir les 11 qui jouent

Si le participatif n'a pas le vent en poupe dans le football, c'est peut-être dû au fait que le manager, chaque semaine, doit choisir les 11 qui vont effectivement exercer leur métier... et les autres qui vont les observer au mieux du banc, au pire des tribunes.

L'entraîneur doit donc bien montrer à son équipe que c'est lui qui prend les décisions, aussi bien sur le choix des hommes que sur les autres éléments. Toute ambiguïté serait préjudiciable pour lui, laisserait penser que ce sont d'autres joueurs qui décident de la composition de l'équipe, que les jeux sont faits d'avance.

Dans l'entreprise, cette difficulté n'existe pas. L'équipe du manager joue toujours au complet, et son équipe doit être mobilisée avec tous les moyens à disposition. Le rôle du manager n'est donc pas d'exclure, mais de faire en sorte que chacun trouve sa place dans le collectif.

L'importance des relais dans l'équipe

Pour créer une dynamique collective et s'assurer de la mobilisation de l'ensemble de son équipe, le manager peut s'appuyer sur des relais au sein de son groupe. Si Didier Deschamps nomme trois relais dans son équipe, ce n'est pas pour abandonner une partie de son pouvoir auprès des trois joueurs nommés, mais bien au contraire pour s'assurer d'un soutien majeur de ces trois joueurs-là et donc de tout son groupe en rebond.

Dans l'entreprise, nommer des relais est une chose courante, mais pas encore assez développée. Il n'est pas rare de trouver des référents sur tel ou tel sujet, des adjoints, des spécialistes ou des garants. Mais ces rôles de relais ne sont pas toujours officialisés au sein de l'équipe. Il n'est pas rare que ces rôles de relais soient informels, pour ne pas créer de déséquilibres dans l'équipe. Or, cela permet réellement de responsabiliser des collaborateurs, de développer leurs compétences sur des sujets plus précis et de reconnaître leur engagement. Au quotidien.

Le management à distance

La nomination de relais prend toute son ampleur dans le management à distance. Pour manager à distance, il faut prendre en compte cinq règles majeures :

▶ s'appuyer sur une nouvelle vision du management. On ne peut pas manager de la même façon à distance que lorsque l'on a son équipe à disposition. Il faut donc faire le deuil de ce type de management et identifier la façon de créer un type de management adapté à son équipe à distance ;

▶ s'appuyer sur les résultats, moins sur la méthode. Lorsque vous managez à distance, il faut vous assurer d'être extrêmement clair sur les résultats attendus. Il faut passer du temps sur l'atteinte de ces résultats. En effet, comme le manager à distance ne peut pas contrôler la méthode, il doit s'assurer d'obtenir le résultat attendu ;

▶ s'appuyer sur des relais. Si les relais sont efficaces dans le management traditionnel, ils sont primordiaux dans le management à distance. Assurez-vous de nommer plusieurs relais sur des thématiques différentes, afin que chacun soit responsabilisé ;

▶ s'appuyer sur des rituels fixes. Des rencontres régulières et immuables doivent être organisées et respectées. Même si sur le fond des sujets, la réunion ne se justifie pas, il est important de garder ces rencontres pour développer la relation avec le collaborateur éloigné ;

▶ s'appuyer sur des temps faibles. Si vous en avez la possibilité, rencontrez vos collaborateurs régulièrement et assurez-vous de garder du temps pour des moments informels. Vous en apprendrez bien plus lors de ces échanges informels que lors des réunions traditionnelles. De plus, ce qui différencie le collaborateur éloigné du collaborateur impliqué dans une équipe, c'est l'éloignement de la culture de l'entreprise. Ainsi, lors de ces moments informels, vous pourrez développer l'appartenance de vos collaborateurs éloignés à cette culture.

En conclusion : du vrai et du faux participatif ? Plutôt de l'expérientiel !

Deux phrases de Raymond Domenech illustrent cette idée qu'il existe du faux participatif : « Deux heures et demie pour rien » et « Le participatif, oui, mais jusqu'à une certaine limite. »

Alors comment faire participer les membres de son équipe tout en gardant son pouvoir de manager ? Quelle expérience souhaitez-vous qu'ils vivent ?

GRILLE D'ATELIER N° 10
LES 5 NIVEAUX DE PARTICIPATIF

Situation vécue par les collaborateurs : ils sont invités à « participer » lors d'une réunion. Ils sont assis individuellement, un par un, dans le noir. Les intervenants sont sous la lumière, avec une quinzaine de messages à faire passer. L'intervenant commence à prendre la parole et lit ses slides une à une, sur un ton monocorde. Au bout de dix minutes, les premiers commencent à décrocher. Ils sortent leur téléphone portable, s'envoient des mails et SMS ou alors jouent au casse-briques. Les autres suivent quelques minutes plus tard et, comme le rappelle Raymond Domenech, cochent le nombre de fois où l'intervenant cite tel ou tel mot. Au bout de quarante-cinq bonnes minutes, la lumière se rallume et l'intervenant lance la question habituelle : « Avez-vous des questions ? » Pris sur le vif, certains croisent les doigts pour qu'on ne découvre pas qu'ils ont décroché pendant la présentation, d'autres saisissent l'opportunité pour faire passer un message personnel : une question est posée, mais est trop technique ou ne concerne qu'une ou deux personnes dans la salle. Après deux autres tentatives infructueuses, l'intervenant remercie alors tous les participants de leur brillante participation et la session se termine par un « ouf » collectif. Une semaine après, si l'on demande à tous ces participants ce qu'ils ont retenu de cette intervention...

Il existe 5 niveaux d'outils pour développer l'expérience et impliquer son équipe, avec un niveau de responsabilité grandissant pour les collaborateurs.

Pour illustrer cela, nous allons prendre un exemple et le décliner : vous devez présenter à votre équipe les orientations de l'année à venir.

▶ Niveau 1 : questions quiz

Les questions quiz sont uniquement destinées à créer des temps faibles, à casser le rythme de la présentation. Des études montrent que l'attention des interlocuteurs est fluctuante et dure au maximum sept minutes d'affilée. Il faut donc créer des ruptures dans la présentation, changer de média, de voix, de support de présentation.

Ces questions peuvent être en lien avec le sujet ou complètement en dehors. Elles peuvent être ouvertes, mais sont bien plus dynamiques lorsqu'elles sont à choix multiples. Vous pouvez d'ailleurs intégrer des choix de réponses humoristiques.

Exemple : Combien de diapositives comptait la présentation des orientations l'an dernier ?

☐ Pas assez

☐ Juste ce qu'il fallait

☐ Un peu trop

☐ Je ne sais pas, je me suis endormi avant la fin...

L'important n'est évidemment pas la question ou le résultat, mais plutôt le fait d'interpeller vos interlocuteurs.

▶ Niveau 2 : question zoom

La question zoom est très utile pour mettre l'emphase sur un point précis, un chiffre clé, un élément majeur de votre présentation. La question à choix multiples se prête parfaitement à cet exercice.

Exemple : Quel est le pourcentage de la masse salariale dédiée cette année à la formation ?

☐ 2 %

☐ 3 %

☐ 4 %

☐ 5 %

Question complémentaire – ce pourcentage est :

- ❏ plus élevé que l'an dernier
- ❏ le même que l'an dernier
- ❏ moins élevé que l'an dernier

En procédant ainsi, vous insistez sur un point important pour vous. Vous développez vos chances pour qu'ils retiennent ce point précis.

▶ Niveau 3 : question d'ouverture

La question d'ouverture fonctionne sur les mêmes mécanismes que les paris. Lorsque vous pariez sur un match, vous le suivez, en général, avec un supplément d'attention. Vous attendez de voir si le résultat est conforme à votre intuition. De la même façon, lorsque vous posez une question d'ouverture sur le sujet que vous allez aborder, vous créez de l'écoute pour la suite de la présentation.

Exemple de question d'ouverture : Quel est d'après vous le bilan de l'année écoulée ?

Cette question peut être ouverte ou fermée, en fonction du temps que vous avez à disposition. Si la question est ouverte, vous pouvez identifier les points majeurs qui ressortent des propositions des participants pour mettre en lumière votre présentation. Si la question est fermée, il faudra en conclusion infirmer ou confirmer leur intuition.

▶ Niveau 4 : question de compréhension

Pour vous assurer de la compréhension de vos messages, vous pouvez – devez – avoir recours aux questions de compréhension. Les questions de compréhension sont généralement utilisées en milieu de présentation pour faire le point sur les éléments déjà présentés et pour insister sur les points importants, en alternative à la sempiternelle conclusion des présentations traditionnelles : « Est-ce que vous avez des questions ? »

Les questions de compréhension, au nombre de deux ou trois, sont collectives. Vous pouvez créer des groupes de 3-4 personnes qui doivent s'entendre sur des réponses aux questions suivantes :

- ❑ Ce que vous retenez de la présentation ?
- ❑ Les questions que vous vous posez ?
- ❑ Ce qui vous inquiète ?
- ❑ Ce qui vous motive ?
- ❑ Ce qui vous étonne ?

D'autres questions de ce type peuvent être imaginées.

La seconde partie de votre intervention permettra ainsi d'apporter des compléments en insistant sur les points évoqués ou oubliés par vos interlocuteurs.

L'avantage de ce type de présentation et de questionnement est triple :

▶ elle donne du rythme à votre présentation en créant de l'interactivité au cœur de votre présentation, et permet de créer une écoute plus qualitative pour la seconde partie ;

▶ elle permet d'insister sur des points en particulier et de vous assurer de la rétention des messages clés ;

▶ elle permet de faire rapidement travailler les collaborateurs en collectif pour avoir des retours de meilleure qualité, en évitant les questions trop personnelles.

Ces quatre premiers niveaux de questionnement permettent de démontrer qu'il est possible de développer du participatif sans que les participants ne déforment votre message.

▶ Niveau 5 : question de choix

Enfin, le dernier type de question, qui implique un positionnement de la part des interlocuteurs, est la question de choix, ou de vote. Il est demandé aux participants de décider, de se positionner, sur les différentes possibilités proposées.

Exemple : Parmi les 3 outils suivants, quel est le plus utile pour votre activité ?

En fonction du temps à votre disposition, vous pouvez créer une question fermée, comme mentionné dans l'exemple, ou une question ouverte qui permettra d'identifier les besoins et suggestions des participants.

Il peut être judicieux de mixer les différents types de question dans votre présentation, mais assurez-vous de toujours rendre clair le but de la question : est-ce une question d'animation ou une question de positionnement ?

Enfin, n'oubliez pas : votre interlocuteur ne retiendra que trois ou quatre messages clés, plutôt liés à l'expérience vécue qu'au contenu de votre présentation en tant que tel. Avant de préparer votre intervention, posez-vous la question : « Qu'est-ce que je veux que les participants retiennent absolument ? » En répondant à cette question, vous choisirez plus aisément les éléments d'interaction à créer.

THÈME N° 11
LA MOTIVATION INDIVIDUELLE

L a motivation peut être décrite comme le moteur de l'action. Certes, il n'est pas nécessaire d'être motivé pour exécuter une tâche, mais le faire avec motivation apporte un supplément : envie, bien-être, énergie. Cette motivation est bien sûr bénéfique pour le collaborateur, mais elle a également un impact sur la tâche elle-même et tout l'entourage du collaborateur.

Le monde de l'entreprise s'inspire régulièrement du monde du sport en ce qui concerne la motivation des individus. En effet, il est assez aisé de reconnaître sur un terrain celui qui joue avec envie et celui qui n'est pas motivé. Alors, comment développer cette motivation pour tirer le meilleur de chacun ? Comment la garder sur le long terme ? Quelle est la part individuelle et la part du manager dans la motivation de chacun ?

1 — LE DÉVELOPPEMENT DE LA MOTIVATION D'UN JOUEUR

Le déclic de Karim Benzema

Avant l'arrivée de José Mourinho au Real Madrid, pendant l'été 2010, Karim Benzema était en situation d'échec. Il sortait d'une première saison madrilène traversée par le doute et les blessures, et il n'avait pas été retenu en équipe de France pour participer à la Coupe du monde 2010. Une situation inimaginable un an plus tôt, au moment de son transfert de Lyon à Madrid pour plus de 35 millions d'euros.

Karim BENZEMA

Français
Né le 19 décembre 1987 à Lyon
Attaquant du Real Madrid

CARRIÈRE DE JOUEUR
Olympique Lyonnais : 2004-2009
Real Madrid : Depuis 2009
57 sélections en équipe de France (au 30 juin 2013)

PALMARÈS DE JOUEUR
Champion de France : 2005, 2006, 2007 et 2008 (Olympique Lyonnais)
Coupe de France : 2008 (Olympique Lyonnais)
Trophée des Champions : 2006 et 2007 (Olympique Lyonnais)
Meilleur buteur du Championnat de France : 2008 (Olympique Lyonnais) : 20 buts
Champion d'Espagne : 2012 (Real Madrid)
Supercoupe d'Espagne : 2012 (Real Madrid)

Il présentait sept kilos de trop, conséquence d'un changement de vie et de pays à l'âge de 21 ans, ainsi que d'une certaine indolence à l'entraînement, sans doute. Et José Mourinho est arrivé. Il n'était pas le seul responsable de l'évolution du jeu et de l'investissement de Karim Benzema : la confiance immédiate de Laurent Blanc, le nouveau sélectionneur, lui avait fait un bien énorme.

Mais dès la rentrée 2010, José Mourinho a décidé de faire passer des messages publics, pour le piquer. C'était une alternance de vexations et de caresses. Comme cette phrase : « Si pour aller à la chasse tu n'as pas de chien mais un chat, alors tu y vas avec ton chat[117]… » Il a également moqué son état d'éveil au début de l'entraînement matinal, pour finalement expliquer, en septembre 2010 : « Je veux qu'il revienne au niveau qu'il avait à Lyon, voire davantage. Je sais qu'il a les qualités pour y parvenir, et c'est pour ça que je ne veux pas le lâcher. Il faut que Karim comprenne que, pour progresser, il doit nécessairement se donner à fond à l'entraînement, jour après jour. Il est capable d'exploiter à merveille les occasions de but qui se présentent à lui, mais je ne veux pas qu'il se contente de ça. Je veux qu'il sache aussi créer des occasions de but. Je suis très exigeant avec lui parce que je veux qu'il réussisse[118]. »

Face à ces messages-là, le joueur français n'a pas vraiment eu le choix. La relation entraîneur-entraîné, du moins avec un technicien qui a un tel ego et une telle aura, présuppose la soumission médiatique. Le joueur doit donc reprendre le message à son compte, même s'il n'en accepte qu'une partie, et s'arranger seulement pour ne pas perdre la face. Ce que Karim Benzema a résumé avec maturité, quelques mois plus tard, en évoquant longuement sa relation avec Mourinho : « À un moment, c'est vrai, il était à fond sur mon dos. Il ne me lâchait pas, et d'ailleurs je l'en remercie, parce que je n'ai pas lâché non plus. Je voulais jouer, j'ai été patient, je savais que mon heure allait arriver. Si l'entraîneur avait voulu que je parte, il me l'aurait dit. Mourinho dit les choses en face. Donc, s'il ne me met pas dehors, je reste et je me bats. J'ai compris que Mourinho n'attendait pas que je change mon jeu, mais il voulait plus de rage, me voir entrer comme un guerrier sur le terrain, avoir faim de la première à la dernière minute[119]. »

Mourinho, dans cette seconde phase, a joué tous les ballons, lançant même une flèche souterraine contre l'entourage du joueur et contre son propre président, Fiorentino Perez, à l'origine du transfert de Benzema et qui ne comprenait pas qu'il ne joue pas plus : « Autour de lui, on lui répétait qu'il devait jouer, même s'il n'était pas très bon, parce qu'on ne peut pas bloquer la progression d'un joueur qui a coûté aussi cher. Je pensais exactement le contraire : tu vas y arriver, mais seulement grâce à tes efforts, à ta persévérance, à ta conviction. Je ne vais rien te donner. Si tu ne gagnes pas, tu te noies. Mais si tu gagnes, tu sortiras beaucoup plus fort de tout ça[120]. »

Bien sûr, ce discours de motivation est beaucoup trop beau pour être honnête. Politiquement, Mourinho était dans une stratégie gagnant-gagnant en se montrant dur avec Benzema : si le Français coulait, c'est qu'il n'était pas si fort et que Mourinho avait eu raison de ne pas le faire jouer, et si le Français redevenait performant, c'était grâce à lui, José Mourinho.

La troisième phase du match Mourinho-Benzema a été constituée par la sortie de crise, en quelque sorte, et par la volonté réciproque de ne pas accorder à l'autre la seule paternité du retour en forme du joueur et de son épanouissement. En mars 2011, José Mourinho lance : « Tout le monde voit que c'est un meilleur joueur. Il a progressé parce que son entraîneur est exigeant, qu'il lui a demandé un comportement différent, à l'entraînement et sur le terrain. Et il a progressé parce qu'il s'est lui-même convaincu que c'était important pour lui. Si vous lui demandez aujourd'hui s'il a fait des sacrifices pour atteindre son niveau actuel, je pense qu'il vous répondra qu'il n'en a pas fait. Il vous répondra qu'aujourd'hui, il se sent bien dans son jeu[121]. »

Derrière le compliment, l'exigence ne s'éloigne jamais beaucoup : « C'est son droit de rater des occasions, il l'a gagné en marquant souvent. Mais il n'a pas gagné le droit de perdre cette agressivité, cette concentration, cette participation croissante au jeu, le mouvement en profondeur qu'il ne faisait pas beaucoup auparavant, sa réaction à la perte du ballon[122]. »

Le symbole de la sortie de crise aura été la confrontation finale, provoquée par Karim Benzema lui-même, un soir, à l'hôtel où le Real était rassemblé. En général, ces entrevues ne font l'objet d'aucune publicité, d'aucun commentaire. Mais cette fois, c'est comme si les deux parties voulaient absolument sous-titrer de manière personnelle l'image de la réussite revenue. Mourinho assurera : « J'aime beaucoup communiquer avec mes joueurs et j'aime encore plus quand le joueur prend l'initiative d'exposer ses doutes, ses dilemmes, comme Karim l'a fait ce soir-là[123]. »

En fait, Benzema a pris l'initiative pour lui lancer : « Titularisez-moi, et je vais vous montrer qui je suis. » Mourinho raconte : « Il m'a dit : "Dites-moi point par point quel type de comportement vous voulez que j'adopte sur le terrain. Et je vais aller exactement dans la direction que vous désirez. Je ne veux pas laisser passer ma chance à Madrid, je veux réussir, je veux gagner." À partir de ce moment-là, tout le monde a pu constater la transformation[124]. »

Karim Benzema a résumé cette relation avec son entraîneur : « J'ai vu dès notre première rencontre qu'il allait être derrière moi. C'était au centre d'entraînement, il s'était approché et m'avait dit en français, avec un grand sourire : "Ça va ?", avant d'ajouter : "J'espère que tu as laissé le Benzema de l'année dernière derrière toi." J'ai senti qu'il avait de l'affection pour moi, malgré tout ce qu'il a pu dire après. (Il sourit.) En fait, quand j'ai repris avec lui au Real, j'avais des problèmes de dos, j'avais pris du poids, j'étais déçu de ne pas avoir fait la Coupe du monde. Il disait que je devais faire plus d'efforts à l'entraînement. Il ne m'a jamais lâché. Même quand il ne me faisait pas jouer, qu'il me faisait m'entraîner dur ou quand, en conférence de presse, il me cartonnait. Mourinho m'a piqué pour que je me réveille. Et finalement, ce travail a payé[125]. »

En septembre 2011, vu d'Amérique, Jurgen Klinsmann, l'ancien attaquant et sélectionneur de l'Allemagne, a jugé de loin ce rapport de force entre l'entraîneur et l'entraîné, cette recherche de la motivation : « Je crois qu'un entraîneur doit jouer les méchants et confronter le joueur en permanence à un challenge pour le faire progresser. Physiquement, d'abord. prenez Benzema. Tout le monde a toujours dit qu'il avait du talent, mais c'est parce qu'il a perdu sept kilos et qu'il est au top qu'il est en train d'exploser. Mentalement aussi. Mais ça, c'est le joueur qui décide. Vous pouvez avoir le joueur le plus fort au monde, s'il n'a pas la capacité mentale à aller au-delà d'un certain niveau, son talent ne sert à rien[126]. »

Mais en même temps, tout se tient : le fait qu'il ait perdu sept kilos a plus pesé dans son retour que le discours de Mourinho, mais le discours de Mourinho a aussi pu le pousser à perdre sept kilos. Et dans le discours, les mots ne sont pas seuls. Il y a le charisme, la manière de le dire. En général, Mourinho sait s'arranger pour être entendu. Et compris. Jusqu'à ce qu'un conflit de trop érode la force de son discours, certes, ainsi que l'a montré la fin de son expérience madrilène, au printemps 2013, avant son départ à Chelsea.

La motivation : une ressource individuelle mise à disposition du collectif

Il n'est pas suffisant d'être doué et de s'être entraîné durement, il faut donc croire en soi. L'entraîneur, aujourd'hui, n'est pas seul à actionner ces leviers : la personnalisation de la démarche du joueur, l'individualisation de l'approche d'un sport collectif le poussent à consulter, parfois, un préparateur mental. Mais l'entraîneur continue d'incarner l'autorité, et sa légitimité vient aussi de sa vision globale.

Il poursuit l'intérêt du club, et si c'est une vision antagoniste, parfois, de l'intérêt du joueur, celui-ci reconnaît l'autorité de son entraîneur sur cette base. La difficulté de la motivation directe d'un joueur par son entraîneur vient évidemment des discours parasites. Un entraîneur a parfois l'impression qu'avec certains de ses joueurs, le dernier qui a parlé a toujours raison ; il n'a donc jamais raison très longtemps. Le manager, l'épouse, les frères, les amis viennent sans cesse brouiller le message.

À Lyon, Rémi Garde constate l'évolution des comportements individualistes et la difficulté de confronter les joueurs aux problèmes qu'ils suscitent ou à leurs limites du moment : « Entre le mercato d'été et le mercato d'hiver, il n'y a jamais de période vierge d'arrière-pensées de transfert. Les règlements font que les joueurs peuvent privilégier leur trajectoire personnelle à celle du collectif. Sans jouer aux anciens combattants, jusqu'à l'arrêt Bosman, si tu ne réussissais pas dans un club majeur comme Lyon, tu risquais de ne réussir nulle part. Quand tu avais un problème, tu le réglais plutôt que de le contourner. Aujourd'hui, il y a tout un tas de gens qui gravitent autour des joueurs et au lieu de leur expliquer, de les aider à résoudre leur souci, eh bien, ils leur disent : "Dans trois mois, le problème est oublié on va voir ailleurs." Or, moi, mon staff, l'institution, on a un mal fou à lutter face à ce type de discours[127]. »

Motiver à long terme ?

La motivation à long terme se conçoit donc essentiellement pour les joueurs qui ont signé un contrat de longue durée, et encore. Pour les autres, les entraîneurs ont une vision plus courte de l'avenir. Selon leur profil d'éducateur, ils peuvent être sensibles, ou non, à la progression individuelle de leur joueur à moyen terme, mais ils sont d'abord là pour préparer les conditions de la performance lors du week-end suivant.

Dans la motivation du joueur, il faut bien sûr faire la différence entre le titulaire et le remplaçant, tout en faisant croire au remplaçant que le traitement est le même. Description de Roberto Mancini, l'ancien manager italien de Manchester City : « Les joueurs de classe mondiale sont ceux qui vous font gagner des matchs, qui font quelque chose de plus que les autres à l'entraînement, qui rendent une équipe plus forte. Mais ils pensent parfois qu'ils sont intouchables. Donc, mon boulot, c'est de faire en sorte que le joueur de classe mondiale se sente partie prenante de l'équipe. Qu'il soit un exemple pour tous ses coéquipiers. Il peut être en colère s'il ne joue pas, mais il doit être positif pour le groupe[128]. »

Les mêmes ressorts de motivation ?

En arrivant à Lyon en 2005, Gérard Houllier, qui venait de gérer avec succès Steven Gerrard et Michael Owen à Liverpool, avait immédiatement décidé qu'il fallait entourer le Brésilien Juninho d'attentions particulières. Mais c'est le risque : pour entretenir la motivation et l'ego du joueur le plus décisif, le club lyonnais a froissé ses coéquipiers. Déclarations de Govou, au printemps 2006 : « Proclamer Juninho "star de l'équipe" a posé de gros problèmes à de nombreux joueurs importants de l'équipe. On a fini par comprendre qu'il y avait lui et les autres. Ce qui a fini par porter atteinte à ce qui faisait la force de Lyon depuis plusieurs années : la cohésion du groupe. Il y a eu davantage de comportements égoïstes. Juninho a changé d'attitude sur le terrain. Pendant les matchs, il voulait être le sauveur, il était plus nerveux et il a commencé à nous engueuler sur le terrain. Les autres joueurs ne l'écoutaient plus[129]. »

Mais pour faire d'Éric Cantona un grand joueur de club, il a bien fallu qu'Alex Ferguson, à Manchester United, en fasse un cas particulier. Cantona ne s'était épanoui nulle part en France, ni à Auxerre, ni à Marseille, où il s'opposait aux méthodes de Bernard Tapie, ni à Montpellier ou Nîmes. Il avait explosé en six mois à Leeds, champion d'Angleterre en 1992, mais c'est sa relation avec Ferguson qui l'a transformé. Même en équipe de France, il continuerait jusqu'au bout à se battre contre des moulins et des fantômes, privé de l'Euro 96 et de la Coupe du monde 1998 parce qu'Aimé Jacquet pensait que sa personnalité inhibait les autres. Donner confiance à un grand joueur, respecter son unicité, en faire un modèle pour les jeunes (Beckham a toujours dit que la fréquentation de Cantona l'avait élevé) : la recette de Ferguson était la bonne, avec Cantona.

Le discours motivateur de l'entraîneur est toujours entendu partiellement par l'entraîné. Le joueur entend bien ces déclarations d'amour qui visent à le valoriser et à l'impliquer, mais il préfère les preuves d'amour : il doit jouer pour croire vraiment ce que l'entraîneur lui dit. Et quand il ne joue pas, il a souvent envie de confronter l'entraîneur à son discours de motivation. C'est une question centrale dans le management des joueurs : faut-il se justifier auprès du joueur qui reste sur le banc, et si oui, faut-il lui dire la vérité ? Pour Roberto Mancini, il n'y a pas de règle : « Ça dépend des situations. Parfois je l'explique à un joueur avant un match, parfois après. Je dois penser à l'équipe dans son ensemble et pas seulement à un joueur[130]. »

L'autre difficulté de la motivation par l'entraîneur est qu'elle intervient dans un contexte de confort extrême pour les joueurs, voire de trop-plein. Alex Ferguson souligne : « Un entraîneur, aujourd'hui, est un manager d'hommes qui gère des ego, des personnalités différentes et qui doit motiver des joueurs qui ont tout[131]. » Dans la plupart des clubs modernes, le boulot du manager est de motiver un joueur qui gagne beaucoup plus d'argent que lui, et dont l'avenir, contrairement au sien, ne dépend pas du match suivant.

2 — LE DÉVELOPPEMENT DE LA MOTIVATION D'UN COLLABORATEUR

La relation entre Mourinho et Benzema illustre bien la notion principale de la motivation : elle appartient à l'individu lui-même. Le manager peut insister, pousser un individu, tenter de lui donner envie... si le collaborateur n'a pas envie de se mettre en action, il ne se passera rien. Alors comment le manager peut-il agir sur la motivation des membres de son équipe ? Quels sont les outils à utiliser pour créer les conditions de la motivation ?

L'expérience nous amène souvent à observer les mêmes erreurs.

Créer les conditions… les bonnes conditions

L'erreur principale des managers est d'analyser la situation des membres de son équipe à travers son propre prisme. En caricaturant un peu, cela donne à peu près cette réflexion : « Moi, ce qui me motive, c'est quand j'ai des objectifs importants que je dois atteindre seul, sans l'aide des autres... Alors je vais fixer à mon collaborateur des objectifs personnels très élevés pour le motiver... » Or, comme la motivation est un élément intime, personnel, il n'est pas sûr que ce qui fonctionne pour soi-même fonctionne de la même façon pour ses collaborateurs. Et ce qui fonctionne pour l'un ne fonctionnera pas forcément pour l'autre.

Le premier élément de la motivation revient donc à bien écouter chacun de ses collaborateurs. Si l'on ne connaît pas les leviers de motivation de chacun d'entre eux, difficile d'identifier les conditions à créer pour que

la motivation se manifeste. C'est ainsi que Roberto Mancini le rappelle :
« Il n'y a pas de règle, cela dépend des situations. »

Motivation ou satisfaction ?

La deuxième erreur la plus répandue chez les managers est de confondre
motivation et satisfaction.

Les éléments de satisfaction sont les éléments qui permettent d'exercer
son travail de façon convenable : connaître son rôle, avoir les outils à
disposition, avoir des réponses à ses questions, etc. C'est ce dont chacun
a besoin au quotidien.

Les éléments de motivation sont les éléments qui permettent d'avoir un
supplément d'action, une envie plus grande, un climat plus positif. C'est
ce qui donne envie aux collaborateurs de donner plus, de s'engager, de
se surpasser.

La différence majeure entre ces deux types de facteurs est la réaction
qu'ils provoquent chez l'individu lors de leur obtention.

Exemple : lorsque l'on change votre ordinateur vétuste pour un ordinateur
plus récent, la réaction est plutôt « ouf ! » ou « enfin ! ». En revanche,
lorsque l'on vous confie le dossier sur lequel toute l'équipe souhaite
travailler, la réaction est plutôt « wow ! ».

Il est extrêmement difficile de jouer sur la motivation, de tenter de la
développer si la satisfaction n'est pas comblée.

Expérience vécue : un manager vient nous voir en nous disant : « Je ne
sais plus quoi faire pour motiver mon équipe. Ils sont démobilisés. Je les
ai invités à jouer au bowling pour les motiver, mais ça n'a rien changé. »

Cet exemple illustre parfaitement l'erreur souvent commise par les managers : au lieu de se préoccuper des éléments de satisfaction non comblés au sein de leur équipe, ils tentent d'influer sur leur motivation.

Au lieu d'organiser des moments uniquement conviviaux, les managers peuvent organiser des rencontres où chaque collaborateur peut donner son avis sur l'activité, faire part de ses tracas, de ses irritants au quotidien. Les exprimer permettra de réduire fortement l'insatisfaction et créera les bases d'une future motivation.

Développer la satisfaction quand on n'a pas la main...

La première phase est la phase d'écoute : comment mieux connaître chacun de ses collaborateurs et notamment ce qui le motive, ce qui l'empêche de bien réaliser son travail aujourd'hui. Cette phase d'écoute est primordiale pour créer les conditions de la motivation. Elle peut également avoir un effet de catharsis : lorsque les collaborateurs ont eu l'occasion d'exprimer leurs difficultés et leurs attentes, une grande partie de l'insatisfaction peut être comblée.

Une fois identifiés les éléments de satisfaction et de motivation de chaque individu, comment agir ?

Si vous avez la main sur les problématiques évoquées par vos collaborateurs, parfait ! Vous pouvez agir, montrer que vous êtes derrière eux et faire avancer les choses.

Si vous n'avez pas la main, montrez à votre collaborateur que vous faites avancer les choses. Identifiez avec lui les pistes pour faire évoluer la situation. Aidez-le à contacter les bonnes personnes, mettez-le en contact avec des personnes en capacité de résoudre ses problématiques.

Enfin, troisième possibilité : vous faites face à des demandes irréalistes de la part de votre collaborateur (augmentation de salaire démesurée, demande de moyens irréalistes, etc.). Vous devez affronter la situation et montrer à votre collaborateur que sa demande est injustifiée et/ou démesurée. L'erreur serait de l'entretenir dans une croyance que la situation va évoluer. Il vaut mieux dire les choses à ce moment-là plutôt que de laisser croire que cela peut changer, et donc l'entretenir dans sa situation de résistance et de démotivation.

Faut-il, comme dans le football, impliquer d'autres personnes ?

Dans l'exemple décliné plus haut, José Mourinho n'hésite pas à faire des déclarations publiques pour piquer au vif la fierté de Karim Benzema. Est-ce une bonne idée dans le monde de l'entreprise ? Faut-il piquer au vif un collaborateur publiquement ? Disons que c'est une bonne idée... quand c'est la dernière possibilité qu'il vous reste. C'est une arme à double tranchant. Soit cela réussit, vous avez découvert le levier de motivation qui le caractérise et vous disposez alors d'un équipier motivé qui avait besoin d'une remise en cause personnelle.

Soit cela échoue et les conséquences peuvent être lourdes : pour lui, car il peut se sentir vexé, humilié, et décider de lâcher prise complètement, pour les autres membres de l'équipe, qui peuvent craindre de subir le même sort. Pour vous enfin, parce que vous avez perdu un joker important et qui s'est révélé inefficace.

Que penser de la motivation par la peur, par la contrainte ?

« Si tu ne marques pas à ce match, tu ne seras pas titulaire la prochaine fois ! » La motivation par la peur, par la contrainte, est également souvent utilisée par les entraîneurs. Cela crée une tension chez le footballeur qui va se surpasser pour éviter de sortir de l'équipe lors de la prochaine rencontre. Si ce levier est efficace dans le football, notamment parce que le manager doit choisir 11 joueurs pour chaque match, qu'en est-il pour le manager d'entreprise ?

Dans le contexte professionnel, il est fortement déconseillé de chercher à faire en sorte que le collaborateur se surpasse en utilisant la menace, la peur, la contrainte. Cela mène généralement à :

▶ une motivation éphémère, qui doit être renouvelée régulièrement par de nouvelles contraintes ou menaces. Cela n'est pas viable à long terme ;

▶ une détérioration de la relation avec son collaborateur. L'engagement sera dicté par la contrainte et non par l'envie. Cela entraîne la relation avec son collaborateur sur une tendance négative ;

▶ un risque de stress et de déprime chez le collaborateur, qui peut craquer sous toute cette tension négative et oppressante.

GRILLE D'ATELIER N° 11
CRÉER LES CONDITIONS DE LA MOTIVATION

Gallup[132] est une société leader dans le domaine de la mesure et de l'analyse des comportements humains. Son activité principale est donc notamment d'interroger managers et collaborateurs, d'analyser leurs réponses et d'en tirer des enseignements. Afin d'identifier et de mesurer les caractéristiques d'un environnement de travail propice à la motivation de chacun, les consultants de Gallup se sont lancés dans la réalisation d'une étude d'envergure, dont ils livrent leurs conclusions dans leur excellent ouvrage *Manager contre vents et marées. Développer les talents dans l'entreprise*[133]. La conclusion de cette étude repose sur une liste de 12 questions, les 12 questions que se posent les meilleurs salariés (les plus motivés, les plus productifs, les plus utiles à leur société).

Ces 12 questions sont les suivantes :

1. Suis-je au courant de ce que l'on attend de moi au travail ?
2. Ai-je le matériel et les outils de travail dont j'ai besoin pour faire correctement mon travail ?
3. Au travail, ai-je l'occasion de faire quotidiennement ce que je sais faire le mieux ?
4. Au cours de la dernière semaine, ai-je reçu des marques de reconnaissance ou des félicitations pour avoir bien effectué mon travail ?
5. Ai-je l'impression que mon supérieur ou une autre personne de ma société s'intéresse à moi en tant qu'individu ?

6. Au travail, quelqu'un encourage-t-il mon développement personnel et professionnel ?

7. Mes opinions semblent-elles avoir du poids au sein de l'entreprise ?

8. La mission/les objectifs de ma société me donnent-elles le sentiment que mon travail est important ?

9. Mes collaborateurs s'engagent-ils à fournir un travail de grande qualité ?

10. Ai-je un(e) très bon(ne) ami(e) là où je travaille ?

11. Au cours des six derniers mois, quelqu'un au travail m'a-t-il fait part de mes progrès ?

12. Dans mon entreprise, ai-je eu l'occasion d'apprendre et d'évoluer ?

Ces 12 questions sont exigeantes, mais elles peuvent constituer une véritable feuille de route pour tout manager souhaitant créer les conditions de la motivation de chacun dans son équipe.

Ces questions sont classées dans un ordre spécifique. Les premières agissent plutôt sur la satisfaction. La réponse à ces questions comble la satisfaction. Les suivantes deviennent de plus en plus exigeantes et influent plus fortement sur la motivation de chacun.

Le salaire n'est pas mentionné dans ces questions, car à moins d'être réellement sous-payé par rapport à un environnement donné, le salaire constitue un élément de satisfaction (une hausse de salaire n'a une influence positive que de quelques jours) plutôt qu'un élément de motivation. *A contrario*, les primes, qui conduisent chacun à se dépasser, influent réellement sur la motivation.

THÈME N° 12
LA MOBILISATION DE L'ÉQUIPE

Comme rappelé dans la première partie, la différence entre un bon et un excellent manager se fait non pas sur la technique, mais bien sur la capacité de mobilisation de ses équipes. Si le monde du football est pris en exemple à juste titre, le monde de l'entreprise comporte également de nombreux managers mobilisateurs. Dans un monde plus individuel, comment faire passer l'idée d'un objectif collectif, comment faire en sorte que tout le monde soit mobilisé derrière une mission, des objectifs communs. Faire adhérer est une chose, mais mettre en mouvement tout un collectif en est une autre.

La plupart des entraîneurs que nous avons rencontrés nous ont parlé des qualités de mobilisateur de José Mourinho. Alors, quels sont ses secrets ?

1 — LA MOBILISATION D'UNE ÉQUIPE DE FOOTBALL

José Mourinho : le mobilisateur par excellence

Il est à peu près admis que le contenu des entraînements ne fait pas la différence entre les entraîneurs. Et qu'au niveau tactique, c'est-à-dire l'organisation de l'équipe en match, personne n'invente plus rien, puisque tout a été essayé.

José MOURINHO

Portugais
Né le 26 janvier 1963 à Setubal
Entraîneur de Chelsea

CARRIÈRE D'ENTRAÎNEUR
Benfica : 2000
UD Leiria : 2001-2002
FC Porto : 2002-2004
Chelsea : 2004-2007
Inter Milan : 2008-2010
Real Madrid : 2010-2013
Chelsea : Depuis 2013

CARRIÈRE DE JOUEUR
Rio Ave : 1980-1982
Belenenses : 1982-1983
Sesimbra : 1983-1985

PALMARÈS D'ENTRAÎNEUR
Ligue des champions : 2004 (FC Porto) et 2010 (Inter Milan)
Coupe de l'UEFA : 2003 (FC Porto)
Champion d'Espagne : 2012 (Real Madrid)
Champion d'Italie : 2009 et 2010 (Inter Milan)
Champion d'Angleterre : 2005 et 2006 (Chelsea)
Champion du Portugal : 2003 et 2004 (FC Porto)
Supercoupe d'Espagne : 2012 (Real Madrid)
Supercoupe d'Italie : 2008 (Inter Milan)
Community Shield :2005 (Chelsea)
Supercoupe du Portugal : 2003 (FC Porto)
Coupe d'Espagne : 2011 (Real Madrid)
Coupe d'Angleterre : 2007 (Chelsea)
Coupe d'Italie : 2010 (Inter Milan)
Coupe du Portugal : 2003 (FC Porto)
Coupe de la Ligue anglaise : 2005 et 2007 (Chelsea)

Tactiquement, les entraîneurs peuvent vraiment surprendre une ou deux fois par an, et il importe de choisir le bon jour pour cela. Alors, la véritable signature des entraîneurs est leur management de l'équipe, et principalement de sa motivation. C'est dans ce domaine que le coefficient personnel est le plus important. C'est dans ce domaine que José Mourinho fait la plus grande différence, si l'on en croit ses joueurs, passés et actuels.

Karim Benzema décrit ainsi le poids des paroles et l'aura de son entraîneur d'alors au Real Madrid : « Il gagne partout, et c'est énorme, déjà. Ensuite, il est proche des joueurs, il est tout le temps avec nous. Il transmet toute la gagne qu'il a en lui à tous les joueurs, pour qu'on entre sur le terrain morts de faim. Il fait des coups, il tente, il provoque la réussite. Et il gagne partout où il passe. Tout le monde le respecte et tout le monde fait ce qu'il dit[134]. »

La clé du bon fonctionnement du groupe est que même les joueurs qui sont remplaçants l'apprécient. Tiago, l'ancien joueur de Lyon, qui l'a connu à Chelsea où il ne jouait pas tout le temps, résume : « C'est simple, c'est comme s'il était l'un d'entre nous. Avec lui, tout le monde a sa chance et tous ceux qu'il a choisis ont leur utilité[135]. »

Un de ses anciens joueurs de Porto, club avec lequel il a remporté la Ligue des champions en 2004, a révélé la lettre de motivation que José Mourinho envoyait à chacun de ses joueurs avant le début de la saison. Elle commençait par « Cher » suivi du prénom du joueur, et se poursuivait ainsi[136] :

« Bienvenue au FC Porto. J'espère que les vacances t'ont laissé "présentable" et que tu as bien rechargé tes batteries question motivation et ambition.

Être champions, c'est toujours notre objectif. Un objectif quotidien, une motivation constante et permanente, une lumière qui nous guide à partir d'aujourd'hui. Chaque entraînement, chaque jeu, chaque minute de notre vie professionnelle et sociale est centrée sur cet objectif qui, je le répète, est LE NÔTRE. Quand je suis arrivé au club, j'ai promis de la franchise, de la communication, de la qualité de travail et, évidemment, je dois maintenant renouveler ces promesses. Elles vont se développer et notre équipe va continuer d'évoluer. Nous partons dès à présent sur une base solide, qu'on doit encore faire progresser. Moi-même et le club croyons en toi. C'est précisément pour ça que tu es ici. L'équipe est équilibrée, chacun de ses postes est doublé. Parfois triplé. Être titulaire ne sera jamais le mot adéquat tant la qualité technique de l'ensemble que nous formons est grande. Mais j'ai besoin de tous parce que la route est longue et difficile. Chacun sera une option, chacun sera un apport pour l'équipe. Vous tous avez besoin les uns des autres. Mon collaborateur, Antonio André, a cette phrase que je trouve fantastique : "Seule l'équipe compte. Quand un joueur qui n'est pas convoqué voit le match des tribunes, il ne doit pas accepter que quelqu'un critique ses collègues." J'ajoute : motivation + ambition + esprit d'équipe = SUCCÈS.

Amitiés et beaucoup de bonheur pour nous tous. »

Signé : José Mourinho

Pour entretenir la motivation de ses équipes, José Mourinho utilise deux armes. Le rapport direct, la conviction par l'aura et les mots, choisissant le moment pour la proximité ou la distance. Son autre arme est médiatique : il s'en sert pour défendre son équipe, mais aussi pour lui faire passer un message, pour la motiver, quitte à être de mauvaise foi, quitte à en faire des tonnes, quitte à se mettre le reste du monde à dos. C'est même parfois le but du jeu, un message subliminal adressé à ses joueurs : ils sont seuls contre le reste du monde, et ne peuvent donc compter que sur eux. Et sur leur entraîneur, bien sûr.

Alex Ferguson, qui a ferraillé contre lui en Angleterre, se souvient : « Le challenge Mourinho, c'était le challenge de l'intelligence, de la confiance en soi. Il m'a fallu relever ce défi. Ce type est intelligent. À chaque fois qu'il s'exprime dans les médias, il galvanise son équipe. Il a un effet terrible sur ses joueurs[137]. »

Le sélectionneur italien, Cesare Prandelli, observe : « Aujourd'hui, il n'existe plus que deux types d'entraîneur. Ceux qui savent faire grandir les jeunes, comme Arsène Wenger et Pep Guardiola, et ceux qui savent gérer les stars, comme Mourinho. Lui, il a le talent pour imposer ses vues à ses joueurs. Il les contraint à jouer à d'autres postes que les leurs, et malgré cela, tout le monde l'aime et le craint comme s'il était Alexandre le Grand ou Napoléon[138]. »

Un journaliste anglais, Patrick Barclay, a écrit une biographie intitulée *Mourinho, l'anatomie d'un vainqueur*[139] et a expliqué : « S'il faut utiliser les médias pour mettre la pression sur l'adversaire, un entraîneur ou un arbitre, cela ne le dérange pas. Il est même très fort à ce jeu-là, quitte à devenir paranoïaque par moments. Mais seul le match suivant l'intéresse. Ses joueurs l'adorent, il considère qu'ils sont les meilleurs du monde et les voit comme des dieux. Sauf quand ils sont blessés : avec lui, quand vous êtes blessé, vous n'existez pas[140]. »

Comme si l'obsession de la compétition le poussait seulement à se tourner vers ceux qui sont compétitifs.

Mobiliser à long terme

Il faut faire la différence entre l'entretien de la motivation de l'équipe sur le long terme, en regard d'objectifs à atteindre, et l'impact de la motivation à court terme, dans le cadre de la causerie d'avant-match.

Le long terme commence au premier entraînement de la préparation, généralement au cœur du mois de juillet, loin, très loin des trophées du mois de mai suivant. Aveu d'Alex Ferguson : « Quand nous nous retrouvons après les vacances, j'observe toujours longuement les joueurs, leurs attitudes, leurs humeurs. Est-ce qu'ils ont l'air de se satisfaire de leurs réussites passées, ou est-ce que, comme moi, ils sont toujours affamés d'autres succès[141] ? »

L'envie de gagner est un entretien quotidien, puisque l'entraîneur ne peut pas se permettre qu'il s'agisse d'une disposition naturelle inégalement partagée dans son effectif. Pour l'entretenir, tous les moyens sont bons. Le sélectionneur américain Jurgen Klinsmann a raconté un jour que, comme le célèbre entraîneur de basket NBA Phil Jackson, qui dirigeait Michael Jordan à Chicago puis Kobe Bryant aux Los Angeles Lakers, il essayait de faire lire un livre de philosophie à ses joueurs, à l'occasion. Comment ? « En leur disant que c'est bon pour eux. Mais il faut toujours veiller à ce que cela n'interfère pas dans leur vie privée, parce qu'ils ont aussi besoin de récupérer. En tant que sélectionneur, vous pouvez toujours vous demander si le temps dont vous disposez avec les joueurs est suffisant pour avoir une influence sur eux. À tous les niveaux[142]. »

Fixer un cadre pour emmener l'équipe entière

L'entretien de la motivation et celui de la discipline sont deux quêtes voisines, ainsi décrites par Guy Roux : « Il faut toujours que les joueurs adhèrent à votre projet, ce qui veut dire avoir assez d'autorité naturelle pour les convaincre qu'il faut bien manger, bien se soigner, bien dormir. Les joueurs, ils ont envie de faire les pitres, c'est normal. Mais si tu les punis, ne te punis pas toi-même. Si mon meilleur joueur a fait l'idiot pendant la semaine, que je le sors de l'équipe et que je perds le match, j'ai l'air de quoi ? Donc, il faut trouver autre chose. Moi, je n'ai jamais pratiqué les amendes, parce que le salaire, c'est sacré. La punition, c'était plutôt un entraînement supplémentaire dans la colline[143]. »

Les jours de match, c'est autre chose. Le rituel, c'est la causerie, deux ou trois heures avant le coup d'envoi, au moment de la collation, dans le salon impersonnel d'un hôtel, avec un écran ou un paper board pour rappeler les bases tactiques du match à venir. Et le discours. Il est souvent imprégné d'analogies guerrières. Guardiola, avec Barcelone, avait diffusé des images du film *Gladiator* avant un match important. Il n'est pas le seul. À Lille, Rudi Garcia l'a fait également et a expliqué : « Une somme d'individualités dans une arène qui doivent s'organiser pour sauver leur peau, ça nous parle forcément. D'autres fois, comme avant la finale de la Coupe de France 2011, je leur ai plutôt diffusé des images de joie collective, de buts, et même de leurs enfants[144]. »

Le manager, à l'approche du match, doit forcément s'adapter aux différences culturelles. Arsène Wenger remarque : « Un entraîneur, en France, demande le silence et la concentration. En Angleterre, dans le vestiaire, avant le match, c'est la joie. Quand je suis arrivé à Arsenal, j'ai découvert un bordel pas possible dans le vestiaire. Je ne suis pas intervenu, j'ai observé un peu, et je me suis rendu compte que ça ne les empêchait pas de jouer et qu'il était plus agréable d'écouter de la musique avant un match que de faire la gueule. Ce sont les joueurs qui choisissent la musique. Dans les pays latins, ce sont les signes de croix, le silence, et en Angleterre, la musique[145]. »

Diego Maradona, l'ancien génie déjanté de l'Argentine, a vécu son premier match de sélectionneur argentin en Écosse en novembre 2008, débutant par une victoire (1-0). Mais son management était parcellaire. Il avait un seul langage, tout venait des tripes, pas assez du cerveau. La motivation d'une équipe s'entretient par des registres différents et complémentaires. Le journal *Nación*, au soir de sa première victoire, l'avait prévenu : « Jusqu'ici, tout a été adrénaline de la nouveauté, exagérée par le phénomène Maradona. Mais aujourd'hui commence son vrai travail, là où continuité et persévérance seront primordiales. » Ce jour-là, à Glasgow, Maradona s'est adressé à ses joueurs un à un, à l'hôtel, pour les motiver, et faire passer son message, toujours le même. Avant le match, dans le vestiaire, il leur a lancé : « Je ferais n'importe quoi pour jouer cette rencontre, je serais même prêt à jouer gardien. Vous ne savez pas à quel point je vous envie, bande de fils de p... »

Ce discours a fonctionné pendant quelques matchs. Ensuite, les joueurs auraient eu besoin d'un autre discours, plus structuré. En tirant sans cesse le même fil, en raison de son absence de formation au métier et de ses limites naturelles, Maradona l'a usé, jusqu'à ce qu'il se brise.

Les causeries de Gérard Houllier étaient réputées à Lyon. Surtout depuis qu'un joueur qui était allé aux toilettes juste avant la causerie l'avait surpris à répéter son discours devant la glace. On disait qu'il gardait ses causeries, année après année, pour s'en resservir selon la nécessité. Il décrit ainsi sa démarche : « La causerie, j'y pense parfois deux ou trois jours avant le match, je note quelques petits trucs que je vais dire, mais le plus gros se fait le jour même. La veille au soir, je fais souvent le plan et j'essaie de varier. Dans les causeries, il ne faut pas toujours dire la même chose. Il faut savoir toucher des fibres différentes à chaque fois[146]. »

On retrouve la même recherche de variété, forcément, chez les managers qui durent, comme Alex Ferguson : « Je fais attention à tous mes discours de vestiaire et j'essaie toujours d'introduire dans la tête des joueurs une idée valorisante. D'une manière générale, il faut toujours susciter chez les joueurs cette soif de connaissance, cet appétit d'apprendre et plus important encore, cette volonté de prendre des responsabilités. Le problème, pour moi, c'est le nombre de speechs que j'ai pu donner au fur et à mesure des années et que les mêmes joueurs ont entendu match après match. J'essaie de me renouveler, d'avoir des idées inédites, des vecteurs de motivation différents que les joueurs puissent trouver intéressants. Cela tourne souvent autour de la nature humaine[147]. »

La nécessité de surprendre pousse aussi, parfois, à ne pas actionner les leviers attendus le jour du match le plus important d'une carrière. Le taciturne sélectionneur de l'Espagne, Vicente Del Bosque, le jour de la finale de la Coupe du monde 2010, n'a pas cherché à faire grimper ses joueurs aux rideaux, confiant : « Je ne suis pas amusant, ni spécialement enjoué, mais je suis un passionné du football. Et je ne crois pas être si sérieux. Le jour de la finale, j'ai dit aux joueurs : "Nous sommes des romantiques du football. Nous aimons le football et aujourd'hui nous allons jouer cette finale." Nous n'avons pas parlé des problèmes tactiques, tout le monde savait ce qu'il avait à faire. J'ai dit aux joueurs : "N'attendez pas de moi un discours patriotique ou défensif comme si nous étions des soldats venus défendre je ne sais quoi. On va aborder cette finale comme ce que nous sommes. On va jouer le meilleur match qu'un footballeur puisse disputer dans une carrière : la finale de la Coupe du monde. Voilà." Je n'ai pas dit que nos familles et toute l'Espagne nous regardaient, des choses comme ça[148]. » La meilleure causerie sera toujours de ne rien dire le jour où il n'est pas nécessaire de parler.

2 — LA MOBILISATION D'UNE ÉQUIPE DANS L'ENTREPRISE

Une définition de la mobilisation

Mobiliser, c'est développer l'énergie pour mettre en mouvement vos équipes en vue de réaliser une performance.

La mobilisation de l'équipe, qui est en quelque sorte la motivation collective, repose sur trois éléments : l'adhésion, l'exécution et la cohésion. Si l'un des trois éléments vient à manquer, on ne peut pas parler de mobilisation.

▶ L'adhésion

L'adhésion est la première étape de la mobilisation. Pour vous assurer de mettre en mouvement vos équipes, vous devez dans un premier temps communiquer et vous assurer que vos collaborateurs comprennent ce que vous exprimez, mais aussi qu'ils sont d'accord. Vos outils pour vous assurer de l'adhésion de votre équipe sont la communication et l'écoute des réactions.

▶ L'exécution

Une équipe qui est d'accord sur le papier mais qui n'avance pas n'est pas une équipe mobilisée. Une fois votre discours entendu et accepté, il faut que votre équipe se mette en action. Pour cela, assurez-vous qu'elle ait les moyens pour le faire.

▶ La cohésion

Enfin, une équipe mobilisée sera d'accord avec l'objectif commun, se mettra en action, dans une logique collective. Si chacun réalise les actions comme il le désire, le mouvement ne durera qu'un temps. Assurez-vous de prendre du recul pour observer la dynamique collective de votre équipe : partagent-ils leurs actions, avancent-ils en cohérence ?

La posture du manager mobilisateur

La plupart des entraîneurs que nous avons rencontrés pour l'écriture de ce livre nous ont parlé des capacités de mobilisation de José Mourinho.

Il communique individuellement avec ses joueurs. Chacun au début de la saison reçoit sa lettre personnalisée.

Il rappelle l'objectif commun. Dans sa lettre, il le mentionne à chacun des collaborateurs. Il est ainsi connu de tous.

Il place l'individu au cœur des objectifs de l'équipe : comment chacun va contribuer à la réalisation commune, quelle est son utilité au groupe.

Les attentes spécifiques : chacun sait particulièrement ce qui va lui être demandé tout au long de l'année.

Il défend son équipe en toute occasion : à l'extérieur, et notamment à travers les médias.

Il est toujours positif : il transfère la confiance forte qu'il a dans la réalisation de l'objectif commun.

Il rappelle les valeurs de l'équipe. Dans sa lettre, il conclut par ce qu'il veut voir se développer au sein de l'équipe.

Il n'élude pas les sujets tabous : il parle du terme « titulaire » ou « remplaçant » en rappelant que tous vont jouer des rôles différents, mais que c'est le propre de la compétition.

Que pouvons-nous importer dans l'entreprise ?

Partager visuellement les objectifs collectifs

La représentation visuelle de l'objectif majeur dans le football est simple : elle est caractérisée par le classement au championnat. Dans tous les vestiaires de France et de Navarre, vous trouverez un panneau reprenant le classement du championnat en cours. Dans l'entreprise, certaines équipes utilisent un tableau de bord simplifié qui comporte quelques indicateurs clés permettant de savoir en un coup d'œil l'état de réalisation des objectifs spécifiques qui contribuent à l'objectif majeur.

Pour bâtir le tableau de bord de votre équipe, vous devez identifier les éléments de mesure indiquant que l'objectif majeur est atteint. Ces indicateurs peuvent être classés en quatre catégories, selon l'outil Balanced Scorecard développé par Robert Kaplan et David Norton de la Harvard Business School :

▶ Processus internes

Nous retrouvons dans cette première catégorie d'indicateurs les éléments relatifs à la production et à la productivité : quels sont les processus clés de notre équipe ? Comment fonctionnent-ils ? Atteint-on la productivité attendue ? Atteint-on les résultats sur les éléments majeurs de notre équipe ?

▶ Satisfaction client

Le second axe de mesure concerne la qualité produite et perçue par les clients. Les indicateurs peuvent être un taux de satisfaction mesuré, des taux de réclamation, des taux de retour, des enquêtes clients.

▶ Développement humain

Tout ce qui concerne le développement humain se retrouve dans cette catégorie. On peut retrouver des éléments comme le taux de présence, les formations dispensées, des éléments relatifs au climat de travail.

▶ Finances/Budget

Enfin, pour les managers qui doivent tenir compte d'un budget, il est possible de partager les indicateurs suivants : état des finances, nombre d'heures produites, coût de réalisation de projets, coût de production.

Il est possible, à partir de ces quelques indicateurs, de créer une matrice simple qui permettra à toute l'équipe de connaître l'état d'avancement et de réalisation de l'équipe.

Surprendre et se renouveler

Enfin, pour maintenir une motivation forte, il faut prendre exemple sur les footballeurs, maîtres dans l'art de créer les conditions de la mobilisation. Comment pouvez-vous vous renouveler, surprendre votre équipe, jouer sur des ressorts de motivation et de mobilisation différents ? Comment maintenir l'objectif commun au-dessus de tous les objectifs individuels ? Comment responsabiliser les collaborateurs, faire qu'ils se sentent à la fois uniques mais fortement contributeurs au projet collectif ? Pour cela, il ne faut pas hésiter à briser le confort afin de créer un déséquilibre qui permettra cette remise en cause.

GRILLE D'ATELIER N° 12
BÂTIR UNE RENCONTRE MOBILISATRICE

La mobilisation de l'équipe passe très souvent par un moment fédérateur, un moment de rassemblement qui permet non seulement de se rappeler l'objectif commun, mais aussi de développer la cohésion et la dynamique de l'équipe.

Voici quelques suggestions pour créer et animer une rencontre fortement mobilisatrice.

▶ Temps 1 : créez l'ouverture

Si vous souhaitez que les gens participent à votre rencontre, il faut créer l'ouverture et donner le ton rapidement : donnez-leur la parole. Dans ce premier temps, au-delà de la présentation des objectifs et du plan de la rencontre, faites le point sur le climat de l'équipe :

▷ ce qui nous rassemble ;

▷ nos fiertés et nos réussites.

▶ Temps 2 : bilan de l'action

Une fois l'ouverture créée, rappelez le bilan de l'action, ou créez un échange avec votre équipe sur les éléments suivants :

▷ ce que nous avons particulièrement bien réussi ;

▷ ce qui n'a pas bien fonctionné.

Insistez sur les réussites, profitez-en pour présenter les travaux des différentes équipes.

▶ Temps 3 : évolutions de l'environnement (optionnel)

En fonction du temps à votre disposition, vous pouvez créer un temps d'échange, ou alors une présentation directive, sur les évolutions de l'environnement. Cela vous permettra de mettre en perspective les nouveaux objectifs présentés par la suite. Cela permettra également de légitimer certains choix.

▶ Temps 4 : nouveaux objectifs

Présentez les nouveaux objectifs communs, les indicateurs collectifs. Assurez-vous que chacun puisse identifier sa contribution à l'atteinte des objectifs communs.

▶ Temps 5 : la mise en œuvre des nouveaux objectifs

Après avoir présenté les objectifs, vous pouvez créer un moment d'échange et de partage sur la réalisation des objectifs communs :

- ▶ pourquoi ces objectifs sont-ils importants ? (pour nous, pour l'entreprise, pour nos clients ?) ;
- ▶ quelles sont les pistes d'action qui vont nous permettre d'atteindre les objectifs ?
- ▶ sur quels leviers pouvons-nous nous appuyer ?

▶ Temps 6 : notre dynamique

Une fois que les réponses au « pourquoi ? », au « quoi ? » et au « comment » ont été apportées, il vous reste à traiter le « qui ? ». C'est à ce moment-là que vous traitez de la dynamique d'équipe. Il existe alors plusieurs façons de procéder. Étant donné que l'heure de la journée est avancée, l'énergie disponible est moindre. Il peut être bien plus judicieux de traiter le sujet de façon émotionnelle plutôt que rationnelle. Pour cela, vous pouvez faire appel à un intervenant externe qui va parler de la relation, de la dynamique d'équipe, etc. Vous pouvez également procéder à une sorte de *speed dating* où chaque membre de l'équipe va présenter ses OBLIC à un autre, et ce pendant sept minutes.

L'important de cette partie n'est pas tant le résultat obtenu, mais bien la mise en relation des individus.

▶ Temps 7 : la célébration

En fin de journée, prévoyez un moment totalement relationnel qui permet aux collaborateurs de passer un moment sympathique en dehors du cadre de travail.

THÈME N° 13

L'INFLUENCE DU MANAGER LORS DE L'ACTION

Une grande différence entre le monde du football et le monde de l'entreprise est la différence entre le temps de la préparation et le temps de l'action. Dans le football, ces temps-là sont distincts. La semaine sert à préparer les quatre-vingt-dix minutes de match du week-end. Une fois le match lancé, le manager est en dehors du terrain et son influence devient plus limitée. Dans le monde de l'entreprise, ces temps sont fusionnés, et la proportion est inversée. Prendre du recul pour préparer l'action n'est pas vraiment une priorité : la priorité du quotidien et de l'action prend presque toujours le dessus.

Alors comment se garder du temps pour analyser l'action, d'autant plus que le manager est lui aussi dans l'action ? Que pouvons-nous garder de l'expérience des entraîneurs de football ?

1 — LE RÔLE DE L'ENTRAÎNEUR PENDANT LE MATCH

Milan-Liverpool où l'un des plus grands retournements de l'histoire du football

À partir du moment où l'entraîneur a fini sa causerie, à deux heures du coup d'envoi, il est rendu à l'impuissance, ou presque. Jusqu'à la mi-temps, il est un spectateur. Privilégié, debout devant son banc, mais spectateur. Même s'il gesticule, même s'il crie, il n'a souvent que l'illusion de l'action : la vérité, connue de tous les acteurs, est que les joueurs ne l'écoutent pas vraiment, quand ils l'entendent. La seule solution efficace est de faire venir un joueur relais sur le bord de la touche à l'occasion d'un arrêt de jeu pour rectifier un placement, voire une organisation.

Rafael BENITEZ

Espagnol
Né le 16 avril 1960 à Madrid
Entraîneur de Naples

CARRIÈRE D'ENTRAÎNEUR
Real Madrid Castilla : 1993-1995
Real Valladolid : 1995-1996
Osasuna : 1996-1997
Extremadura : 1997-1999
Tenerife : 2000-2001
Valence CF : 2001-2004
Liverpool : 2004-2010
Inter Milan : 2010
Chelsea : 2012-2013
Naples : Depuis 2013

CARRIÈRE DE JOUEUR
Real Madrid Castilla : 1974-1981
AD Parla : 1981-1985
Linares CF : 1985-1986

PALMARÈS D'ENTRAÎNEUR
Ligue des champions : 2005 (Liverpool)
Coupe de l'UEFA, Ligue Europa : 2004 (FC Valence) et 2013 (Chelsea)
Championnat du monde des Clubs : 2010 (Inter Milan)
Supercoupe d'Europe : 2005 (Liverpool)
Champion d'Espagne : 2002 et 2004 (FC Valence)
Coupe d'Angleterre : 2006 (Liverpool)
Supercoupe d'Italie : 2010 (Inter Milan)
Community Shield : 2006 (Liverpool)

D'une manière générale, les entraîneurs attendent la mi-temps pour intervenir. Avec trois changements de joueur autorisés, ils pourraient procéder à un remplacement avant la mi-temps, pour redonner de l'élan à une équipe bancale, mais, sauf blessure, ils répugnent à le faire : puisque ce n'est pas dans les habitudes du football, le joueur sorti le vivrait comme une humiliation, qui sera relayée par son entourage et la presse, et la relation entraîneur-entraîné en serait altérée durablement.

Donc, la mi-temps est le meilleur moment pour modifier un détail, ou pour tout changer. Le plus grand renversement de ces dernières années, l'un des plus grands renversements de l'histoire du football, est intervenu à la mi-temps de la finale de la Ligue des champions 2005 entre Liverpool et Milan, en 2005, à Istanbul. À la mi-temps, Milan menait 3-0. Mais, en seconde période, Liverpool a inscrit trois buts en sept minutes pour égaliser, avant de s'imposer dans la séance de tirs au but.

Impossible d'oublier ce renversement, ni l'atmosphère du stade d'Istanbul à la mi-temps, où les fans de Liverpool avaient chanté leur hymne « You'll Never Walk Alone » pendant quinze minutes, avec un honneur et une foi immenses. Pendant ce temps-là, dans le vestiaire, l'entraîneur espagnol de Liverpool, Rafael Benitez, préparaît le renversement. Il racontera : « Beaucoup de gens ont dit que ce sont les chants des fans qui nous ont remotivés mais, en fait, dans le vestiaire, on n'entendait rien. Moi, j'ai juste essayé de transmettre aux joueurs l'idée qu'un retournement de situation était possible. Je leur ai expliqué qu'avec le parcours qu'on avait eu et au point où l'on en était, on n'avait plus grand-chose à perdre[149]. » Il n'a pas fait que ça, bien sûr. Il a changé son organisation, parce qu'un changement concret envoie à l'équipe le message d'une réaction encore possible, et parce qu'il fallait s'adapter à la domination de Milan : « Tactiquement, on a fait entrer en jeu Hamann pour contrôler les espaces qu'on avait derrière et que Kaka utilisait, on a repris le milieu de terrain et on a eu la chance de marquer. Je savais que si l'on marquait un but, on pouvait revenir dans le match[150]. »

Il n'a pas cherché à en tirer une fierté personnelle singulière, décrivant son management comme une démarche naturelle dans ces moments-là : « Lorsque vous êtes mené d'une manière aussi nette à la mi-temps au cours d'une finale, il n'y a pas beaucoup d'autres solutions à adopter. Je voyais bien qu'il fallait changer des trucs. J'ai seulement eu de la chance que tout se déroule par la suite comme prévu. En seconde mi-temps, nous avons vraiment joué de manière fantastique. À tel point que j'avais parfois du mal à réaliser. C'était tellement incroyable[151]... »

Mais il a transmis à ses joueurs l'idée que le renversement était possible. Même si son capitaine, Steven Gerrard, qui mènera la révolte en seconde période par son caractère de compétiteur exceptionnel, racontera qu'il avait eu du mal à entendre tout ce que Benitez disait : « Quand nous sommes revenus dans le vestiaire, à la mi-temps, je me suis pris la tête entre les mains, je me sentais bizarre, et je n'arrivais pas à rester concentré sur ce que le manager était en train de nous dire. Il avait beau nous calmer, modifier deux ou trois choses et nous expliquer que, si l'on marquait rapidement, tout pouvait encore changer, pour moi, c'était fini, et le rêve était passé. À 3-0, je trouve même qu'on s'en sortait plutôt bien, tellement Milan avait bien fait circuler le ballon jusque-là, tellement il jouait vite et intelligemment. Jamais, alors, je n'aurais cru possible de gagner ce match-là et de retourner la situation comme nous l'avons fait ensuite[152]... »

Mais il est probable que, dans son inconscient, les mots de Benitez aient contrebalancé ses idées négatives. Le défenseur central finlandais de Liverpool, Sami Hyppia, souligne aussi que le discours de la mi-temps d'Istanbul avait d'autant plus de sens, dans cette situation désespérée, que le manager avait acquis une légitimité considérable aux yeux du groupe, au fil de la saison : « À chaque match, notre manager a fait la bonne analyse de l'adversaire, choisi la bonne organisation, le bon plan de jeu et décidé des bons changements. Et à chaque match nous lui avons donné raison ensuite en faisant notre boulot sur le terrain[153]. »

Le discours de recadrage est d'autant plus efficace que tout a été bien cadré auparavant.

La mi-temps : les 15' de recadrage

De manière étonnante, il y a beaucoup plus de briefing que de débriefing dans le football. Les entraîneurs qui préparent leur causerie ne prononcent parfois pas un mot, après ils proposent une analyse succincte que les joueurs pourront reprendre dans leurs déclarations à la presse (cf. thème n° 5 : « La communication du projet à l'équipe »). Le débriefing intervient essentiellement en période de crise, et il prend la forme d'un avant-match. Ou alors d'une réunion dans le vestiaire, voire deux ou trois minutes sur le terrain, juste avant le début de l'entraînement.

L'essentiel du recadrage, souvent, interviendra dans la causerie qui précédera le match suivant. Puisqu'à la fin du match l'action est éteinte, les entraîneurs considèrent qu'ils ne peuvent plus influer et ils attendent l'action suivante.

Le recadrage actif intervient donc à la mi-temps, selon une gestion du temps assez traditionnelle : les entraîneurs laissent d'abord retomber la tension et prennent la parole pour deux, trois ou quatre minutes juste avant que le jeu ne reprenne. Certains d'entre eux prennent des notes en première période pour structurer leur intervention, et c'est notamment ce que fait Fabio Capello : « Le fait de prendre des notes peut t'aider, à la mi-temps, à recadrer certaines choses bien précises. Si tu écris, ça veut dire qu'il y a des choses qui ne t'ont pas plu en première mi-temps. Si tout s'est bien passé, tu n'as pas besoin d'écrire[154]. »

Pour les entraîneurs, la mi-temps est un moment essentiel. José Mourinho explique : « C'est fondamental, pour moi, d'interagir sur le match. Parfois, je reste assis pendant presque tout le match, sans beaucoup communiquer, et d'autres fois je suis debout de la première à la dernière minute et très actif. Cela dépend de la situation. Aujourd'hui, je pense avoir atteint un bon équilibre entre l'action et la concentration extrême, celui qui permet d'aider l'équipe[155]. »

Que faire passer pendant les moments de recadrage ?

Du haut de ses trente années d'expérience d'entraîneur, Arsène Wenger décrit ce que doit être le comportement d'un manager au milieu de l'action : « Si vous donnez l'impression de paniquer à une équipe qui est à la dérive ou en plein désarroi, vous pouvez être sûr que vos joueurs ne vont plus savoir où aller. Il faut toujours maîtriser ce qui arrive et essayer d'identifier de façon très succincte, mais aussi très claire, ce qui ne va pas. De temps en temps, on a l'impression qu'il faut vraiment gueuler et même, à la limite, dire n'importe quoi, mais gueuler, il faut le faire. Mais si vous êtes obligé d'agir comme ça toutes les semaines, c'est quand même qu'il y a un problème[156]... »

Alors que Didier Deschamps confirme la nécessité de ne pas montrer la moindre faille à son équipe (« Si j'ai des doutes, le but est qu'ils ne le sentent pas[157] »), Fabio Capello souligne l'importance du staff, qui a une fonction de conseil et d'alarme absolument essentielle : « Le match, tu l'as préparé pendant toute la semaine en évaluant tout ce qui pouvait se passer. On connaît parfaitement les adversaires ainsi que toutes leurs caractéristiques. Pendant le match, tu dois avoir la capacité de comprendre ce qui se passe sur le terrain et la capacité de réagir selon les événements parce que parfois, si tu attends trop... c'est trop tard ! Cette capacité de réaction, soit tu l'as, soit tu ne l'as pas ! C'est pourquoi il est important d'avoir quelqu'un à tes côtés pour te suggérer quelque chose ou te conforter dans ton idée. C'est le travail de tes collaborateurs. Mais c'est toujours toi qui prends la décision finale[158]. »

La nécessaire responsabilisation des joueurs

Dans l'histoire récente du football français, le basculement le plus spectaculaire est intervenu en novembre 2011 lors de Dynamo Zagreb-Lyon (1–7) en Ligue des champions. Pour se qualifier pour les huitièmes de finale, Lyon devait gagner par cinq buts d'écart, tout en ayant besoin d'une victoire du Real Madrid à l'Ajax Amsterdam. Pendant quarante minutes, les Lyonnais sont au plus mal, menés 0-1. Et puis tout bascule : Zagreb a été réduit à dix, l'OL a égalisé juste avant la mi-temps, et en rentrant au vestiaire, les joueurs apprennent que le Real mène 2-0 à Amsterdam. Mais vu le match terriblement médiocre des siens, l'entraîneur lyonnais Rémi Garde hurle sa colère, si fort qu'il avouera plus tard, dans la soirée, en garder une raideur dans la nuque. Il rectifie quelques points tactiques, sait que ce n'est pas essentiel et lance à ses joueurs : « Vous n'avez pas le droit, à présent que le Real mène à Amsterdam, de ne pas vous donner une chance[159] ! » Le management à Lyon peut être bicéphale mais cette fois Jean-Michel Aulas, le président, ne descend pas dans le vestiaire : « Je n'y croyais plus. Je ne suis pas allé aux vestiaires parce que j'avais l'impression qu'on n'allait pas y arriver[160]. » Et tout bascule, parce qu'il y a une différence de talent, parce que les joueurs de Zagreb sont en vacances depuis douze jours et se désintéressent du match une fois qu'ils n'ont plus aucune chance de gagner, et parce que, surtout, les Lyonnais ont soudain réalisé, en quelques minutes, que ce qui semblait impossible redevenait possible.

Zoom

Pourquoi les acteurs du football sont-ils superstitieux ?

Il n'est pas rare de constater aux abords des terrains des comportements surprenants : il peut s'agir de jouer avec ses sous-vêtements à l'envers (Adrian Mutu), se garer toujours à la même place dans le stade (John Terry), jeter du sel dans le but (Luis Fernandez) ou de l'eau bénite sur la pelouse (Giovanni Trapattoni) et bien d'autres trouvailles encore. Certains poussent même jusqu'à calquer des faits et gestes au détail près pour revivre des événements victorieux : pour la finale de la Ligue des champions en 2009, le FC Barcelone a repris le même vol CRL-812 de la même compagnie aérienne dans le même avion et a envoyé le même duo en conférence de presse (Carlès Puyol et Victor Valdès) que lors de la finale de Ligue des champions 2006 remportée par le club.

Ce qui explique toutes ces superstitions ? La gestion du stress. Le stress est une réaction naturelle du corps humain lorsqu'il fait face à une situation qu'il n'est pas sûr de maîtriser. Chez certains, cela amène à l'action : c'est le bon stress qui fait agir. Chez d'autres, cela amène à des symptômes moins positifs (transpiration, rougissements, blocages, irritation). Pour gérer ce stress, les footballeurs, mais aussi les artistes, les joueurs de poker et l'homme en général, réalisent donc certaines actions qui les rassurent et leur donnent le sentiment de reprendre du pouvoir sur une situation qu'ils ne maîtrisent pas. Cela leur redonne confiance et agit positivement sur leur stress.

2 — LE RECADRAGE DANS LE MONDE DE L'ENTREPRISE

Le temps de l'action et le temps de la préparation

Le monde du football a un premier énorme avantage sur le monde de l'entreprise : les temps de préparation et d'exécution sont bien distincts – le match dure quatre-vingt-dix minutes, et le reste du temps, vous n'êtes pas dans l'action, mais bien dans la préparation.

Dans l'entreprise, il est bien plus difficile de prendre du recul lors des phases de préparation. L'action est continue, sans période de pause. La capacité d'analyse de l'action est alors réduite, les changements doivent se faire dans l'action, et leur portée est bien moindre. Les meilleurs managers sont ceux qui arrivent à créer des moments de débriefing avec leur équipe pour recadrer l'action.

Le rôle du manager : prendre du recul

Le second énorme avantage du monde du football est que le manager n'est pas joueur. À quelques rares exceptions près, le manager ne met jamais les pieds sur le terrain en même temps que ses joueurs. Donc, comme il ne joue pas, il n'est pas dans l'action, il a cette prise de recul naturelle qui fait qu'il peut voir des choses que les joueurs sur le terrain ne perçoivent pas. Et c'est bien cette prise de recul qui est primordiale pour développer l'action. Lorsqu'un collaborateur est dans l'action, il n'a pas toujours la capacité d'analyser en même temps ses actions et d'imaginer seul des pistes de développement. C'est tout le rôle du manager, d'observer ses collaborateurs pendants l'action pour leur permettre d'identifier leurs points de développement pendant les phases de briefing/débriefing.

Quel est le bon moment pour un débriefing ?

Dans le football, la mi-temps est prévue, incontournable, le jeu s'arrête automatiquement. Dans l'entreprise, s'il existe des rituels « officiels » (cadrage de mission, entretiens annuels d'évaluation, entretiens de mi-année par exemple, points hebdomadaires, mensuels, heure du jeudi, etc.), d'autres moments sont opportuns pour organiser un recadrage :

▶ lancement d'un nouveau projet ;

▶ perte d'un client important ;

▶ résultats visiblement en baisse ;

▶ motivation fluctuante d'un collaborateur ;

▶ période chargée en termes de production.

Toutes ces périodes sont propices à créer un dialogue de cadrage/recadrage. Dès que l'on repère un décalage important entre un résultat attendu et la réalité, il faut provoquer ce moment de partage. Et comme le rappelle Fabio Capello : « Pendant le match, tu dois avoir la capacité de comprendre ce qui se passe sur le terrain et la capacité de réagir selon les événements parce que parfois, si tu attends trop... c'est trop tard[161] ! »

Recueillir des éléments factuels

Lors du suivi de l'action de ses collaborateurs, le manager doit avoir la possibilité de prendre en note des éléments factuels afin de les utiliser pour appuyer ses arguments lors du débriefing. L'idée n'est pas forcément de constituer un « dossier » pour rappeler les différents dysfonctionnements, mais bien de s'appuyer sur des éléments concrets, indiscutables, pour construire l'échange avec ses collaborateurs, plutôt que de rester sur des impressions ou des idées floues. Ces notes doivent comporter des éléments positifs également : votre objectif est de développer la motivation et la mobilisation de votre collaborateur !

Garder la main sur les événements

Un recadrage, un débriefing ne doit jamais être réalisé sous le coup de la colère, de la surprise ou de la déception. Il doit être constructif et permettre à l'équipe ou à l'individu de sortir de cette rencontre galvanisé, conscient du chemin qu'il reste à parcourir.

Comme le rappelle le défenseur de Liverpool, la crédibilité du manager est remise en cause à chaque moment de vérité. La capacité à prendre du recul sur les événements et à faire progresser ses collaborateurs est reconnue et sert également par la suite à donner de la force et de la conviction à ses prochaines interventions.

S'appuyer sur des relais dans l'action

Le dernier parallèle que nous pouvons apporter sur le briefing/débriefing avec l'équipe concerne le rôle de vos relais dans l'équipe. Si, dans le football, les conditions font que le manager s'appuie uniquement sur quelques relais pour faire passer un message au reste de l'équipe, le monde de l'entreprise est quelque peu différent. En fonction de la pression subie par vos équipes, il peut être préférable d'adapter sa méthode de communication :

▶ intervenir auprès de chacun : cela peut permettre de montrer à votre collaborateur que vous le suivez et que vous êtes présent s'il a besoin de vous. Cela peut également permettre de provoquer la discussion. En effet, certains collaborateurs hésitent à aller voir leur manager pour leur parler de difficultés. Alors soyez présent...

▶ intervenir auprès de relais : cela peut permettre de responsabiliser certains collaborateurs. Ils jouent alors le rôle d'adjoint, de relais. Ils peuvent utiliser d'autres mots et d'autres leviers pour faire passer votre message ;

▶ intervenir en dehors de l'action : provoquer une rencontre pour passer un message plus posé, plus travaillé, moins en lien avec une action, mais plus sur une dynamique observée.

GRILLE DE TRAVAIL N° 13
ANIMER UNE RENCONTRE DE RECADRAGE

Pour animer une rencontre de recadrage avec un collaborateur (ou avec une équipe), il faut suivre les cinq étapes suivantes.

1. Exposer les faits. À l'aide des notes prises pendant l'action, vous rappelez les éléments factuels qui nécessitent un recadrage, sans insister, sans en rajouter.

2. Rappeler les conséquences. Une fois les faits présentés, rappelez les conséquences sur l'équipe, sur les clients, sur la production. Si les conséquences ne sont pas identifiées, il n'est peut-être pas utile d'organiser un recadrage.

3. Écouter la version des collaborateurs. Une fois votre vision des choses et les conséquences rappelées, vous devez compléter cette analyse par la vision de vos collaborateurs. Ils ont peut-être une excellente raison pour avoir fait les choses différemment de ce que vous leur avez conseillé. La difficulté dans ce moment-là est de leur faire prendre la parole. Le risque est de reprendre trop vite la main et de ne pas les laisser s'exprimer.

4. Identifier des solutions. Une rencontre de débriefing ne se termine jamais sans la proposition de pistes de solution. Idéalement, elles viennent de votre collaborateur. Ainsi, elles ont plus de poids et les chances de réussite et de mise en œuvre sont plus grandes. Si vous êtes face à des collaborateurs novices dans le domaine, alors vous pouvez proposer des solutions.

5. Engagements réciproques. À la fin de l'entretien, assurez-vous d'avoir un engagement de la part de votre collaborateur ou votre équipe quant à la réalisation des actions identifiées (délai, livrable, etc.). De votre côté, engagez-vous à suivre ces actions et à venir en aide à votre collaborateur en cas de besoin.

THÈME N° 14
LA GESTION DES CONFLITS

Parfois, le manager a beau créer toutes les conditions nécessaires au bon fonctionnement de son équipe, il se peut que quelques grains de sable viennent enrayer toute la machine de l'intérieur. Avant de s'interroger sur la gestion des conflits dans le monde de l'entreprise, nous allons nous demander comment ces conflits sont gérés dans un monde rempli de testostérone, de compétition, d'oppositions. Que faire pour prévenir les conflits ? Comment faire pour les résoudre une fois déclenchés ? Quel est le rôle du manager dans la résolution de ces problématiques ?

1 — LA GESTION DES CONFLITS DANS LE FOOTBALL

Real-Barça, tous pour l'Espagne

Quatre à cinq fois par an, selon le hasard du calendrier, le conflit résonne dans le monde entier : le Real Madrid joue contre le FC Barcelone. La maison blanche, jadis soutenue par le pouvoir franquiste, affronte le club de la Catalogne, symbole d'une identité qui a toujours résisté au pouvoir. L'électricité est partout, les coups pleuvent, les insultes aussi. Une semaine plus tard, parfois, la plupart des héros de cette guerre médiatique et sportive se retrouvent sous le même maillot, celui de la sélection espagnole. Et son sélectionneur, Vicente Del Bosque, doit instantanément recréer une unité sur les cendres du clivage le plus médiatisé du football mondial.

Vicente DEL BOSQUE

Espagnol
Né le 23 décembre 1950 à Salamanque
Sélectionneur de l'Espagne

CARRIÈRE D'ENTRAÎNEUR
Real Madrid Castilla : 1985-1990
Real Madrid : 1994
Real Madrid : 1996
Real Madrid : 1999-2003
Besiktas : 2004-2005
Sélectionneur de l'Espagne : Depuis 2008

CARRIÈRE DE JOUEUR
Real Madrid Castilla : 1969-1970
CD Castellon : 1970-1971
Cordoba CF : 1971-1972
CD Castellon : 1972-1973
Real Madrid : 1973-1984
18 sélections en équipe nationale

PALMARÈS DE JOUEUR
Champion d'Espagne : 1975, 1976, 1978, 1979 et 1980 (Real Madrid)
Coupe d'Espagne : 1974, 1975, 1980 et 1982 (Real Madrid)

PALMARÈS D'ENTRAÎNEUR
Coupe du monde : 2010 (Espagne)
Championnat d'Europe des Nations : 2012 (Espagne)
Ligue des champions : 2000 et 2002 (Real Madrid)
Coupe intercontinentale : 2002 (Real Madrid)
Supercoupe d'Europe : 2002 (Real Madrid)
Champion d'Espagne : 2001 et 2003 (Real Madrid)
Supercoupe d'Espagne : 2001 (Real Madrid)

Après un Clasico particulièrement brûlant et antagoniste, le sélectionneur des champions du monde et champions d'Europe se souvient s'être inquiété. Il l'a expliqué : « À chaud, on sait tous que tous les mots peuvent dépasser la pensée. Voir ce que j'ai vu sur le terrain, ça ne m'a pas plu, mais ça m'inquiétait modérément. En revanche, une fois que vous êtes douché, parfumé, si vous continuez à parler, à entretenir un litige, alors là, ça me préoccupe beaucoup plus ! Et c'est ce qui s'est passé. Oui, j'ai eu peur que ça ne dérape. J'ai entendu des choses qui ne m'ont pas plu du tout, des choses très moches. Voir Xabi Alonso et Iniesta se parler comme ils se sont parlé, c'est absolument dingue ! Je les connais, j'ai vécu avec eux ! On parle de deux types qui s'adorent. J'en revenais pas, j'en croyais pas mes yeux. Et c'est pareil en ce qui concerne Xavi et Casillas ! Ce n'est pas possible qu'ils en arrivent à ça ! J'ai dû réagir assez vite, m'entretenir avec eux, leur parler. Heureusement que ce sont des types très bien, bien éduqués. J'ai essayé de respecter l'avis de chacun, de ne pas donner raison à l'un contre l'autre, il a fallu que je sois neutre, que j'écoute surtout. J'espère qu'il n'y aura aucune rancœur. Je veux croire que le temps effacera tout ça[162]. >>

Le temps a effacé tout cela, et les conquêtes communes ont aidé à la construction d'un esprit de sélection cloisonné, imperméable à la ligne partisane des clubs. Mais Del Bosque a dû régler le problème sur le plan social pour pouvoir tirer profit de la dualité Barça-Real sur le plan sportif. Il n'aurait eu aucune chance d'être compétitif en choisissant l'un plutôt que l'autre : un seul des onze titulaires de la finale de l'Euro 2012, le joueur de Manchester City David Silva, n'évolue pas à Barcelone ou au Real cette saison.

Ce n'est même pas une alliance artificielle, fondée sur des couples de club alignés les uns à côté des autres. Car les couples essentiels de la sélection espagnole sont formés d'un joueur du Barça et d'un joueur du Real. En défense centrale, le Catalan Gerard Piqué fait la paire avec le Madrilène Sergio Ramos, et reconnaît, avant l'Euro 2012, avoir évacué les sujets qui fâchent. Même association au milieu entre le Madrilène Xabi Alonso et le Catalan Busquets.

Mais Del Bosque, bien sûr, a dû déployer des trésors de diplomatie pour que son vestiaire ne soit pas gangrené, à l'Euro 2012, par quatorze mois de chamailleries médiatiques incessantes qui doivent beaucoup à l'entrée de José Mourinho dans la danse. Pour désamorcer la tension entre les deux camps, Del Bosque a choisi un relais dans chaque équipe, le gardien Iker Casillas à Madrid et le milieu de terrain Xavi à Barcelone. À la fin de la saison 2010-2011, il a profité d'un moment creux du conflit, par définition, pour faire passer le message de l'unité : dans le cadre d'une tournée quasi amicale aux États-Unis et au Venezuela, il a projeté à l'ensemble du groupe un film retraçant tous les grands moments passés ensemble, les grandes joies collectives.

Et il a poursuivi son action souterraine auprès de ses joueurs relais, ajoutant le Catalan Carles Puyol, son troisième capitaine, au nombre de ses interlocuteurs majeurs. Et au cœur de l'été 2011, après un nouveau match de Supercoupe d'Espagne marqué par la tension et les invectives, les joueurs ont pris eux-mêmes en charge le problème, Casillas appelant Xavi et Puyol pour faire la paix.

Même si elle est feinte, car la douceur n'est pas envisageable dans ce milieu, à ce niveau, la bonhomie de Vicente Del Bosque a considérablement participé à désamorcer le conflit entre les joueurs du Real et du Barça. Son message a toujours été d'atténuer l'impact de l'environnement sur son équipe. À propos du conflit Real-Barça comme au matin d'une finale de Coupe du monde, il a toujours tenu le même discours à ses joueurs : « N'oubliez pas que nous ne sommes que des footballeurs, rien de plus. »

Des conflits qui peuvent également toucher l'entraîneur

Le conflit entraîneur-entraîné peut être nécessaire à l'affirmation de l'autorité, mais il ne peut pas être une base de fonctionnement, même pour José Mourinho. De manière étonnante, ou non, la plupart des conflits qui ont opposé l'entraîneur portugais à ses joueurs madrilènes ont eu un cadre extrêmement ibérique. Leur décor est l'opposition Real-Barça, et les phases de réconciliation orchestrées par Del Bosque, telles qu'elles ont été exposées plus haut.

Ainsi, en janvier 2012, tout a commencé dans le vestiaire, alors que Mourinho débriefait un Clasico. Il a reproché au groupe le non-respect des consignes, mais exclu Ronaldo du champ des reproches. Et la tension est montée quand il a lancé au groupe, en regardant fixement Sergio Ramos, le défenseur : « Vous m'avez tué en zone mixte[163]. » L'entraîneur portugais a mis Casillas dans le même sac et a reproché aux deux joueurs de se préoccuper davantage de sauver les apparences avec les internationaux du Barça que de défendre le maillot du Real. Réponse immédiate de Ramos, devant tous ses coéquipiers : « L'an passé, vous vous êtes fâché contre Iker Casillas parce qu'il s'était excusé auprès de

Xavi. Mais qu'a fait Pepe sur la chaîne du club ? Il s'est excusé, lui aussi. Quelle est la différence[164] ? »

Les joueurs du Real ne parviennent pas à être schizophrènes, en fait. Il n'est pas facile d'entendre un sélectionneur leur demander d'être réconciliés avec les joueurs du Barça, et un entraîneur leur demander de les haïr comme on hait la défaite.

Pepe, le défenseur du Real, est portugais, comme Ronaldo. Comme Mourinho. Et les trois hommes ont le même agent. Ces reproches et ce conflit ne désarçonnent pas Mourinho. À la même époque, il n'a pas hésité à reprocher à ses joueurs d'avoir « profité des vacances pour manger, boire et voyager », les menaçant de donner des noms à la presse. Un manager comme lui ne peut pas être dépassé par ses mots dans le vestiaire, surtout à froid, en semaine.

Beckham contre Ferguson... dernière

Il faut faire la différence entre le conflit à long terme et la colère, mais il arrive régulièrement que la colère crée le conflit, comme à la mi-temps de France-Mexique (0-2) pendant la Coupe du monde 2010, avec l'insulte d'Anelka à Domenech en 2010. Ryan Giggs, plus de vingt ans dans le vestiaire de Manchester United, raconte la colère la plus célèbre d'Alex Ferguson, après un match de Cup perdu face à Arsenal : « Le coach s'en est pris à plusieurs joueurs. Mais quand il s'est adressé à David Beckham, "Becks" s'est mis debout et lui a répondu. Et là, c'est devenu chaud. De colère, le Boss a donné un coup de pied dans une paire de chaussures à crampons qui traînait. J'étais assis à droite de David, et j'ai cru que j'allais la prendre en pleine tête. Mais tout à coup, j'ai vu le sang couler sur le visage de Beckham. Tout le monde était pétrifié. Le coach aussi. Puis Beckham a crié : "Putain, je saigne" et il s'est précipité sur le coach. Je l'ai agrippé, mais je ne suis pas parvenu à le retenir tellement il était furieux. Van Nistelrooy et Neville sont heureusement venus à ma rescousse.

C'était la première fois que ça allait aussi loin[165]. >> C'est allé assez loin pour que Beckham, un peu plus tard, soit transféré au Real. Ferguson lui reprochait surtout de suivre un peu trop son épouse Spice Girl sur ses concerts dans toute l'Europe, mais l'affaire de la chaussure a compté.

Il n'est pas certain qu'elle ait beaucoup dérangé Ferguson : un manager peut aussi régner par la peur qu'il inspire. Autre souvenir de Giggs sur Ferguson : << Une fois, à la mi-temps d'un match européen face à la Juve, de rage, j'ai envoyé valdinguer une bouteille de jus de fruit. Le coach n'était pas content de mon match et je lui ai répondu... Il n'a pas aimé, d'autant que le jus de fruit avait tâché son pantalon et ses chaussures. Il m'a sorti et infligé une amende[166]. >>

Créer un déséquilibre temporaire

Le lendemain d'une victoire en Coupe du roi, Guardiola a mis ses joueurs du Barça à l'amende pour deux minutes de retard. C'est presque un conflit recherché. L'avis de Johan Cruyff sur cet épisode : << Même après une telle victoire, on ne doit pas perdre de vue que le respect des autres passe avant son confort personnel. Celui qui déborde, fait attendre le groupe, le pénalise. De quel droit ? Ce n'est pas qu'une question de discipline, c'est du respect. Il a raison de ne pas transiger[167]. >>

Guy Roux, à Auxerre, a été à un moment ou à un autre en conflit avec la plupart de ses joueurs. Il reconnaît : << Je ne sais pas combien de fois je me suis fait insulter par mes joueurs. Le lendemain, je me mettais à côté de lui pendant l'entraînement, et à la fin, je disais : "Dans dix minutes dans mon bureau." Les autres regardaient le type comme un condamné qui sort de sa cellule. Et puis on discutait. Et si l'on se tapait dans la main à la sortie de mon bureau, c'était oublié[168]. >>

Le nécessaire soutien de la ligne hiérarchique

Mais la gestion du conflit peut aussi dépendre de la structure du club. En France, la relation directe entre le joueur et le président, surtout un joueur majeur, peut affaiblir l'autorité de l'entraîneur dans la résolution du problème. À l'étranger, l'autorité est moins parasitée. Comparaison de Didier Deschamps, entre la Juventus de Turin et l'Olympique de Marseille : « L'entraîneur n'est pas là pour être le policier. Ce n'est pas au coach de définir le cadre. En Italie, quand un joueur franchissait la ligne, il perdait la moitié de son salaire mensuel, venait s'excuser devant le groupe le lendemain, et se remettait au boulot. Ici, il faut une réunion avec le capitaine et on va discuter de la part qu'il faut enlever[169]... »

Dans la gestion du conflit, le poids de l'extérieur est considérable. Autre aveu de Deschamps, dans ce fonctionnement : « Les médias, je gère. En revanche, l'entourage des joueurs, c'est plus dur. Aujourd'hui, un entraîneur doit affronter l'agent, le frère, le cousin, l'oncle, qui disent au joueur que son entraîneur raconte des conneries et sape ainsi son boulot et son autorité. C'est devenu une gestion humaine extrêmement complexe[170]. »

Avec Carlo Ancelotti, le PSG a recruté un entraîneur qui n'aime pas le conflit. C'est sa signature et sa réputation. Il n'aime tellement pas le conflit qu'il assume sa volonté d'être proche de ses joueurs, n'hésitant pas à en inviter quelques-uns chez lui pour dîner, avec leur épouse. Mais ce n'est pas un comportement empirique, un refus profond du conflit : Bruno DeMichelis, un proche d'Ancelotti, ancien psychologue de Milan et de Chelsea, souligne que l'entraîneur des champions de France 2013 a beaucoup travaillé sur la gestion du stress chez les joueurs. Moins de conflit, moins de stress ?

Cesare Prandelli, le sélectionneur italien, proposerait presque une autre équation : moins de proximité, moins de conflit. Il ne parle jamais à l'équipe le dimanche, quand elle a joué le samedi. Il attend le mardi. Il ne dîne jamais avec ses joueurs, non plus : « Je suis prêt à écouter leurs problèmes, comme un parent le ferait avec des enfants adultes. Mais il y a des moments où ils doivent s'en sortir seuls et aller de l'avant. Ils ne peuvent pas fuir, ils ne peuvent pas me regarder pour chercher une réponse à chaque problème[171]. »

Gérer les conflits en amont pour éviter la perte de confiance

La perte de la confiance dans le management est une source de conflit et le début de la fin. C'est l'un des ressorts essentiels de la catastrophe de Knysna, en 2010, pour l'équipe de France. L'autorité, du sélectionneur et de la Fédération française, était devenue insuffisante et contestée. Le conflit s'est enlisé parce que personne, aux yeux des joueurs, n'avait suffisamment d'aura ou d'autorité pour les convaincre d'y mettre un terme. Et parce que, c'est vrai, ils ont mis autant d'ego dans leur attitude de syndicaliste du dimanche que dans leur carrière de joueur, ce qui rendait impossible la sortie de crise. Ils n'ont pas reconnu l'autorité de la Fédération qui avait sanctionné Anelka. Si le gouffre s'est ouvert, c'est parce que la brèche existait.

C'est une différence considérable avec la vie de l'entreprise : le football est une activité où un cadre peut mettre son patron en difficulté à tout moment en actionnant les leviers médiatiques dus à la célébrité. À l'heure du conflit, les clubs et leur président vivent avec cette menace en termes d'image. À l'heure du conflit, ils doivent surtout prendre des décisions rapides, puisque le match qui aura lieu trois jours plus tard peut influer sur l'avenir du club, son rayonnement sportif comme son équilibre économique. En football, en cas de fortes tensions, jouer la montre coûte beaucoup trop cher.

2 — LA GESTION DES CONFLITS DANS L'ENTREPRISE

Le football : pas le meilleur exemple...

Il est clair que le football n'est pas le meilleur exemple de la façon de résoudre les conflits. Cinq raisons majeures nous permettent d'affirmer cela.

▶ La pression médiatique. Les joueurs de football sont aujourd'hui devenus des icônes suivies par tous. Il n'est pas rare qu'un événement footballistique fasse les gros titres du 20 Heures, voire qu'il occupe tout l'espace médiatique. Cette omniprésence des médias dans le football a tendance à sublimer, à développer les conflits et amène parfois les acteurs à prendre des sanctions plus lourdes qu'initialement prévu, du fait de la pression médiatique. La suspension de toute sélection nationale pour dix-neuf mois du jeune joueur rennais Yann M'Vila, à la suite d'une sortie nocturne entre deux matchs de l'équipe de France Espoirs, soldés par une élimination, illustre bien cette notion. La sanction aurait-elle été si lourde si l'équipe de France Espoirs s'était qualifiée pour la compétition à venir ?

▶ Punir le joueur sans punir l'équipe. Comme le rappelle Guy Roux, il est difficile de punir un joueur pour un écart majeur sans punir l'équipe au complet. Plus le joueur est performant, plus il est difficile de le sanctionner, car le priver de ce qui lui est le plus cher, c'est-à-dire sa place sur le terrain, revient à priver l'équipe d'un de ses meilleurs éléments... Et le sanctionner financièrement, au vu des sommes engrangées par ces derniers, n'est pas forcément très dissuasif.

▶ Le joueur est un actif du club. Les sommes en jeu sont considérables et punir un joueur, le priver de match ou d'entraînement, le mettre à l'écart du groupe pour une période importante revient à dévaluer sa valeur marchande. Or, les joueurs font partie de l'actif du club, et punir un joueur peut revenir à priver le club de plusieurs millions d'euros lors d'un futur transfert. Le licenciement n'est même pas envisageable, sauf cas extrême.

▶ Le joueur est extrêmement influencé par son entourage. Aujourd'hui, le joueur est encadré par un agent, un avocat, sa famille *a minima*, tous convaincus et convaincants lorsqu'il s'agit de dédouaner leur protégé et lui trouver des circonstances atténuantes.

▶ La fuite au prochain mercato. Enfin, un grand nombre de conflits ne se règlent pas vraiment, les deux parties patientent jusqu'au prochain mercato afin que le joueur soit transféré, ou bien que les résultats se détériorent au point que le manager soit remplacé. Il n'est pas rare que des joueurs soit envoyés en équipe de réserve pour patienter jusqu'à la prochaine fenêtre de transfert.

Bien sûr, quelques expériences viennent démontrer le contraire, et nous pouvons nous appuyer sur quelques règles partagées par les managers cités.

Traiter le problème

« Le temps arrangera les choses... » Quelquefois cela peut arriver, mais, en général, il vaut mieux traiter les conflits dès qu'ils se produisent... mais pas à chaud. Gérer un conflit alors que l'émotion est encore présente est une difficulté à surmonter. Lorsque le conflit vient de se produire, les protagonistes sont encore dans l'émotion du moment, et souhaitent en découdre. Les arguments sont plus violents, moins pesés. La raison disparaît. Pour bien régler un conflit, il faut dans un premier temps le marquer : « Ce qui s'est passé est inacceptable ! » et prendre rendez-vous avec les protagonistes. Revenir une semaine après sur un conflit n'a plus de sens. Il faut marquer la désapprobation dès que possible.

Écouter en étant le plus objectif possible avant de prendre des mesures

Le talent de Vicente Del Bosque doit être apprécié à sa juste valeur : réussir à remporter le troisième titre majeur de rang de l'Espagne (le titre de champion d'Europe des Nations en 2012) est une prouesse remarquable. Il a réussi, avec ces compétiteurs à l'ego aussi immense que leur talent, à faire table rase des conflits passés pour atteindre l'objectif commun de l'équipe, même en ayant gagné tout ce qu'il était possible de gagner les années précédentes. Pour gérer ces conflits, il s'est appuyé sur son écoute, neutre, sur son questionnement en tant que tierce partie. Il a écouté, analysé, apaisé les tensions sans prendre parti. Bien trop souvent, le manager prend des mesures avec sa seule vision de la situation. Sans l'écoute des autres parties, il prend souvent une décision qui aurait pu être bien meilleure avec l'écoute des différents protagonistes.

Sortir par le haut

Pour s'assurer de sortir d'un conflit durablement, il faut trouver une issue qui permette de réunir les trois facteurs suivants :

▶ les deux parties sortent par le haut. Si la « sentence » est trop déséquilibrée, le risque de rancœur est réel. Il faut s'assurer que la sortie soit la plus équitable possible et essayer de faire en sorte que les protagonistes identifient les éléments positifs qu'ils retiennent de cette situation ;

▶ les deux parties s'engagent à faire en sorte que ce conflit ne se reproduise plus. L'engagement des deux parties est essentiel pour limiter les risques futurs. Car, au-delà du risque de recréer une situation similaire, ils prennent un risque supplémentaire de trahir leur engagement ;

▶ les deux parties proposent des actions pour créer les conditions d'une bonne entente future. Si les actions proviennent des acteurs, elles ont plus de chances de tenir la durée que si elles sont proposées de façon péremptoire par le manager.

Faire preuve d'assertivité

Lorsque le manager est confronté à un conflit ou une situation qui suscite son désaccord, il doit y faire face, se faire respecter, faire passer son message et traiter les personnes avec la plus grande fermeté tout en témoignant le plus grand respect à ses interlocuteurs.

Prenons un exemple : un collaborateur arrive systématiquement en retard et cela a un impact sur les clients, qui appellent au téléphone sans trouver de réponse, et sur les collègues, qui eux sont ponctuels. Le manager peut avoir quatre attitudes bien distinctes, résumées dans le graphique suivant :

FOND
Rationnel

Dur | Assertivité | Agression

Doux | Fuite | Dénigrement

Doux | Dur

FORME
Relationnel

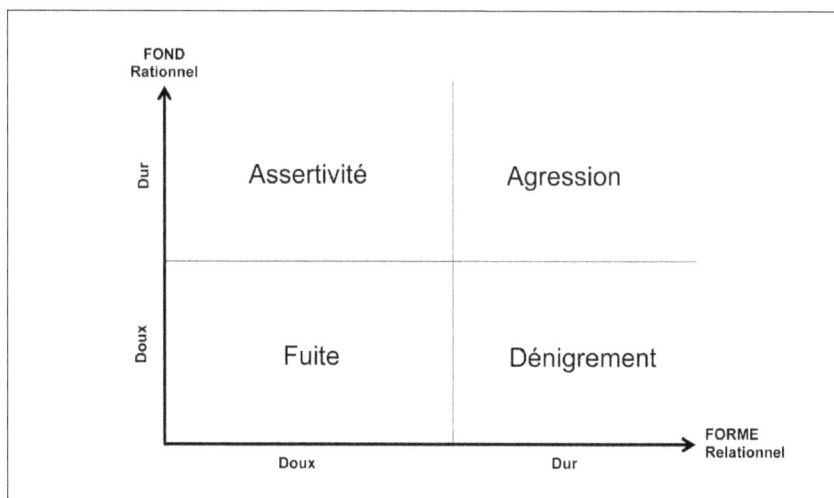

▶ Dur sur le fond, dur sur la forme : l'agression

On traite le sujet mais de manière agressive, dans une forme excessive. Dans le cas de notre exemple, la réaction du manager pourrait être la suivante : « C'est vraiment insupportable, il faut être nul pour ne pas comprendre qu'arriver à l'heure est primordial dans notre métier. Si tu veux te faire virer, continue comme ça ! »

▶ Doux sur le fond, dur sur la forme : le dénigrement

On n'ose pas traiter le fond du sujet, mais on essaie de faire comprendre au collaborateur que quelque chose ne convient pas. Exemple de réaction : « Ton travail n'est vraiment pas à la hauteur, je ne peux vraiment pas te faire confiance. Il n'y a rien qui va chez toi en ce moment ! »

▶ Doux aussi bien sur le fond que sur la forme : la fuite

On n'attaque pas le problème du retard, mais on essaie de l'aborder de façon détournée, sans être dur sur la forme. Le plus souvent, cela prend la forme de l'humour, de la taquinerie, pour essayer de faire comprendre sans vraiment le dire directement. Dans notre exemple : « Le métro avait encore un problème ce matin ? » ou encore « Tu as besoin que l'on t'offre un réveil à Noël ? »

▶ Dur sur le fond et doux sur la forme : l'assertivité

Traiter le problème, directement, sans détour, sans émotion négative, tout en restant ferme. Le manager de notre exemple pourrait tenir le propos suivant : « J'ai observé que tu es arrivé trois fois en retard ces deux dernières semaines, et cela a un impact sur l'activité de l'équipe, les clients, et tes collègues qui font l'effort d'arriver à l'heure. »

La manière assertive est la seule issue pour s'assurer de traiter durablement les conflits. Il est difficile de dire certaines choses à ses collaborateurs mais, sur le long terme, cette pratique renforce la crédibilité du manager et la confiance qu'il suscite.

Et si vous êtes partie prenante du conflit

Lorsque le manager est lui-même partie prenante d'un conflit, il doit faire preuve d'une exemplarité sans faille. D'abord, vous devez analyser la situation à froid, identifier ce qui est imputable à l'autre et ce qui est de votre propre responsabilité. En fonction des résultats, vous pouvez :

▶ traiter directement le conflit : excuses, reconstruction, pistes d'action pour éviter les récidives ;

▶ vous tourner vers une tierce partie (votre manager, le service des ressources humaines) pour traiter la problématique et identifier une sortie par le haut pour les deux.

GRILLE DE TRAVAIL N° 14
PRÉVENIR LES CONFLITS

Gérer les conflits fait partie de la vie des managers, une situation toujours désagréable et qui constitue la résolution d'une situation d'échec. Le manager a donc tout intérêt à prévenir au mieux les conflits.

Voici une feuille de route pour vous préserver au mieux des conflits.

▶ Fixez les règles de l'équipe et tenez bon

Comme Cesare Prandelli, qui a bâti une charte de comportements dès sa prise de fonction avec l'équipe d'Italie, bâtissez avec votre équipe une charte, une liste de règles du jeu comportementales qui vont régir la vie de votre équipe.

Cette charte doit être bâtie en situation de fonctionnement normal, quand tout se passe bien. Si elle est bâtie juste après un conflit ou un dysfonctionnement dans l'équipe, elle risque de comporter plus de règles « négatives » ou contraignantes.

Cette charte doit être bâtie en collaboration avec votre équipe, afin de les responsabiliser. Faites l'exercice seul avant de le soumettre à votre équipe afin d'identifier pour vous les règles du jeu incontournables. Faites ensuite faire l'exercice à votre équipe et complétez. Il est important d'ajouter une ou deux règles pour montrer votre autorité sur le sujet.

▶ Traitez sans attendre tous les sujets qui peuvent prêter à conflit

Lorsque vous identifiez des sujets susceptibles de créer des désaccords dans l'équipe, assurez-vous de les traiter ouvertement avec eux. Laissez-les s'exprimer sur le sujet, écoutez les positions de chacun et les arguments pour et contre. Passer sous silence ces sujets ne ferait que créer des échanges dans d'autres contextes qui échappent à votre contrôle. Vous perdrez également la connaissance des arguments et positions de chacun pour tenter de résoudre le conflit.

Il est toujours difficile d'aborder ce sujet sans qu'il y ait une raison pour le faire. Voici quelques opportunités pour créer un échange avec vos collaborateurs sur la fixation de règles du jeu, de règles de fonctionnement communes :

▶ conflit récent ;

▶ arrivée d'un nouveau collaborateur ;

▶ arrivée du manager dans sa nouvelle équipe ;

▶ début d'année ;

▶ nouveau projet d'entreprise ;

▶ nouveau projet d'équipe ;

▶ perte ou gain d'un projet, contrat, client important.

N'oubliez pas : « C'est par beau temps que l'on change les tuiles d'un toit ! »

THÈME N° 15

L'ÉQUIPE MULTICULTURELLE

L e thème de la diversité est un enjeu majeur des entreprises aujourd'hui, avec deux étapes d'une même feuille de route : se mettre en accord avec la loi (critères, quotas, non-discrimination) et tirer le meilleur de la complémentarité des profils.

Sur le site internet de la Charte de la diversité[172] sont recensés les critères de discrimination prohibés par la loi : l'origine ; le sexe ; les mœurs ; l'orientation sexuelle ; l'appartenance ou la non-appartenance, vraie ou supposée à une ethnie, une nation ou une race ; les opinions politiques ; les activités syndicales ou mutualistes ; les convictions religieuses ; l'apparence physique ; le patronyme ; l'état de santé ; le handicap ; l'état de grossesse ; l'âge ; la situation de famille ; les caractéristiques génétiques.

Bien évidemment, tous ne s'appliquent pas au monde du football, mais un ensemble de critères est néanmoins déterminant dans la gestion d'un groupe : l'origine culturelle. Ainsi, nous traiterons de la diversité dans le monde du football en nous intéressant de près aux équipes multiculturelles, aux vestiaires où se côtoient une dizaine de nationalités couvrant plusieurs continents. Comment coexistent les différentes cultures ? Comment communiquent-ils entre eux, avec leur entourage ? Qu'est-ce que les clubs mettent en œuvre pour faciliter l'intégration des différents individus ? Le critère « âge » sera quant à lui traité dans le chapitre suivant.

1 — UN CLUB DE FOOTBALL : UNE ÉQUIPE MULTICULTURELLE

L'ouverture à la diversité : l'arrêt Bosman

Longtemps, l'Angleterre a été une île. La construction du tunnel et l'arrêt Bosman, autorisant librement les footballeurs européens à circuler à partir de 1996, ont soustrait les inventeurs du football à leur isolement. Les premiers entraîneurs étrangers sont arrivés et, cette fois, ils n'étaient pas écossais, gallois ou irlandais. Les joueurs de toutes nationalités ont déferlé sur l'île, à leur tour. Puis ont débarqué de nouveaux actionnaires. Russes, thaïlandais, saoudiens, américains. Et le championnat d'Angleterre est devenu une tour de Babel.

Chelsea Football Club

Angleterre
Créé le 10 mars 1905
Stade : Stamford Bridge (41798 places)
Entraîneur : José MOURINHO (Portugal)

PALMARÈS DU CLUB

Ligue des champions (1) : 2012
Ligue Europa (1) : 2013
Coupe des vainqueurs de coupe (2) : 1971 et 1998
Supercoupe d'Europe (1) 1998
Champion d'Angleterre (4) : 1955, 2005, 2006 et 2010
Coupe d'Angleterre (7) : 1970, 1997, 2000, 2007, 2009, 2010 et 2012
Coupe de la Ligue anglaise (4) : 1965, 1998, 2005 et 2007
Community Shield (4) : 1955, 2000, 2005 et 2009

Un jour, Chelsea a joué sans un seul joueur britannique. C'était à l'occasion du Boxing Day 1999, le 26 décembre, à Southampton. Frank Lebœuf et Didier Deschamps faisaient partie de cette équipe qui comprenait également un Néerlandais (de Goey), un Espagnol (Ferrer), un Nigérian (Babayaro), deux Norvégiens (Thome et Flo), un Roumain (Petrescu), un Uruguayen (Poyet) et deux Italiens (di Matteo et Ambrosetti). Leur entraîneur était l'Italien Gianluca Vialli.

Depuis, d'autres clubs, et notamment Arsenal, ont imité Chelsea. Dans un pays où la mixité sociale est beaucoup plus visible à l'écran qu'en France, par exemple, l'invasion a été globalement bien acceptée, même si certains supporters sont allés vivre leur sentiment de dépossession dans des divisions inférieures un peu plus anglaises. Cette tendance n'a pas sonné la fin des joueurs anglais : à Chelsea, par exemple, ils sont revenus. Le club des bords de la Tamise a remporté la Ligue des champions en 2012 et la Ligue Europa en 2013 avec ses Anglais de (presque) toujours, John Terry, Frank Lampard et Ashley Cole.

L'Angleterre a quêté avec curiosité certains faits isolés de résistance : Aston Villa a joué avec onze joueurs anglais, et Middlesbrough a disputé un match de championnat, en 2006, avec onze joueurs britanniques. Mais ce n'est pas le sens de l'histoire. À Chelsea, saison après saison, près de quinze nationalités sont réunies dans l'effectif professionnel d'une trentaine de joueurs. La libre circulation des travailleurs a créé un nouveau marché, le propriétaire russe de Chelsea, l'ancien oligarque Roman Abramovich, a cherché à réunir les meilleurs joueurs du monde à son arrivée, en 2003, et ses entraîneurs ont dû réfléchir à la meilleure manière de les faire vivre et jouer ensemble.

En 2004, juste avant José Mourinho, l'Italien Claudio Ranieri dirigeait ce que l'on appelait déjà le « Chelski » pour résumer l'influence russe. Un entraîneur italien dans un club anglais dirigé par un russe, avec des joueurs de toutes nationalités : tel était son pari, et son décor.

Dans une longue interview, Ranieri avait décrit exactement la nature de son travail et de son expérience, dans ce contexte multiculturel :

« Toute l'équipe a besoin de se façonner une histoire, de développer une vie commune entre les joueurs. À l'été 2003, j'ai dû faire l'amalgame entre une douzaine d'anciens et les onze nouveaux joueurs débarqués à l'intersaison[173]. » Il a cherché, en même temps, à préserver un peu d'âme anglaise dans l'équipe : « Lorsque je bâtis une équipe, je crois toujours beaucoup en l'esprit et la culture des joueurs locaux. C'est, selon moi, essentiel si l'on veut construire quelque chose de positif, de durable. Lorsque je parle d'esprit local – la tradition, la mentalité, le style de vie, la combativité –, j'étends cela aux joueurs britanniques en général. Si l'on n'est pas soudé par quelque chose, on ne va pas loin. »

Ranieri expliquait, dans cet entretien, la nécessité de convaincre son nouvel environnement du basculement moderne et inévitable du football de clubs : « Quand la presse me pose une question sur l'absence d'un joueur, c'est presque toujours d'un joueur anglais qu'il s'agit. Ce peuple est encore très attaché aux traditions, très conservateur[174]. »

Aujourd'hui, Claudio Ranieri n'est pas dépaysé : il est l'entraîneur d'un Monaco dont le propriétaire est russe, et qui n'a jamais été aussi multiculturel. Cela doit lui rappeler quelque chose.

À Chelsea, lors de son premier passage, José Mourinho a senti les réticences de l'environnement anglais, notamment des journalistes. Avec son pouvoir de séduction et sa capacité à jongler avec cinq ou six langues, il a mis tout le monde dans sa poche, mais lâchait, après la victoire de Chelsea en Coupe de la Ligue 2005 face à Liverpool (3-2) : « Pour eux [les journalistes anglais], l'Angleterre appartient au premier monde et le Portugal au tiers-monde. Mais je ne vais pas me taire au prétexte que Chelsea a eu besoin d'un manager du tiers-monde pour gagner son premier trophée en cinq ans et, j'espère très bientôt, son premier titre de champion d'Angleterre depuis cinquante ans[175]. »

En débarquant à Londres en 2004, Didier Drogba a été confronté aux difficultés d'un changement de pays, de langue et de culture. Mais dans une aussi grande ville, où les habitants savent conserver une distance avec les stars du jeu, il a vite ressenti des rapports collectifs qui transcendaient les nationalités et les différences : « J'ai été très agréablement surpris. Les joueurs sont très solidaires et il y a un signe qui ne trompe pas : ils parlent avec tendresse et regret de ceux qui viennent de partir. À Chelsea, il y a plus que de l'argent, il y a une âme dans l'équipe. Cela me rassure. Les rapports humains sont pour moi essentiels[176]. » Et tout le monde finit par parler anglais, une politesse indispensable dans un nouveau cadre de vie.

Le vestiaire : un bouillon de cultures

Le football produit un rapport de force entraîneur–entraîné, parfois, qui implique une soumission de l'entraîné aux méthodes de l'entraîneur. S'il a six ou sept nationalités dans son équipe, l'entraîneur doit juste s'assurer que tous ses joueurs le comprennent. Il n'a pas à s'adapter beaucoup plus que cela, et teste plutôt la capacité de ses joueurs déracinés à s'intégrer. Le langage est une barrière à renverser. Mais le Français Philippe Troussier a pu diriger l'équipe du Japon, lors de la Coupe du monde 2002 que les Japonais disputaient à domicile, avec la présence permanente d'un interprète à ses côtés. Parfois Troussier donnait une consigne de dix secondes, et la traduction de Florent Dabadie, le fils du scénariste et auteur Jean-Loup Dabadie, pouvait durer une minute. Pendant un match, quand Troussier se levait, Dabadie était dans son ombre, un mètre derrière lui, prêt à traduire.

Lorsque la barrière de la langue a été levée, les influences différentes nourrissent une équipe. La grande équipe de Lyon du milieu des années 2000 était placée sous l'influence de trois courants majeurs : un courant français, un courant brésilien, et un courant africain. Le mélange donnait de la force et de la joie au vestiaire de Lyon.

Dans la réalité : plusieurs cultures s'implantent

Dans le détail, ces courants différents s'organisent. Dans une interview, le milieu de terrain ivoirien Yaya Touré a raconté le fonctionnement du vestiaire de Manchester City : « On a évidemment tous plus ou moins d'affinités avec les autres. Moi, je suis tout le temps avec Samir [Nasri] et Mario [Balotelli]. On déjeune tout le temps ensemble. Je m'entends bien aussi avec mon frère [Kolo Touré] et les francophones en général. Mais ça se passe bien aussi avec les Anglais qui ont également leurs amis. Ça ne veut pas dire qu'il n'y a pas des moments de tension, mais c'est rare. Ça arrive parfois en pré-saison quand on passe un mois tous ensemble, loin de nos familles[177]. »

La difficulté est toujours plus grande de réunir des ego que des nationalités différentes : « On passe plus de temps avec nos coéquipiers qu'avec notre famille, explique encore Yaya Touré. Pour que cela se passe bien, il faut beaucoup parler, être complémentaire, ne pas laisser les ego prendre le dessus. »

Lorsque le milieu de terrain de l'équipe de France Patrick Vieira a signé à Arsenal, en 1996, quelques semaines avant l'arrivée d'Arsène Wenger, les Anglais ne l'ont même pas regardé. Il venait du Milan AC, il n'allait pas tarder à rejoindre les Bleus, mais l'entraîneur britannique d'Arsenal, Stewart Houston, l'a envoyé s'entraîner avec l'équipe réserve, en compagnie de Rémi Garde. Il fallait que Wenger l'appelle du Japon, où il terminait son contrat, pour l'exhorter à la patience : « Ne t'inquiète pas, j'arrive, tout va changer. »

L'importance de l'ouverture aux autres

Wenger a toujours répété que son passage à Nagoya, entre Monaco et Arsenal, lui avait permis de mieux négocier le grand virage du championnat d'Angleterre, en le préparant de manière drastique à un changement de culture.

Sidney Govou, l'international français, a passé une saison en Grèce en guise d'expérience internationale, mais ses années passées en équipe de France à parler de la vie à l'étranger pour un footballeur l'avaient poussé à la réflexion suivante : « Pour un joueur, ou un entraîneur, le football permet de s'intégrer à la vie d'un pays mieux qu'aucun autre métier au monde. Toutes les portes s'ouvrent, et il faut trois mois pour s'imprégner de la culture d'un pays, quand un travailleur traditionnel mettrait cinq ans[178]. »

Les joueurs sont parfois sensibilisés à la nécessité d'un apprentissage rapide de la langue, ou pas. Sans être jamais allés à l'école, ou presque, certains joueurs parlent couramment quatre ou cinq langues. C'est un test à la fois d'intelligence et d'adaptation : les joueurs qui n'accordent toujours pas d'interview dans la langue de leur pays d'accueil, après trois ans, présentent rarement un bilan sportif positif. Parfois, la bonne volonté est mal récompensée : avant de débarquer en Suisse depuis son Brésil natal, l'ancien attaquant Sonny Anderson avait fait l'effort d'apprendre l'allemand. Personne ne lui avait dit que l'on parlait français à Genève, où jouait le Servette, son nouveau club.

Lorsqu'il jouait à Chelsea, l'Italien Gianfranco Zola avait décidé d'accélérer son apprentissage de l'anglais en lisant un roman policier en version originale. Il venait tous les jours à l'entraînement avec son livre, en lisait quelques pages avant ou après, et essayait de retenir de nouveaux mots. À la fin du livre, il avait fait de gros progrès, assez pour se rendre compte qu'il manquait quelque chose : son coéquipier Dennis Wise avait déchiré les cinq dernières pages, pour l'empêcher de connaître le nom du coupable. Dans un groupe, le langage des blagues potaches est universel.

Le manager anglais Harry Redknapp a vécu de l'intérieur le bouleversement de la Premier League anglaise subitement ouverte sur le continent. Il a raconté : « Quand j'ai commencé, il n'y avait pas de joueurs étrangers. À mes débuts, tout le monde venait de Grande-Bretagne. Les anciens étaient même tous originaires de Londres, nulle part ailleurs. Nous venions tous du même milieu, des familles de la classe ouvrière. Nous étions tous amis. Et on n'avait pas d'agent. Quand les joueurs étrangers sont arrivés, on a regardé et on a tous appris, oui. Les joueurs aussi. Je me souviens de Luther Blissett que j'ai dirigé à Bournemouth. Il avait joué à l'AC Milan une saison (1983-1984) avant de nous rejoindre. Et il nous disait ce qu'il fallait manger avant les matchs, c'était incroyable. J'étais le manager, mais c'était lui qui savait, parce qu'il avait joué en Italie, il connaissait les régime[179]. »

2 — LA DIVERSITÉ EN ENTREPRISE

Une grande marge de progrès dans les entreprises aujourd'hui

La diversité dans l'entreprise avance à marche forcée. À part quelques organisations menées par des personnes charismatiques sensibilisées à la thématique, une grande majorité se contente d'être en conformité avec la loi, qui insiste beaucoup sur la non-discrimination. Pour le reste, la culture d'entreprise imprègne le groupe et laisse plus ou moins de place aux différences, quelles qu'elles soient.

Pour se rendre compte de la place laissée aux différentes formes de diversité dans les entreprises, il suffit de compter le nombre de femmes dans les instances dirigeantes, d'étrangers à des postes clés (autres que des techniciens recrutés spécifiquement pour une compétence rare) ou de personnes en situation de handicap. Et pourtant, cette diversité est bénéfique pour tous, car dans une époque où tout va plus vite, où tout est plus complexe, l'innovation et la remise en cause permanente sont des compétences indispensables pour surmonter la période de mutation que nous vivons. Les organisations les plus agiles sont celles qui réussiront à conjuguer les talents des uns et des autres pour trouver des solutions nouvelles à des problématiques nouvelles.

Une multitude de sources de diversité

Au-delà des diversités citées par la loi qui ont déjà été énoncées, il existe d'autres formes qui peuvent être utiles à l'entreprise : diversité d'études, de parcours professionnels, de profils personnels, de secteur d'activité de provenance, de loisirs, de dynamique personnelle, et bien d'autres.

Ces diversités peuvent être utiles à l'entreprise, et surtout au manager qui les a à disposition, pour mieux répartir l'activité selon les aptitudes et les préférences des uns et des autres : plus le manager réussira à différencier sa relation en tenant compte des préférences et des aptitudes de chacun, meilleur sera le parti qu'il tirera de chacun d'entre eux. En effet, les collaborateurs se sentiront uniques et auront à cœur de développer ce qui fait leur spécificité. Cette démarche doit bien entendu être partagée entre le manager et le collaborateur dans une volonté commune de valoriser les aptitudes de chacun.

Se comprendre avant de s'interinfluencer

Il existe trois phases dans le traitement de la diversité.

▶ Phase 1 : non-discrimination

Dans la Charte de la diversité promue par les autorités, la définition de la discrimination est la suivante : « C'est une inégalité de traitement fondée sur un critère prohibé par la loi, dans un domaine visé par la loi. » Plus concrètement, cela signifie que toute décision fondée sur un de ces critères plutôt que sur les compétences réelles et directes d'un collaborateur est une faute. La discrimination naît des croyances et des préjugés, qui amène à penser qu'une personne est moins apte à exercer telle ou telle tâche du fait d'un des critères cités. Exemple : le manager ne donne pas le dossier important à sa collaboratrice car elle a 30 ans et risque de tomber enceinte dans les prochains mois ou années.

Il faut donc informer, sensibiliser, mettre en lumière cette problématique pour éviter les dérives et garantir l'égalité de traitement et l'égalité des chances.

▶ Phase 2 : rapprochement

La deuxième phase consiste à créer une valorisation de la diversité en permettant à chacun de mettre en avant ses compétences et ses spécificités. Exemple dans une banque : les membres de l'équipe peuvent présenter les différences entre le système bancaire français et celui de son pays et présenter des pratiques en vigueur dans son pays, différenciantes par rapport aux françaises.

Cette phase consiste aussi à dédramatiser les différences entre les uns et les autres et à créer un lien entre les personnes, afin de prévenir les discriminations mais aussi de préparer la phase d'enrichissement.

▶ Phase 3 : enrichissement

Cette troisième et dernière phase consiste à organiser et à valoriser l'échange et l'utilisation des spécificités de chacun dans l'équipe. Cela suppose, dans un premier temps, une forte relation entre les différents membres de l'équipe. Cela implique également que tous les membres de l'équipe soient ouverts à une démarche de la sorte. Les membres de l'équipe doivent décider par eux-mêmes de mettre en avant leur diversité.

GRILLE DE TRAVAIL N° 15
CRÉER L'OPPORTUNITÉ DE RENCONTRE

Vous avez décidé de promouvoir la diversité dans votre équipe, voici pour chacune des phases deux actions que vous pouvez mettre en œuvre.

▶ Phase 1 : non–discrimination

Action n° 1 : sensibilisation

Première action à réaliser lorsque l'on désire faire progresser la diversité dans son équipe, la sensibilisation sur le sujet peut prendre plusieurs formes :

▶ invitation d'un témoin : faire intervenir un témoin pour parler de la diversité, des difficultés au quotidien, des actions à mettre en œuvre. L'avantage de l'intervention d'un témoin est de rendre les problématiques concrètes ;

▶ intervention d'un membre des ressources humaines : les équipes des ressources humaines ont chacune une feuille de route pour faire avancer le thème de la diversité. Cette intervention permettra également de présenter les outils et les actions mises en œuvre par la société ;

▶ participation à une conférence ou une formation sur le sujet : inscrire son équipe à une conférence sur le thème de la diversité ou à une formation de sensibilisation est l'action la plus engageante car elle sort les collaborateurs de leur contexte habituel pour échanger avec d'autres sur le thème de la diversité. Un grand nombre de sociétés de conseil proposent des formations ou des conférences sur le thème avec des actions à mettre en œuvre à chacun des niveaux.

Action n° 2 : clarification des règles dans l'équipe

La seconde action de sensibilisation est la création d'une réunion de travail pour identifier et instaurer des règles de fonctionnement dans l'équipe. Au-delà des règles traditionnelles (respect des horaires, soutien mutuel), vous pouvez instaurer des règles spécifiques liées à la diversité (écoute, prise en compte de l'avis des autres, travail en équipe). Cette clarification des règles possède donc un double avantage et permet d'agir à long terme.

▶ Phase 2 : rapprochement

Action n° 1 : rencontre de partage

Dans la deuxième phase, la promotion de la diversité doit permettre non plus de parler du sujet, mais bien d'agir auprès des personnes. Vous pouvez donc réunir votre équipe pour échanger sur les compétences des uns et des autres et les apports qu'ils proposent au reste de l'équipe. Cette rencontre de rapprochement permettra de créer du lien entre les membres de l'équipe et mettre en avant les différences de chacun et les particularités que chacun peut apporter.

Action n° 2 : résolution de problématiques

La deuxième action est proche de l'action n° 1, mais elle est plutôt centrée sur un sujet, une problématique, que sur le thème de la diversité et des différences de personnes. Identifiez en amont les problématiques vécues par l'équipe (dans son fonctionnement, sur un sujet particulier) et créez un atelier de résolution de problématique avec tous les membres de votre équipe. Ainsi, par l'exemple, vous pourrez démontrer que chacun a à apprendre de l'autre.

▶ Phase 3 : enrichissement

Action n° 1 : tutorat/création de binômes

La troisième phase consiste à développer la diversité, à l'encourager, à la faire vivre au quotidien et à en tirer les bénéfices. La première action d'enrichissement consiste donc à mettre ensemble deux personnes diverses et à faire en sorte que l'une et l'autre s'inter-influencent. Cela peut consister à un rassemblement périodique, sur un thème précis ou à plus long terme en créant des binômes avec des moments de rencontres fréquents.

Action n° 2 : recrutement

L'action la plus emblématique pour faire avancer la diversité dans son équipe consiste à intégrer un collaborateur issu de la diversité dans son équipe. Cette action forte permettra à la fois à ce collaborateur de disposer d'un poste dans une équipe préparée à l'accueillir, mais également au reste de l'équipe de profiter d'un regard neuf. Dans les pages suivantes, nous vous proposerons les questions à se poser avant d'initier un recrutement.

THÈME N° 16
L'ÉQUIPE INTERGÉNÉRA-
TIONNELLE

A vant que la crise de 2008 ne survienne et que le thème RH majeur ne devienne la gestion des risques psychosociaux aujourd'hui, le sujet « à la mode » était celui du mix générationnel. De nombreux experts arpentaient alors les centres de formation et les salles de conférence pour mettre en avant les différences entre un vétéran, un baby-boomer, un X, et la nouvelle génération montante dans l'entreprise : les Y. Les réactions étaient alors sensiblement les mêmes, à savoir une crispation des uns et des autres face aux spécificités supposées des différentes générations. Les discours du type « Les jeunes sont impatients et ne respectent plus rien » ou « Les anciens n'ont plus de motivation » ont été remplacés depuis par des réflexions plus profondes. Mais des questions demeurent : existe-t-il réellement une problématique de générations dans les entreprises (et dans les clubs de football) ? Cette problématique est-elle nouvelle ou bien a-t-elle toujours existé ? Comment gère-t-on les différentes générations dans un club de football ?

1 — LES DIFFÉRENCES GÉNÉRATIONNELLES DANS LE MONDE DU FOOTBALL

L'Olympique Lyonnais, pourvoyeur de champions en herbe

Former des jeunes, pour un club de haut niveau, est à la fois une nécessité sportive et économique. Régulièrement désigné meilleur club français de jeunes, l'Olympique Lyonnais investit dix millions d'euros par an dans son centre de formation. Quand il était très riche, entre 2008 et 2010, il lui est arrivé d'oublier de puiser dans son vivier. L'OL a toujours préparé l'avenir, mais pas forcément le sien : au fil des années, par exemple, le club lyonnais a vendu toute sa génération 1987 (Benzema, Ben Arfa, Rémy, Mounier, Riou, Karaboué...) pour financer un recrutement dispendieux et contestable.

Olympique Lyonnais

France
Créé le 3 août 1950
Stade : Stade de Gerland (41 044 places)
Entraîneur : Rémi GARDE (France)

PALMARÈS DU CLUB
Champion de France (7) : 2002, 2003, 2004, 2005, 2006, 2007 et 2008
Trophée des Champions (7) : 2002, 2003, 2004, 2005, 2006, 2007 et 2012
Challenge des Champions (1) : 1973
Coupe de France (5) : 1964, 1967, 1973, 2008 et 2012
Coupe de la Ligue (1) : 2001
Coupe Intertoto (1) : 1997
Champion de D2 (3) : 1951, 1954 et 1989

Mais, dans l'idéal, les jeunes sont là à la fois pour compléter l'équipe sur certains postes, et pour booster les anciens guettés par le confort de leurs titularisations régulières. Comme bien d'autres clubs, l'OL envisage la formation comme une double éducation, sportive et personnelle. Mais l'intégration des jeunes joueurs les plus doués dépend aussi de leur environnement. Robert Valette, l'ancien responsable du centre de formation, a ainsi décrit : « Karim Benzema a reçu une éducation qui lui a permis de rester dans les clous, et on n'a jamais eu de problème. Alors que la famille d'Hatem [Ben Arfa], tout jeune, lui a dit, pour plagier Rudyard Kipling : "Tu seras footballeur, mon fils !" Et tout le reste a été oublié. Il lui manque toute une partie de son enfance. » Autre formateur lyonnais essentiel, Armand Garrido souligne en écho : « On ne peut pas comparer avec Benzema. L'environnement n'était pas le même. Hatem avait été programmé. Et quand on a 15 ans, c'est très difficile à assumer. Surtout quand on n'y est pas préparé[180]. »

Valette raconte cette anecdote : « Dans un match, je lui demande de suivre un défenseur. "Prends-le !" Pas de réponse. Une deuxième fois : "Prends-le !" Il est alors venu vers moi pour me dire : "Oh ! On ne me parle pas comme ça, à moi !" Je l'ai ramené au vestiaire pour le recadrer. C'est un garçon qui venait de changer de statut[181]. »

L'intégration se fait par la qualité sportive, mais aussi la qualité humaine. Il y a souvent des rituels pour marquer le passage d'un monde à l'autre. Un discours, souvent. Quand Benzema était arrivé avec les pros à Lyon, ceux-ci lui avaient demandé un discours, et commençaient à moquer gentiment sa timidité quand le jeune avant-centre leur avait rétorqué, dans un petit sourire : « Vous pouvez rigoler. Je suis là pour prendre votre place. »

L'entraîneur est là pour réguler la relation entre les anciens et les jeunes. À Lyon, toujours, les jeunes ne rejoignent pas immédiatement le vestiaire des professionnels, au centre d'entraînement Tola-Vologe. Avoir son casier entre Lisandro et Gourcuff se mérite. Dans ce vestiaire, l'entraîneur lyonnais Rémi Garde avoue surveiller l'équilibre des générations : « Je ne veux pas que ce soit un vestiaire de CFA. Le respect doit fonctionner dans les deux sens, même si, à mon âge, j'ai un penchant pour le respect des jeunes pour les anciens : avant de revendiquer, il faut prouver[182]. >>

Parfois, le management générationnel s'effectue en laissant faire, notamment quand le vestiaire est fort et capable d'imposer ses propres règles.

C'est également arrivé à Lyon avec Ben Arfa, un jour de dispute à l'entraînement avec Sébastien Squillaci, qui évoluait en équipe de France, à l'époque. Pendant la séance, Ben Arfa avait insulté l'aîné, qui lui avait retourné une gifle. À la fin de l'entraînement, dans le vestiaire, Ben Arfa avait recommencé. Cette fois, Squillaci avait entrepris de lui casser la figure. Des joueurs s'étaient levés pour séparer les deux hommes, mais Cris était intervenu : << Non, laisse-les faire, il faut qu'Hatem apprenne... >>

Le désir des anciens de faciliter l'intégration des jeunes et des nouveaux se heurte, bien sûr, à l'idée de concurrence. À Lyon, Cris a été un leader jusqu'à ce qu'il soit menacé par les joueurs mêmes qu'il avait pour rôle d'épauler.

Arsenal : la confiance aux jeunes

À Arsenal, le mélange des générations est culturel. Il repose sur un postulat de principe : le manager, Arsène Wenger, fait confiance aux jeunes joueurs, qui sont non seulement l'avenir du club, mais aussi son présent. Ce management par la confiance se mêle à l'âge de l'insouciance pour imprimer à l'équipe un état d'esprit particulier. Explications de l'entraîneur d'Arsenal : << Une fois que tu prends une décision, tu ne dois plus montrer de doutes. Si ça ne marche pas, c'est que je me suis trompé, que le jugement que j'ai porté, sur le joueur, sa qualité psychologique, n'était pas le bon. J'ai toujours pensé que ce métier d'entraîneur était plus un métier de confiance dans les autres qu'un métier de compétence technique. Finalement, notre boulot c'est de dire aux joueurs : "Notre destin est entre vos mains. Allez-y ! Je crois en vous." J'ai souvent constaté que des gens bien plus intelligents que moi vivent ça très mal parce qu'ils ont l'impression de ne pas être maîtres de leur destin. Pour moi, tout le fond du problème psychologique de l'entraîneur est là. Dans le risque de devenir négatif, de vivre mal l'impression de ne pas voir, parfois, payée en retour la confiance que tu accordes[183]. »

Mais la philosophie d'Arsenal n'empêche pas les incompréhensions. L'une des plus spectaculaires a opposé deux joueurs de l'équipe de France, William Gallas et Samir Nasri, à l'époque où ils portaient tous deux le maillot du club londonien. Leur opposition était purement générationnelle, et subsiste, puisqu'ils ne se serrent plus la main. Tout était parti d'un incident célèbre : Nasri avait pris la place de Thierry Henry au fond du bus de l'équipe de France, pendant l'Euro 2008, et avait refusé de la quitter. Gallas s'était payé Nasri dans son autobiographie[184], expliquant : « Ce livre n'avait qu'un objectif : éduquer la nouvelle génération. Je parle de cette affaire de bus, mais je n'ai jamais évoqué le nom de Nasri dans ce livre, à aucun moment. Au départ, j'ai parlé de ce bouquin avec lui, et il n'a fait aucune objection. Mais après, pendant un match de Ligue des champions à Rome, avec Arsenal, il avait perdu un ballon, et j'avais montré ma déception, sans plus. C'est alors qu'il m'avait insulté, traité de tous les noms sur le terrain, comme "fils de p...". On a eu une sévère explication dans le vestiaire, à la fin du match. Je l'ai recadré et je lui ai dit qu'il n'était pas à Marseille[185] ! »

Des repères qui ont changé

Le respect n'est pas naturel, ou alors les codes ont changé. À l'approche de l'Euro 2004, Zinedine Zidane avait refusé de prendre le brassard de capitaine de l'équipe de France à un moment où Marcel Desailly hésitait sur la suite à donner à sa carrière internationale, parce qu'il voulait attendre la décision du capitaine en titre. D'autres n'auraient pas eu ce respect dû aux aînés. Jacques Santini, le sélectionneur de l'époque, nous a ainsi raconté, un jour : « Quand j'ai rencontré Zizou, qui m'avait reçu chez lui, ce qui était une marque de reconnaissance, je lui avais demandé d'être le capitaine. Il m'avait répondu : "Vous avez vu Marcel ?" Je lui ai confirmé qu'il réfléchissait. Zizou m'avait dit : "Si Marcel ne repart pas, je prends le brassard. Mais s'il repart, il reste capitaine." J'ai compris que cette relation entre anciens était forte et qu'il fallait en tenir compte[186]. »

Un club comme l'Ajax Amsterdam a grandi, dans les années 1970 comme dans les années 1990, avec un système parfaitement pyramidal. Tous les jeunes du club étaient éduqués selon les mêmes principes techniques, et jouaient le week-end dans la même organisation, afin de pouvoir intégrer à tout moment l'équipe professionnelle, avec des repères. La rémunération suivait cet itinéraire, et faisait même partie de la progression : il fallait avoir vingt ans pour vraiment gagner sa vie. L'Ajax ne s'est pas remis de l'arrêt Bosman, qui a obligé les clubs professionnels à protéger les contrats de leurs très jeunes joueurs par des salaires qui dissuadaient les acheteurs. Alors que les petits contrats faisaient partie de l'apprentissage, sous l'angle de la valeur de l'effort et de la reconnaissance, le grand club d'Amsterdam a dû payer ses jeunes joueurs dès l'âge de 15 ans pour pouvoir les garder. Et le moule s'est cassé. Les jeunes joueurs n'ont plus progressé de la même manière. Au lieu de booster les professionnels en place et de les régénérer, ils sont arrivés dans ce nouveau monde avec les mêmes mauvaises habitudes, et le sentiment qu'ils avaient fait le plus dur.

Zoom

La révolution de l'arrêt Bosman

Tout est parti d'un conflit banal : en 1990, un joueur du FC Liège, Jean-Marc Bosman, qui touche l'équivalent de 3 000 euros mensuels, refuse de prolonger son contrat et veut rejoindre Dunkerque, en France. Son club demande une indemnité de transfert, ce qui est autorisé en Belgique, alors, même pour les joueurs en fin de contrat. Alors que le nombre de joueurs étrangers par club est limité à trois, dans la plupart des pays, Bosman saisit la Commission européenne, à Bruxelles, pour réclamer la libre circulation des footballeurs. Le 15 décembre 1995, la Commission fait exploser les règles anciennes de transfert et de protectionnisme dans le football, en décidant de la libre circulation des footballeurs dans l'Espace économique européen. Aujourd'hui, il faut ajouter à tous ces pays la Suisse, la Russie et 79 pays bénéficiaires des accords de Cotonou.

Dès l'été 1996, les plus grands clubs ont pu concentrer un nombre illimité de joueurs étrangers (mais le nombre d'extracommunautaires est limité à six), le Real Madrid illustrant cette tendance avec sa première génération « galactique », de même que Chelsea, premier club à avoir joué sans Anglais en championnat d'Angleterre.

2 — L'INTERGÉNÉRATIONNEL DANS L'ENTREPRISE

Quarante-cinq ans de carrière dans le monde de l'entreprise

L'écart entre un jeune et un ancien, dans une équipe de football, dépasse rarement les 20 printemps : le jeune espoir qui intègre l'équipe première a 18 ans et le vétéran solide, maximum 38, à quelques exceptions près. Pourtant, la distance qui existe entre les différentes générations de footballeur est accentuée par la compétition interne que se livrent les acteurs du jeu. L'avancée dans l'âge, qui induit la baisse des compétences purement physiques, de récupération et parfois d'envie, mène inéluctablement au remplacement des anciens par les nouveaux. Dans l'entreprise, les plus jeunes rentrent à 18–20 ans pour quitter, au mieux aujourd'hui, autour de 60 ans. Quarante/quarante-cinq ans peuvent séparer les nouveaux recrutés des proches retraités. En quarante-cinq ans, le monde a changé plusieurs fois, les méthodes de travail ont considérablement évolué, et la relation à l'entreprise s'est modifiée en profondeur. Alors, comment concilier des visions du monde différentes pour aller dans le même sens ?

Des responsabilités différentes pour chaque catégorie d'âge

Dans les grandes entreprises, les paliers sont souvent les suivants :

▶ 20 à 30 ans : on apprend le métier, le domaine d'activité, on se teste sur un ou plusieurs postes. On accumule de l'expérience. Les erreurs sont fréquentes, mais elles forgent l'apprentissage. L'horizon de temps est la semaine : comment s'organise l'activité. Quelles sont les urgences à régler ?

▶ 30 à 40 ans : la technique accumulée pendant les dix premières années permet aux meilleurs d'accéder à un poste de manager de proximité, dont le rôle est souvent double. La première partie du poste consiste à diriger une petite équipe, à tester les convictions acquises sur le terrain et dans les livres pour les mettre en œuvre dans le difficile exercice de la gestion d'une équipe au quotidien. La seconde partie du poste repose sur l'expertise : en tant que manager, il devra développer les compétences des autres membres de l'équipe grâce à son expérience de terrain, montrer les gestes, répondre aux problématiques techniques. L'horizon de temps devient le mois : comment s'organiser pour répondre à toutes les problématiques ? Comment anticiper les absences et les congés des uns et des autres ?

▶ 40 à 50 ans : la décennie suivante, si le parcours se poursuit linéairement, ne consiste plus à encadrer directement des personnes mais à faire faire, à faire apprendre. On devient manager de manager et les aspects techniques sont petit à petit remplacés par les aspects relationnels et politique. L'activité consiste plus à être le premier relai de la stratégie fournie par les dirigeants et sa traduction opérationnelle pour les managers et leurs équipes. L'horizon de temps naturel devient l'année : comment faire pour atteindre l'objectif global ? Comment le préparer ? Comment accompagner les managers ? Comment leur faire lever le nez du guidon ?

▶ après 50 ans, la sagesse et le recul acquis pendant sa longue carrière permettent d'accéder à un poste de dirigeant : bâtir la stratégie, prévoir, concevoir l'avenir et les orientations qui vont permettre d'atteindre les objectifs à moyen/long terme. L'horizon de temps est alors de deux à cinq ans, en fonction des domaines d'activité.

Cette progression est évidemment caricaturale et ne tient pas compte des carrières purement techniques, importantes dans notre pays d'ingénieurs, ni des nouveaux modèles d'entreprise type « start up ». Mais elle permet de mettre en avant les attentes des uns envers les autres en fonction de l'ancienneté accumulée. Ces attentes ne sont que trop rarement partagées dans l'entreprise et peuvent mener à de réelles incompréhensions.

La compétition directe dans le football, mais pas dans l'entreprise

Les générations dans l'entreprise ne se livrent pas une compétition telle que pourraient se la livrer deux concurrents au même poste dans un club de football. En effet, les générations qui se succèdent, qui sont proches, sont celles qui devraient être le plus en concurrence, puisque l'écart d'expérience, d'âge, de maturité, ne crée pas de différences significatives pour l'obtention d'un nouveau poste ou d'un dossier important. Or, les conflits générationnels que l'on observe dans les entreprises n'interviennent pas comme dans le football entre des personnes qui sont en concurrence, mais au contraire entre des personnes qui ont de vraies différences, et qui ont tout à gagner à se rapprocher l'une de l'autre.

Deux différences fondamentales permettent d'expliquer cette situation.

Une première différence fondamentale : l'arrivée d'Internet

La raison pour laquelle le sujet générationnel a trouvé un écho si important dans le monde est qu'il repose sur un événement majeur pour l'ensemble de l'humanité : l'arrivée d'Internet. Dans le début des années 1990, la diffusion d'Internet a changé énormément de choses, aussi bien dans la sphère personnelle que professionnelle. Cette arrivée, incontournable, n'a pas été accueillie et surtout intégrée de la même façon par tous.

Certains sont passés à côté, car l'outil est arrivé pour eux à un âge où l'apprentissage et la remise en cause ne sont plus naturels. Ils ont résisté longtemps, ou résistent toujours, à l'utilisation de l'ordinateur, du téléphone mobile et autres outils technologiques. D'autres ont appris à l'utiliser par paliers successifs, au fur et à mesure que la bande passante augmentait et que les temps de chargement diminuaient. Pour beaucoup, ils ont aujourd'hui un téléphone intelligent, mais peuvent comparer avec une époque différente. Ils sont parfois nostalgiques d'un temps où tout ne passait pas par un écran allumé. On les appelle, dans la littérature anglo-saxonne, les « *digital immigrants* », qui ont migré vers cette nouvelle technologie. Enfin, la troisième population a adopté Internet dès le départ. On les appelle les « *digital natives* ». La question de l'utilité et de la valeur ajoutée d'Internet ne s'est jamais posée. Dès leur plus jeune âge, ils ont été connectés à tous leurs amis *via* MSN, travaillé en groupe, eu à disposition des milliers de pages de contenus sur le même sujet *via* les sites spécialisés, blogs et autres Wikipédia.

La première différence fondamentale est là : Internet, synonyme d'instantanéité, de personnalisation à outrance, de connaissance au bout du clic, à toute heure, en tout lieu.

Les impacts de l'arrivée d'Internet sur les citoyens sont énormes. Voici quelques répercussions à prendre en compte dans les entreprises.

▶ Une nouvelle façon de communiquer

L'information circule aujourd'hui plus rapidement que jamais. Nous avons toutes et tous à disposition en tout temps plus de connaissance que tous les experts du siècle dernier. Dans les quelques 100 grammes de notre téléphone mobile sont incluses les plus incroyables connaissances de notre époque et des époques antérieures. Et le tout en instantané. Alors qu'il y a peu de temps encore il fallait être accroché à un fil pour parler à une personne distante ou attendre un jour ou deux pour recevoir un courrier, nous avons aujourd'hui la possibilité de contacter dans l'instant n'importe quelle personne à n'importe quel endroit de la Terre (ou presque). Petit test : au bout de combien de temps attendez-vous la réponse à un mail intitulé : « Urgent » ?

▶ Une nouvelle façon d'apprendre

Il n'y a pas si longtemps, lorsque les trente étudiants d'une classe devaient réaliser un exposé sur un thème précis, le plus vif avait un avantage considérable sur les autres. Il courait à la bibliothèque récupérer le seul exemplaire du livre sur le sujet. Les autres devaient attendre deux semaines avant de pouvoir le récupérer. Aujourd'hui, la difficulté n'est pas de récupérer l'information, mais de l'utiliser à bon escient : savoir la trier, l'intégrer, la bonifier, faire des liens entre les différentes sources. Apprendre ne signifie plus savoir répéter, mais savoir intégrer.

▶ Une nouvelle façon de travailler

La valeur travail s'est également modifiée. Les 35 heures, les RTT, le travail à distance, les mails, les téléphones et ordinateurs portables, la connexion à Internet ont rendu les frontières entre la vie professionnelle et la vie personnelle plus poreuses. On ramène du travail le soir à la maison et on imprime le récapitulatif des vacances sur l'imprimante du bureau. Mais ce n'est pas tout, le travail à vie dans l'entreprise n'existe plus, ou si peu. Les nouvelles générations, qui ont un mal fou à décrocher leur premier CDI, savent dès le départ qu'ils croiseront le chemin de plusieurs employeurs dans leur carrière. La relation au travail et à l'entreprise évolue donc forcément. Elle se noue dans une contractualisation plus forte de l'apport des uns et des autres : du travail contre un salaire, certes, mais également de la motivation contre des missions intéressantes, de la fidélité contre un développement continu. Le travail n'est plus le centre de l'existence, mais une composante parmi d'autres.

▶ Une nouvelle façon de consommer

Internet a également modifié en profondeur notre façon de consommer. Le commerce à distance croît de manière exponentielle chaque année. De plus en plus de biens sont dématérialisés (musique, films, livres maintenant) et le passage en boutique n'est pas incontournable. Par ailleurs, la relation au vendeur a également évolué vers plus d'attentes, plus de valeur ajoutée. Pourquoi aller en magasin si le vendeur n'est pas sympathique et ne me donne pas plus de renseignements que ce que j'ai déjà lu sur un ou plusieurs sites internet ? Le vendeur doit donc être un expert sympathique, et faire de ce moment d'achat une expérience agréable qui donne envie de sortir de derrière son écran. Enfin, la consommation est devenue l'avènement du comportement individualiste : la personnalisation à outrance et le discours centré sur l'individu incitent chacun à assouvir des besoins de plus en plus personnels.

▶ Un nouveau rythme de vie

En conclusion, le facteur temps n'est plus le même. Internet nous habitue à ce que tout soit disponible tout de suite, tout le temps. L'avènement des smartphones et des réseaux 3G aujourd'hui, 4G demain, nous permet d'avoir l'information en instantané, des réponses à nos questions en quelques secondes. Tout va plus vite. Il arrive souvent que deux collègues partagent la même vision : « C'est incroyable comme tout va de plus en plus vite. Je ne vois pas comment cela pourra encore s'accélérer dans notre métier. » Certes, cela va plus vite, mais pour ceux qui arrivent sur le marché du travail aujourd'hui, le rythme n'est ni trop élevé ni trop faible, il est juste naturel puisque c'est nouveau, et qu'ils ont appris avec les nouveaux outils qu'ils maîtrisent déjà sur le bout des doigts.

Une évolution de toute notre société

En parallèle de l'essor d'Internet, nous assistons à une évolution profonde de nos sociétés vers plus d'individualisme et la revendication de droits sans forcément avoir en tête les devoirs liés. Aucune sphère de la société civile n'échappe à cette tendance de fond.

▶ La famille

Les sociologues s'entendent pour dire que le noyau familial se modifie en profondeur. Le modèle Père–Mère–Enfant est remis en cause par l'accroissement des familles monoparentales et les discussions, manifestations pour ou contre le « mariage pour tous » en 2013 ne font qu'illustrer les questionnements autour de cette institution. En parallèle, les relations entre l'autorité parentale et les enfants évoluent également. Les parents cherchent à être plus « cools », à codécider avec les enfants. Dire non, interdire devient plus difficile car cela risque de détériorer le lien. En résumé, les parents cherchent un peu moins à être respectés et suivis, un peu plus à être aimés et proches.

▶ L'école

L'autorité du professeur d'école est également mise à mal. De plus en plus de dépêches dans les journaux font part d'actes de violence envers le corps enseignant. Il n'est pas rare également que les parents, convoqués par le professeur ou le directeur d'établissement, décrédibilisent cette autorité et défendent coûte que coûte leur progéniture. L'enseignement a de plus en plus de difficultés à faire respecter son autorité.

▶ La politique

Les représentants politiques apportent également leur tribut à cette individualisation croissante. Bien qu'ils soient élus pour représenter le peuple, les illustrations qu'ils donnent d'eux dans les médias font ressortir une tendance bien plus sinistre. Un exemple entendu de la bouche d'un élu : « Moi, mon ennemi, c'est l'autre camp ! » Non ! L'ennemi d'un politique doit être le chômage, le mal–logement, l'inflation, l'insécurité, mais pas l'opposant politique. Leur but n'est pas de gagner contre l'autre, mais bien de faire progresser leur pays, peu importe si l'idée vient de l'autre camp. À ce propos, le jeu médiatique des politiques qui consiste à dénigrer systématiquement les actions et les propos de leurs confrères mène inexorablement vers le sentiment général : tous incompétents. La grande majorité des propos relayés par les médias sont les petites phrases qui dénigrent les faits et gestes des autres partis. Quelle place pour la réflexion de fond à long terme ?

▶ La télévision

En droite ligne avec le précédent point, la place de la télévision dans la sinistrose ambiante n'est plus à démontrer. Bien qu'il y ait un nouvel essor avec des programmes qui mettent en avant l'effort et le travail, de nombreuses émissions d'« *infotainment* », le divertissement fondé sur l'actualité, ont tendance à dévaloriser l'esprit d'initiative et à décrédibiliser plus encore les politiques, les artistes, les entrepreneurs. En quelques minutes, certains chroniqueurs, habitués aux plateaux de télévision, peuvent démonter le travail de plusieurs mois, de plusieurs années, à l'aide de quelques phrases critiques sur quelques points de détail. Certes, ces chroniqueurs ne sont que le dernier maillon de la chaîne, mais ils contribuent à démontrer que la critique est beaucoup plus facile que la création, beaucoup plus rarement mise en avant.

▶ Le sport

Revenons-en au football, sujet majeur de ce livre. L'opium du peuple contribue à créer des idoles que nos enfants affichent en poster dans leur chambre. Ces idoles, que l'on prend facilement en exemple, n'ont malheureusement pas toujours un comportement aussi exemplaire que l'on souhaiterait. Simplement, en France, nous pouvons citer l'exemple du coup de boule de Zidane, du bus de Knysna, des dérapages verbaux d'Anelka ou de Nasri, mais nous pouvons également citer ceux de certains entraîneurs, comme René Girard et son doigt pointé vers l'entraîneur de Schalke 04. Les autres sports, comme le handball et son affaire présumée de paris truqués ou le rugby et sa bataille de présidents de club, n'échappent pas à cette évolution. Bien sûr, ils n'ont pas demandé à jouer ce rôle de modèle mais, de fait, ils le sont. Leurs comportements sont étudiés, observés, reproduits à l'identique dans les cours de récré ou sur le terrain du village.

▶ Le travail

Comme nous l'avons vu, l'entreprise à vie n'existe plus. Les plans sociaux qui se sont multipliés à la fin des années 2000 ont démontré à tous les salariés qu'ils n'étaient pas à l'abri de perdre leur emploi sur des critères tels que l'ancienneté, l'âge, leur poste, plus que pour des questions de compétences. Par ailleurs, si certains de ces réajustements organisationnels sont dictés par des raisons économiques d'urgence, d'autres sont la résultante d'une réflexion plus financière destinée à accroître le dividende des actionnaires. D'autre part, il est de moins en moins rare que des employés changent d'entreprise pour profiter d'autres avantages, d'un autre cadre de vie, d'aspirations plus personnelles. La relation à l'entreprise est moins figée dans le marbre que par le passé. Enfin, la réflexion sur le système de retraite actuel pousse chaque individu à réfléchir dès le plus jeune âge à la façon dont il se mettra personnellement à l'abri du besoin, sachant pertinemment que le système ne lui octroiera pas les mêmes revenus qu'aujourd'hui à la fin de son parcours professionnel.

Une incompréhension plus qu'une réelle fracture

Les deux évolutions en profondeur que nous avons décrites ne touchent évidemment pas que les jeunes générations, Y ou Z, mais bien l'ensemble de notre société. La différence, c'est que les plus jeunes n'ont pas la capacité de comparer ces tendances lourdes avec d'autres époques, d'autres mœurs. Ils prennent ainsi comme acquis ces nouveaux comportements qu'ils reproduisent de façon totalement décomplexée, créant ainsi un décalage avec les autres générations qui ont connu d'autres façons de faire et d'être, et qui s'attendent à d'autres égards de la part des plus jeunes.

Il est difficile d'en vouloir à l'une ou l'autre des générations, et ce n'est pas le but. Mais comme pour toute incompréhension, le dialogue, l'échange, la clarification des irritants est un excellent remède.

Hauts potentiels : football et entreprise, même combat

Pour terminer la réflexion sur les différences générationnelles et leur impact dans l'entreprise, il est nécessaire de faire un zoom sur ceux que les entreprises appellent les « hauts potentiels », les « jeunes prodiges » dans le monde du football.

Donc son livre *Tout Seul*[187], Raymond Domenech rappelle les difficultés qu'il a rencontrées avec certains représentants de la nouvelle génération. Il décrit ainsi, en deux phrases, le fond du problème : « Les clubs se retrouvent encombrés d'une génération de footballeurs qui gagnent beaucoup d'argent sans avoir prouvé grand-chose » et : « Je l'ai perçu à partir de 2006, avec la nouvelle génération : les repères que constituent les anciens, leur importance comme modèle, les valeurs qu'ils pouvaient incarner aux yeux des jeunes, tout cela a brutalement volé en éclats. » Ces deux phrases rappellent toute la difficulté à la fois de garder les meilleurs talents pour un club ou une entreprise, et en même temps de leur inculquer la valeur travail. Maintenir des efforts importants lorsque l'on sait que l'on fait partie des « élus », que le chemin est tout tracé, est beaucoup plus exigeant. Le football n'y arrive pas toujours. L'argent, la renommée arrivent instantanément. Il n'est pas rare d'en voir certains rester d'éternelles promesses. Dans l'entreprise, les parcours pour les hauts potentiels se sont longtemps cherchés : doit-on le dire ou pas aux personnes concernées ? La liste doit-elle être connue de tous ? Faut-il un parcours spécifique ou alors faut-il les observer à distance ?

Il n'existe pas de modèle précis, chaque entreprise, avec sa culture, doit bâtir son propre modèle. Néanmoins, deux ingrédients intangibles doivent être intégrés :

▶ la carotte pour faire avancer : il faut que l'intégration au programme haut potentiel constitue non pas une fin mais un début. Les efforts attendus doivent être communiqués et l'entreprise doit clarifier un point important : il ne s'agit pas d'un acquis. À tout moment, le salarié doit savoir qu'il peut sortir du programme s'il ne remplit pas les exigences nécessaires. En résumé, il ne doit pas sentir que c'est une récompense, une promesse pour l'avenir, mais qu'il s'agit d'un parcours qui peut le mener plus haut plus vite s'il accepte les contreparties ;

▶ le contact avec les dirigeants exemplaires : le deuxième incontournable consiste à mettre ces futurs leaders en contact avec ceux qu'ils doivent remplacer plus tard. L'exemplarité doit jouer à fond : ils doivent avoir envie de se comporter comme eux, d'être comme eux. Si les dirigeants actuels ne leur donnent pas envie, les jeunes salariés n'auront pas le désir suffisant de faire les efforts nécessaires.

Pour reprendre l'exemple du football, avoir un joueur du calibre de Messi, Beckham, Scholes ou Giggs dans son effectif constitue une assurance pour le développement des plus jeunes, qui voient que le talent ne suffit pas et que le travail est un incontournable pour franchir les étapes les plus élevées.

Avoir des talents dans son organisation constitue donc une double exigence : pour le jeune lui-même, qui doit poursuivre voire redoubler d'efforts pour faire partie de l'élite, et pour l'organisation qui doit mettre en place un environnement exigeant et apprenant pour accompagner le développement de ses pépites.

GRILLE DE TRAVAIL N° 16
CRÉER UN LIEN ENTRE LES GÉNÉRATIONS

Pour favoriser le développement de l'esprit d'équipe et doper les performances, il faut créer la rencontre entre les différentes générations. Pour cela, le manager doit créer des moments de dialogue entre des personnes qui n'ont pas forcément l'occasion ou l'envie d'aller les uns vers les autres.

La grille de travail suivante vous permettra de créer l'opportunité de cette rencontre.

Collaborateur A	Collaborateur B
Compétences reconnues de son collègue	
Comportements ou actions irritantes de son collègue	
Attentes envers son collègue	

▶ Temps 1 : prenez le temps d'expliquer la démarche et les objectifs de cette rencontre. En fonction de la relation entre les collaborateurs, vous pouvez soit les laisser seuls pour échanger, soit animer le dialogue en tant que facilitateur.

▶ Temps 2 : commencez l'échange par les points positifs, les compétences reconnues de son collègue. Chaque collaborateur exprime les compétences qu'il reconnaît de l'autre.

▶ Temps 3 : poursuivez l'échange avec les irritants. Évitez que l'un ou l'autre n'émette des jugements ou ne donne des impressions personnelles : insistez sur les faits. Évitez aussi que chacun ne soit sur la défensive et n'essaie de défendre chacun des points apportés par l'autre. Assurez-vous que le collaborateur soit réellement à l'écoute et entende les faits. Évitez également de prendre parti.

▶ Temps 4 : faites identifier par chaque collaborateur les attentes envers son collègue. En fonction du niveau d'échange, vous pouvez également suggérer des pistes de travail communes sur des sujets spécifiques par exemple. Mais souvenez-vous : plus les propositions viennent de la part des collaborateurs, plus il y a de chances qu'elles se réalisent concrètement.

▶ Temps 5 : concluez l'échange par des engagements réciproques, ce que chacun s'engage à faire (ou à ne pas faire) à l'avenir.

En fonction de la taille de votre équipe, vous pouvez également organiser cet échange avec des groupes de collaborateurs.

THÈME N° 17
LE
RECUTEMENT

Intégrer du sang neuf dans son équipe, remplacer un départ, accompagner le développement de son activité, combler un déficit de compétences : les raisons qui mènent à un recrutement sont nombreuses. Les façons de le gérer aussi. De nombreuses questions se posent au moment de définir le profil rare, mais bien d'autres mériteraient également d'être posées en temps et en heure. Il existe quelques différences entre un recrutement dans l'entreprise et l'acquisition des droits sportifs d'un joueur de football. La première différence est bien entendue la question des chiffres. La seconde est le rôle des agents, qui représentent les intérêts à la fois des footballeurs et des clubs. Ces derniers ont une influence considérable aussi bien dans le choix de carrière des joueurs que dans les choix de recrutement des clubs. Est-ce le hasard ou bien l'influence de Jorge Mendes si Cristiano Ronaldo, Fabio Coentrao, Pepe, Angel Di Maria, Ricardo Carvalho, José Mourinho et d'autres exerçaient leur talent dans le même club ? Ou si Joao Moutinho, James Rodriguez, Falcao et le même Ricardo Carvalho ont tous signé à Monaco à l'été 2013 ? Cet intermédiaire n'existe pas (à de très rares exceptions près) dans le monde de l'entreprise. Pour le reste, nous allons voir que les problématiques et les questionnements demeurent proches.

1 — LE RECRUTEMENT DE NOUVEAUX JOUEURS

FC Porto : sérial recruteur

Pour avoir une vision exacte de ce domaine, il convient de renverser la perspective : paradoxalement, le club qui recrute le mieux est celui qui vend le mieux. Celui qui recrute le plus grand nombre de grands joueurs est d'abord celui qui achète le plus cher. Porto n'achète pas cher et revend à prix d'or : en Europe, le club portugais est un expert.

Futebol Clube do Porto

Portugal
Créé le 28 septembre 1893
Stade : Estadio do Dragao (50 399 places)
Entraîneur : Paulo FONSECA (Portugal)

PALMARÈS DU CLUB
Ligue des champions (2) : 1987 et 2004
Coupe intercontinentale (2) : 1987 et 2004
Supercoupe d'Europe (1) : 1987
Coupe UEFA/Ligue Europa (2) : 2003 et 2011
Champion du Portugal (27) : 1935, 1939, 1940, 1956, 1959, 1978, 1979, 1985, 1986, 1988, 1990, 1992, 1993, 1995, 1996, 1997, 1998, 1999, 2003, 2004, 2006, 2007, 2008, 2009, 2011, 2012 et 2013
Supercoupe du Portugal (19) : 1981, 1983, 1984, 1986, 1990, 1991, 1993, 1994, 1996, 1998, 1999, 2001, 2003, 2004, 2006, 2009, 2010, 2011 et 2012
Coupe du Portugal (16) : 1956, 1958, 1968, 1977, 1984, 1988, 1991, 1994, 1998, 2000, 2001, 2003, 2006, 2009, 2010 et 2011

En moins de dix ans, le FC Porto a vendu des joueurs pour plus de 500 millions d'euros, dont Falcao, Hulk, Lucho, Lisandro, Cissokho, Deco, Maniche et tant d'autres. Ce talent repose sur une double particularité. Au Portugal, le nombre de joueurs brésiliens n'est pas limité, alors que les autres clubs européens n'ont pas le droit d'aller au-delà de cinq joueurs extracommunautaires dans leur effectif. Porto a donc pu recruter autant de Brésiliens qu'il le souhaitait. Et la logique du nombre a fonctionné. Le nombre de contrats n'étant pas limité, Porto peut prêter de très nombreux joueurs dans les autres clubs portugais, récupérer ceux qui brillent, et les exposer dans sa propre vitrine, en Ligue des champions, avant de les vendre. Au 30 juin 2012, Porto avait 41 joueurs sous contrat.

Zoom

Le système de propriété des droits sportifs spécifique du Portugal

Le système de recrutement de Porto perdure au prix d'une certaine souplesse dans les opérations financières. Le système de multipropriété des joueurs d'Amérique du Sud a abouti à ce que, sur le transfert de Falcao à Atletico Madrid, en 2011, pour 40 millions d'euros, le club portugais ait seulement touché 20 millions d'euros, le solde net de l'opération Falcao s'élevant à peine à 15 millions d'euros. En fait, lorsqu'il s'aperçoit que des joueurs recrutés ont un fort potentiel de revente, le FC Porto rachète une partie des droits sur ces joueurs, comme il l'a fait pour Hulk, en 2011, dont il a racheté 40 % des droits pour 13 millions d'euros, trois ans après avoir payé son transfert 5 millions d'euros. En France, l'achat d'une partie d'un joueur n'est pas possible, le club doit posséder 100 % des droits sportifs des joueurs qu'il a sous contrat. En revanche, quand le joueur qu'il a vendu fait l'objet d'un transfert avec une plus-value, deux ou trois ans plus tard, le premier club vendeur a souvent droit à un pourcentage, négocié en amont.

Alors que les cellules de recrutement des clubs français sont encore relativement empiriques, parfois, Porto possède un staff de 250 scouts ou correspondants, qui tissent une toile mondiale. Le responsable du recrutement, Antero Henrique : « Le recrutement s'articule autour du scouting, le développement par le biais de la formation, et la productivité repose sur le rendement des joueurs en équipe première. La plupart de nos joueurs arrivent très jeunes chez nous et suivent donc une formation permanente. Si, au niveau de la détection, nous privilégions le talent individuel, c'est le collectif qui est mis en avant ensuite. Dans notre groupe, nous avons deux genres de joueurs : les titulaires et les émergents, généralement plus jeunes, qui doivent être en condition de remplacer les titulaires à n'importe quel moment. C'est un risque, mais un risque assumé, qui nous permet d'être dans le coup face aux gros budgets. Au niveau du recrutement, nous travaillons avec 250 scouts, à l'intérieur comme à l'extérieur du club. Il existe plusieurs niveaux d'observation, ce qui nous assure que chaque joueur est supervisé par plusieurs personnes différentes. Cette organisation nous garantit une régénération permanente de l'équipe première, où derrière chaque titulaire il y a son futur remplaçant, lequel prendra sa place une fois le premier transféré[188]. »

Henrique explique encore : « On prend en général la précaution de donner du temps à nos jeunes joueurs afin qu'ils s'adaptent sans pression. On leur laisse le temps de comprendre ce qu'est le FC Porto, de s'imprégner de notre identité, de nos méthodes d'entraînement, de notre culture de la compétition[189]. »

Dans la structure de recrutement est imaginée en permanence une « équipe fantôme », composée de onze joueurs susceptibles de remplacer à tout moment les titulaires qui seraient vendus. Évidemment, il existe également une équipe fantôme bis. Entraîneur de Porto en 2012, Vitor Pereira souligne ainsi : « Le club suivait notre attaquant colombien Jackson Martinez depuis trois ans. Nous rivalisons sportivement avec n'importe quel club, mais pas financièrement. Nous devons donc nous orienter vers les marchés différents. Sur tous les postes, si d'aventure nous échouons à recruter le joueur A, nous avons une solution B et une solution C. Nous sommes préparés à faire en sorte que les départs n'aient pas d'incidence sur la qualité de l'équipe. Ici, un joueur ne part que quand nous avons un remplaçant du même niveau ou quand un club paie la clause de résiliation, souvent élevée. Et n'arrivent jusqu'à moi que les joueurs déjà sélectionnés. Je ne dois superviser que les meilleurs des joueurs que nous observons[190]. »

Deux rôles distincts dans le recrutement

La plupart des clubs séparent le travail de recrutement de la décision de recruter. Les recruteurs, en fait, ne sont pas les décideurs. Ou alors rarement. Les recruteurs sillonnent le monde non pas à la recherche de la perle rare, parce que tout le monde connaît tout le monde au XXIe siècle, mais à la recherche d'un potentiel méconnu qui correspondrait à un besoin. La plupart des joueurs d'un championnat du monde ou d'Europe des 16 ans sont connus des grands clubs européens, qui ont des fiches et des vidéos sur chacun d'entre eux. Le travail des recruteurs est d'observer, de déceler et de proposer. Mais pas de décider, donc.

Gilles Grimandi, recruteur d'Arsenal dont il fut joueur, résume ainsi la vie d'un recruteur : « Ce boulot consiste, le lundi matin, à se dire : "Et si j'allais vérifier ce soir, à Angers, un détail sur un joueur que j'ai déjà vu seize fois[191] ?" » Les cellules de recrutement défrichent et soumettent leurs propositions au staff technique. Celui-ci, à son tour, cherchera l'approbation sportive et financière des autres composantes du club, c'est-à-dire du directeur sportif, quand il y en a un, et du président.

Les clubs ne laissent pas la seule responsabilité du recrutement à leurs entraîneurs, sauf en Angleterre. En France, les présidents rechignent à accorder à un entraîneur la liberté de faire signer un contrat de quatre ans à un nouveau joueur, alors que ledit entraîneur peut très bien être limogé dans six mois.

Comme on l'a vu avec l'exemple de Porto, le travail de prospection est complémentaire de l'analyse des forces émergentes du centre de formation. Il est rare que tout le monde soit d'accord. Sur une intersaison, chacun fait des concessions, cède sur un point pour l'emporter sur un autre. L'entraîneur, souvent, peut lâcher une petite phrase à la presse pour mettre la pression sur son président.

Comment prendre les meilleurs quand on n'a pas d'argent ?

En les recrutant avant que tout le monde n'ait constaté, justement, qu'ils étaient les meilleurs. Comment les garder quand on n'a pas d'argent ? Dans le football moderne, c'est pratiquement impossible. Les clubs ont plus de chance de garder des joueurs dont ils ne veulent plus que des joueurs dont tout le monde veut. C'est la loi du marché.

Mais le recrutement n'obéit pas, évidemment, qu'à la logique du marché. La logique d'une philosophie de jeu, par exemple, guide les transferts opérés par le FC Barcelone. Il faut une certaine valeur technique, un talent naturel pour le jeu de passe, une intelligence, une vitesse, qui correspondent au style du Barça.

Arsène Wenger explique ainsi le profil qu'il a recherché, pendant toutes ces années, à Arsenal : « Notre jeu est fondé avant tout sur la mobilité, le mouvement, la justesse technique et l'intelligence de jeu. Désormais, il y a de moins en moins d'espaces, de plus en plus d'équipes qui se replacent très vite et de plus en plus de joueurs, aussi, qui possèdent une technique efficace dans le jeu très court. Avec le temps, toutes les équipes finissent par trouver la solution à un problème posé, et la solution est presque toujours technique parce que, à un espace moindre ou à une vitesse de replacement plus grande de l'adversaire, tu peux toujours répondre soit par une intelligence d'anticipation, soit par une solution technique adaptée à la situation nouvelle. Et la seule façon de pouvoir répondre aujourd'hui, c'est d'être confortable sous la pression. Ça demande nécessairement d'avoir des joueurs techniques à tous les postes de l'équipe et de pousser le raisonnement très, très loin. En tout cas, c'est l'option qu'on a choisie à Arsenal[192]. »

Organiser le recrutement... et l'intégration du joueur

Dans le recrutement, puisque le profil technique, moral et athlétique doit être dressé, le réseau est un atout indispensable. Directeur sportif de Rennes jusqu'en 2013, dont il assumait le recrutement plus encore que son entraîneur, Pierre Dréossi résume le fonctionnement d'alors : « Les recruteurs voyagent beaucoup et suivent attentivement les joueurs. Il n'y a pas de recettes à la réussite, mais le tout est de bien cerner les profils et leur utilisation. On fait l'impasse sur certains et on essaie de bien travailler en amont. Après, les échecs arrivent malgré tout, mais ce n'est pas toujours lié au recrutement. Dès qu'on a fait signer le joueur, deux personnes du club s'occupent de son installation avec sa famille, de tous les problèmes d'administration et surtout du cours de langue. Après, c'est indéniable, certains sont plus volontaires que d'autres : le Suédois Kim Källström avait appris le français très rapidement et il se débrouillait au bout de deux mois[193] ! »

2 — LE RECRUTEMENT DE NOUVEAUX COLLABORATEURS

Une décision avec un impact long terme traitée comme une problématique court terme

Les lois qui régissent le droit du travail et les usages ont fait que le recrutement d'un collaborateur en entreprise est une décision avec un impact à très long terme. En effet, dans nos sociétés traditionnelles, à part crise majeure (faute grave, difficultés économiques), se séparer d'un collaborateur est difficile, long et coûteux. Pourtant, le processus de recrutement est bien trop souvent géré comme un projet court terme destiné la plupart du temps à gérer une urgence : le poste vacant. Dans le football, le fait de devoir sélectionner 11 acteurs seulement et de laisser les autres sur le banc permet d'utiliser le recrutement pour préparer le départ ou la défaillance d'un des joueurs. Dans l'entreprise, tous les acteurs jouent, il n'y a pas de remplaçant. Et lorsque l'un d'entre eux manque à l'appel, il faut le remplacer. Bien entendu, le délai de préavis de licenciement ou de démission permet en théorie de laisser le temps à l'entreprise de recruter un nouveau collaborateur. Dans les faits, il est extrêmement rare que le remplaçant soit identifié avant le départ du collaborateur. La passation des dossiers, du savoir accumulé se fait donc rarement en direct avec son successeur. L'entreprise doit trouver rapidement quelqu'un pour faire face aux nombreuses demandes des clients internes et externes. La vague de rationalisation dans laquelle les entreprises se sont lancées depuis la crise de 2008 fait qu'il est extrêmement rare que des plans B ou C soient identifiés en amont.

La gestion prévisionnelle des emplois et des compétences, sorte de programme RH destiné à préparer et à anticiper les besoins de l'entreprise à moyen et long terme, est censé combler cette lacune. Pour les dirigeants et les postes clés de grandes entreprises, les scénarios alternatifs sont étudiés, comme au FC Porto, il existe un ou plusieurs organigrammes fantômes en cas de surprise. Mais pour les échelons inférieurs ou dans les sociétés plus modestes, la modélisation de l'évolution des compétences et des carrières est plus rare. Cela positionne donc le recrutement comme un outil majeur de la vie de l'entreprise.

Peu de connaissance du profil recruté

À l'inverse du monde du football, où les joueurs sont observés en action sous toutes les coutures dès le plus jeune âge, il est rare que les entreprises connaissent bien le profil et les compétences en action du candidat qu'ils convoitent. L'enchaînement d'entretiens avec des personnes différentes de l'entreprise permet de se faire une idée, mais l'exercice de l'entretien individuel requiert des compétences parfois bien différentes des attendus du poste en question. Il est donc difficile de se faire une idée des compétences réelles du candidat à l'embauche. Pour contrer cela, il existe au moins trois méthodes, mais qui comportent également d'autres biais.

La première méthode consiste à faire appel à des experts du recrutement. Par leur expérience, ils décèleront bien plus facilement le réel potentiel du candidat ou ses faiblesses. De plus, ils ont la possibilité de mettre en œuvre des parcours d'« *assessment* » qui permettent de tester en conditions proches du réel les aptitudes requises.

La seconde méthode consiste à recruter son collaborateur chez un concurrent. Il est déjà formé, dispose des compétences adéquates et apportera une connaissance des méthodes et outils de votre concurrent.

Enfin, la troisième méthode s'appuie sur les meilleurs éléments de son équipe. Ils peuvent recommander des amis, collègues, connaissances qui pourront intégrer facilement le collectif. Cela renforcera également le sentiment d'appartenance de ces meilleurs éléments. Ils auront tout intérêt à ne conseiller que de très bons profils. Cette méthode n'est pas nouvelle : elle a eu un impact immense sur la configuration de la population de nombreuses régions françaises. Deux exemples simples : la communauté portugaise qui peuple la ville de Clermont-Ferrand, où Michelin a pratiqué la cooptation lors des grandes périodes d'industrialisation il y a quelques décennies. Le même constat peut se faire en Haute-Savoie, où des quartiers entiers reforment des communautés venues du même village d'Italie du Sud ou du Maghreb.

Besoins locaux/enjeux globaux

Le football et l'entreprise font face à une autre problématique commune en ce qui concerne le recrutement : les divergences d'intérêt entre le local et le global. Le football fourmille d'exemples de joueurs fortement voulus par l'entraîneur et qui, une fois l'entraîneur parti, deviennent indésirables au club. L'autre réalité existe aussi : le joueur acheté par la cellule de recrutement ou par le président du club, et qui se morfond au bout du banc car « il ne fait pas partie des plans de l'entraîneur ». Si le phénomène n'est pas aussi extrême dans l'entreprise, la divergence d'intérêts existe également. Entre une cellule Recrutement qui doit faire attention à l'équilibre des compétences, à l'évolution du collaborateur à moyen terme et qui dispose d'un peu de recul, et le manager qui a un besoin urgent de quelqu'un pour faire face à la charge de travail, les discussions sont souvent difficiles. Cela est totalement naturel, car la situation revient à tenter de concilier plusieurs paradoxes :

▶ court terme vs long terme ;

▶ compétences acquises vs potentiel de développement ;

▶ capacités à faire vs valeurs et façon d'être ;

▶ besoin unique vs équilibre d'entreprise (notamment sur la question du salaire : faire un effort spécifique pour un profil fortement souhaité par un manager face à l'équilibre de la grille des salaires et les revendications des autres collègues en poste).

Le dialogue, l'échange et la prise en compte des intérêts de l'autre sont un prérequis à une bonne gestion des recrutements.

Le rôle du manager dans l'intégration du nouveau

Enfin, le recrutement est souvent pris comme un acte isolé : l'embauche d'une personne pour un poste. Or, si l'on se place du point de vue du « client », le processus de recrutement commence bien avant et se termine bien après la signature du contrat de travail :

▶ le candidat découvre l'intérêt de l'entreprise pour un profil comme le sien (par une annonce, par le bouche-à-oreille, par hasard, par un appel d'un recruteur) ;

▶ il s'intéresse à l'entreprise et se renseigne ;

▶ il contacte l'entreprise (envoi de CV, appel téléphonique) ;

▶ il passe une série d'entretiens ;

▶ il reçoit une proposition ou non de contrat ;

▶ il intègre l'entreprise ;

▶ il fait ses preuves sur le terrain.

Comme nous pouvons le voir ici, ces 7 étapes sont parties prenantes du processus de recrutement. Pourtant, il n'est pas rare qu'elles ne soient pas reliées entre elles, voire oubliées. Il est aisé de s'en rendre compte dans le football : il est impossible de dire si un recrutement est réussi au mois d'août. D'ailleurs, tous les experts utilisent cette expression :

« C'est un bon recrutement... sur le papier. » Or, la seule vérité est celle du terrain. Dans l'entreprise également, le recrutement ne sera un succès que si le collaborateur s'est parfaitement intégré et qu'il obtient les résultats attendus.

Le rôle du manager est primordial dans cette intégration. Il doit créer les conditions pour que le collaborateur s'intègre dans son nouveau poste... et dans sa nouvelle équipe. Il doit être présent ou organiser cette intégration par les autres membres de l'équipe. Ce temps investi sera rapidement récupéré les mois suivants.

Enfin, de nombreuses sociétés disposent de parcours d'intégration qui permettent au collaborateur de se familiariser avec son nouvel environnement. Nombreux sont ceux qui se fondent sur la présentation de l'entreprise, les rôles de chacun, les différents métiers et autres informations essentielles. Très peu d'entre eux comportent une partie d'écoute et d'analyse des remontées des nouveaux arrivants : pourquoi ont-ils voulu intégrer l'entreprise ? Comment l'entreprise est-elle perçue à l'extérieur ? Quels sont les étonnements après quelques mois de vécu ? Quelles sont les réponses nouvelles que l'on peut apporter aux problématiques de toujours ?

LES 10 QUESTIONS À SE POSER AVANT D'EFFECTUER UNE DÉMARCHE DE RECRUTEMENT

▶ **Quel est mon besoin ? À un mois, à six mois, à deux ans ?**

C'est bien entendu la première question à laquelle vous pensez lorsque vous cherchez à recruter. Quel est le profil du candidat recherché ? Toute la difficulté est d'identifier les besoins à moyen terme : qu'est-ce que vous attendez du collaborateur lorsqu'il aura maîtrisé les contours de son poste ? Quelles évolutions ? Est-ce qu'il vous faut un profil évolutif (qui a envie d'apprendre et de progresser) ou un profil stable (qui sera content d'être au même poste dans cinq ans) ?

▶ **Quel est le besoin de l'équipe ?**

Le besoin du manager est une chose, le besoin du poste en est une autre. Si vous dirigez une équipe, il y a un troisième besoin à prendre en compte : quelles sont les attentes de l'équipe ? Ont-ils besoin du même profil que l'occupant du poste précédent ? Ont-ils besoin qu'un autre profil apporte quelque chose d'autre ? L'interrogation des membres de votre équipe peut vous apporter quelques éclairages sur la définition du profil idéal. Cela facilitera également l'intégration du candidat retenu si les membres de votre équipe ont contribué au processus de recrutement.

▶ Quelles sont les orientations de l'entreprise ?

Afin de vous assurer d'être en ligne avec l'entreprise et de recruter un profil qui pourra durer dans le temps, reparcourez le plan stratégique et les grandes orientations de votre organisation. Cela vous éclairera sur les compétences recherchées et mises en avant et vous assurera un échange facilité avec les recruteurs des ressources humaines.

▶ D'où proviennent les meilleurs profils de mes équipes ? Est-ce que les collaborateurs de mon équipe répondraient à l'annonce qui est faite ?

Afin d'identifier le meilleur process de recrutement pour le futur talent qui intégrera votre équipe, allez à la rencontre des meilleurs collaborateurs pour leur demander comment ils ont intégré l'entreprise. Vous identifierez ainsi les pistes pour dénicher des profils similaires. Une fois votre annonce de recrutement rédigée, faites-la relire par ces mêmes collaborateurs. Ils vous diront si ce texte les auraient menés jusqu'à vous.

▶ Quelles sont les opportunités de développement après ce poste ?

Se poser la question avant même de recruter le collaborateur concerné peut sembler surprenant, mais cela possède deux avantages : premièrement, vous identifierez des arguments pour convaincre les meilleurs de vous rejoindre ; ensuite, vous pourrez ajuster les compétences recherchées au-delà même du poste à pourvoir. Cela vous aidera à recruter des éléments plus polyvalents.

▶ Comment m'assurer que le candidat dispose des compétences adéquates ?

Au-delà des trois méthodes que nous avons présentées précédemment dans le livre (appel à des spécialistes du recrutement, recrutement d'un concurrent, cooptation), imaginez les questions et/ou activités que vous pouvez proposer lors du process de recrutement. Certes, il existe une période d'essai qui permet de corriger si les compétences ne sont pas au rendez-vous, mais cela vous fera perdre beaucoup de temps et d'argent. Assurez-vous de recruter juste du premier coup.

▶ Quels sont les outils mis à ma disposition par le service RH de ma société ?

Le service des ressources humaines n'est pas assez perçu comme un outil d'aide et d'accompagnement des managers dans les organisations aujourd'hui. Or, il dispose d'une expérience et de bonnes pratiques qui peuvent vous faciliter grandement la démarche de recrutement et éviter des erreurs coûteuses.

▶ Quel bilan des derniers recrutements ?

Avant de se lancer dans une démarche de recrutement, il peut être utile de s'interroger sur les derniers recrutements effectués : est-ce qu'ils ont été satisfaisants ? Est-ce que les nouveaux embauchés donnent entière satisfaction ? Qu'est-ce qui peut être amélioré ?

▶ A-t-on les compétences en interne ?

Recrutement est souvent synonyme d'apport externe. Mais il se peut que l'entreprise dispose déjà en interne des compétences nécessaires. Avant de vous lancer dans une recherche vers l'externe, faites le tour de vos collègues, des profils internes qui seraient disponibles pour une mutation. Vous aurez ainsi plus de visibilité sur les compétences des candidats potentiels.

▶ Faut-il passer par un intermédiaire ?

Pour un poste à enjeux, ou dans des délais courts, vous avez peut-être intérêt à passer par un recruteur externe, rompu à l'exercice, qui aura des méthodes de recherche professionnelles et qui fera une partie du travail à votre place. Il vous présentera les deux ou trois profils les plus adaptés à votre besoin. Certes, cela comporte un coût, mais peut vous faire gagner beaucoup de temps et réduire les zones d'incertitudes.

CONCLUSION

La première question à laquelle nous avons tenté de répondre tout au long de cet ouvrage peut être résumée ainsi : doit-on s'inspirer du monde du football pour gérer son équipe dans son entreprise ?

Notre réponse est forcément complexe, car de réelles différences séparent les deux mondes.

Le football est un jeu à la base, les enfants du monde entier jouent d'abord au football par plaisir, avant qu'un tout petit nombre d'entre eux ne l'exercent en tant que professionnel.

Les acteurs de ce métier sont soumis à une pression médiatique sans commune mesure avec les métiers traditionnels de l'entreprise. Aucun patron, aucun expert n'est soumis à un traitement similaire.

Ils sont également des actifs du club, inscrits dans les bilans financiers des sociétés sportives. Leur poids est donc prépondérant et doit être pris en compte dans les relations au quotidien. Le Paris Saint-Germain ne gère pas de la même façon Ibrahimovic et Chantôme, qui sont tous deux internationaux, pourtant, mais ne pèsent pas du même poids dans le bilan de gestion du club.

Enfin, le manager a la dure responsabilité de choisir les onze titulaires qui joueront, pendant qu'une quinzaine de joueurs de l'effectif vont regarder du banc ou de la tribune leurs collègues exercer leur métier sur le terrain. Dans l'entreprise, s'il y a des collaborateurs meilleurs que d'autres, tous sont sur le terrain.

Si les sommes en jeu sont considérables, mettant ainsi tous les acteurs professionnels du football à l'abri du besoin pour une ou plusieurs générations, les problématiques de la relation à l'argent, de la comparaison avec ses pairs ou ses collègues, le besoin d'être augmenté pour prouver la reconnaissance du progrès, ou la prime vue comme déclencheur de la motivation à atteindre des objectifs, restent les mêmes à gérer.

D'autres éléments rapprochent ces deux mondes : la place de la compétition, la remise en cause personnelle et collective, la nécessité de s'entraîner et de se former pour progresser, l'impact de la motivation sur les résultats.

L'idée n'est donc pas de calquer le monde du football sur le monde de l'entreprise, mais d'identifier les tendances qui peuvent être adaptées et adoptées dans le quotidien de tous. Le grand avantage du football est sa dimension universelle : tout le monde connaît les grands joueurs, les grands entraîneurs, la forme du moment des équipes majeures. Les médias relaient en boucle des messages qui, s'ils ne sont pas toujours écoutés, sont bien souvent entendus et intégrés. Les exemples venus du football peuvent donc interpeller, créer de l'ouverture et de l'écoute au moment de traiter un thème majeur pour votre équipe, dans l'entreprise.

Cela constitue le principal avantage de l'allégorie : prendre un détour pour se recentrer ensuite sur son propre sujet, avec une nouvelle vision ou de nouvelles idées. C'est le sens de cette confidence de Raymond Domenech en conclusion de l'entretien qu'il nous a accordé pour ce livre : « Le monde de l'entreprise peut s'inspirer du monde du football, mais c'est surtout le monde du football qui doit importer les méthodes de l'entreprise. »

Une deuxième question a occupé nos réflexions et nos échanges avec nos interlocuteurs : qu'est-ce qu'un bon entraîneur ? Avec, en arrière-pensée, la question miroir : qu'est-ce qu'un bon manager en entreprise ?

Tous les entraîneurs et observateurs que nous avons rencontrés, comme ceux dont nous avons rapporté et étudié les déclarations, répondent unanimement : « C'est avant tout un entraîneur qui gagne ! » Certains rajoutent « partout », d'autre rajoutent « longtemps ». Mais l'idée principale reste la notion de résultat. Comme dans l'entreprise, un manager est avant tout jugé sur ses résultats et les résultats de son équipe. Si dans le football le palmarès est l'instrument de mesure, dans l'entreprise ce sont le chiffre d'affaires, les indicateurs de production, ou toute autre batterie d'indicateurs chiffrés. Se pose alors naturellement la question du « comment ? ».

Il existe deux façons de répondre. La première, à tendance plus anglo-saxonne, consiste à lister un ensemble de comportements clés que tous les meilleurs managers doivent envisager quel que soit le contexte : une feuille de route, un référentiel. Dans le football, et dans le monde de l'entreprise de surcroît, on observe régulièrement que les bonnes recettes du passé ont parfois dépassé la date limite d'utilisation, et que certains comportements qui ont fait leurs preuves dans un contexte donné ne sont pas forcément adaptés à toutes les situations.

Alors, il est plus utile de s'interroger sur les tendances de fond des meilleurs managers, ingrédients incontournables de la réussite.

En numéro 1 : l'écoute. Mais qu'est-ce que l'écoute ? Lorsque l'on interroge les managers dans les entreprises, ils mettent en avant leur qualité d'écoute. Et lorsque l'on interroge leurs propres collaborateurs, leur plus grande attente est l'écoute, précisément. Qu'est-ce qui se cache derrière ce terme ? Bien souvent, quand on affirme son besoin d'être écouté, on souhaite d'abord que son point de vue soit pris en compte et mis en œuvre. Le manager craint l'écoute de ses collaborateurs, car il se sent obligé de mettre en œuvre leurs suggestions, même s'il n'est pas d'accord. L'écoute réelle nécessite un retour au collaborateur. Il est possible de ne pas prendre en compte l'avis d'un collaborateur, mais il est nécessaire de lui dire qu'il a été entendu. L'écoute est une qualité essentielle d'un bon manager, car c'est ce qui lui permettra de mieux comprendre son environnement, la dynamique de l'équipe, et créera du lien avec chacun d'entre eux.

La seconde qualité qui en découle est la capacité d'adaptation. Après avoir analysé les situations en prenant des avis de son entourage, le manager idéal a la capacité de s'adapter à toutes les situations. Certes, ses comportements peuvent être le fruit de croyances fortes, de principes d'action, mais ils doivent pouvoir être influencés si la situation l'exige.

L'analyse de l'effectif pour un entraîneur est primordiale, et comme Antonio Conte, qui a changé de système de jeu à la Juventus pour s'adapter au mieux aux caractéristiques de ses joueurs, le manager d'entreprise doit pouvoir faire de même avec son équipe, même si cela doit l'amener à revoir certains choix antérieurs.

La troisième qualité indispensable est la capacité à mobiliser les énergies de toutes les parties prenantes. Si la connaissance de la technique est nécessaire pour interagir avec ses interlocuteurs, elle ne doit pas occulter la capacité relationnelle. Un bon manager doit avoir la volonté de donner du sens, donner envie, et faire en sorte que chacun se sente acteur du projet de l'équipe. Pour cela, il doit responsabiliser chaque membre, et connaître les leviers de motivation des différents individus, avant de les actionner aux moments opportuns pour le bien du collectif. Tous en sortiront grandis : le manager dans son leadership, les acteurs dans leur action au quotidien, et l'équipe dans l'énergie qu'elle génère.

Enfin, la confiance est la quatrième aptitude incontournable pour devenir un bon manager. Le mythe du *self-made man* est incompatible avec la réussite collective. Un bon manager est quelqu'un qui sait s'entourer, n'a pas peur du talent des autres, le met en valeur pour que l'entreprise collective réussisse. Il fait confiance aux autres, donc, et cela nécessite en priorité de se faire confiance soi-même, c'est-à-dire se connaître, connaître ses atouts et ses points de progrès, pour mieux interagir avec les autres. Tous les collaborateurs qui réussissent parlent souvent de la confiance qui leur a été accordée.

Il convient à chacun de traduire ces qualités, attitudes et aptitudes en actes réels et concrets, après avoir identifié ses propres comportements en fonction de son profil, de son expérience, de son environnement et des membres de son effectif.

POUR ALLER PLUS LOIN

Pour ceux d'entre vous qui ont parcouru l'ensemble du livre et qui ressentent l'envie d'aller plus loin, nous vous proposons de nous retrouver sur notre site internet www.footballmanagement.fr. Vous y trouverez des éléments pour poursuivre cette exploration du monde du football et du management avec la possibilité de la faire partager à d'autres.

Notre blog. Dans la droite ligne de ce livre, nous animons un blog de réflexion qui poursuit l'analogie entre le football et le management. Ce blog se veut un endroit de rassemblement de tous les amateurs de football qui veulent échanger et débattre sur l'aspect managérial du football et les leçons à en tirer pour son management au quotidien. Vous pourrez poster vos commentaires sur ce livre et suggérer des articles sur différents thèmes en lien avec ces deux passions.

Des conférences. Vous souhaitez partager une expérience unique et mettre en valeur un ou plusieurs thèmes de management avec un regard novateur et mobilisateur, nous avons conçu des conférences qui reprennent les principes du livre. Entre anecdotes footballistiques, analyses et parallèles avec le monde de l'entreprise, les participants vivront une expérience riche grâce aux regards croisés du journaliste sportif et du consultant en management.

Des formations au management. Que vous soyez manager d'entreprise ou entraîneur de football, nous proposons des formations au management sur les thèmes traités dans le livre. Si vous souhaitez approfondir un ou plusieurs chapitres, à l'aide d'expériences tirées des deux mondes, vous pourrez bénéficier d'un à deux jours de formations riches et rythmées, nourries de cas spécialement conçus à partir d'expériences réelles. Mettez-vous dans la peau de Jean-Michel Aulas, Didier Deschamps ou encore Josep Guardiola !

Un accompagnement professionnel. Vous avez lu le livre et avez apprécié les regards et principes préconisés, vous avez un projet de changement ou de transformation dans lequel la mobilisation des équipes est un ingrédient de réussite majeur ? Nous pouvons vous accompagner dans votre projet. Le football pourra alors servir de source d'inspiration... ou pas.

David MARMO
Directeur associé DasYs Mobilisation

REMERCIEMENTS

Mes premiers remerciements pour ce livre vont d'abord aux trois personnes qui m'ont tant appris dans ce métier de consultant, Martin, Jacques et David, et tous nos clients qui nous ont fait confiance.

Je tiens également à remercier Claude-Marie, Thomas, Sabrina et Jean-Pierre, la famille et les amis proches, mes tout premiers lecteurs, critiques constructifs toujours bienveillants.

Évidemment, je remercie tout spécialement Audrey qui a supporté les longues périodes d'écriture, d'enthousiasme et de difficultés qui ont jonché la construction de cet ouvrage.

Enfin, je remercie Vincent et Élodie, qui m'ont fait confiance alors que ce livre n'était qu'au stade de l'idée.

David MARMO

Un grand merci à tous ceux qui nous ont accordé un peu ou beaucoup de leur temps pour enrichir ce livre de leur témoignage et de leurs expériences.

Un grand merci, aussi, à *L'Équipe*, qui me permet de continuer de vivre immergé dans ce monde fascinant.

Vincent DULUC

INDEX

TABLE DES ZOOMS

NOTES

1 Entretien avec l'auteur, juin 2013.
2 Entretien avec l'auteur.
3 *L'Équipe.*
4 *L'Équipe.*
5 *So Foot.*
6 Daniel Riolo et Christophe Paillet, *Secrets de coachs*, Hugo & Cie, 2011.
7 *Idem.*
8 Convention collective nationale des pompes funèbres du 1er mars 1974 – Annexe II relative à la méthode de classification – Accord du 25 avril 1996 sur la classification du personnel ouvrier, employé, technicien, agent de maîtrise et cadre.
9 *France Football.*
10 *L'Équipe.*
11 *L'Équipe.*
12 *L'Équipe.*
13 Entretien avec l'auteur.
14 *L'Équipe.*
15 *L'Équipe.*
16 *France Football.*
17 *L'Équipe.*
18 *L'Équipe.*
19 *L'Équipe.*
20 *L'Équipe.*
21 *France Football.*
22 *L'Équipe.*
23 *L'Équipe.*
24 *L'Équipe.*
25 *L'Équipe.*
26 *L'Équipe.*
27 *L'Équipe.*
28 Daniel Riolo et Christophe Paillet, *op. cit.*
29 *France Football.*
30 *L'Équipe.*
31 *L'Équipe.*
32 *L'Équipe Magazine.*
33 Entretien avec l'auteur.
34 Entretien avec l'auteur.
35 *Idem.*
36 *L'Équipe.*
37 Conférence de presse.
38 Conférence de presse.
39 Conférence de presse.
40 *L'Équipe.*
41 Conférence de presse.
42 *L'Équipe.*
43 Conférence de presse.
44 Conférence de presse.
45 *L'Équipe Magazine.*
46 *L'Équipe.*
47 *France Football.*
48 *L'Équipe.*
49 *L'Équipe.*
50 *L'Équipe.*
51 *L'Équipe.*
52 *France Football.*
53 *L'Équipe Magazine.*
54 *L'Équipe Magazine.*
55 *L'Équipe.*
56 *France Football.*
57 *L'Équipe.*
58 *France Football.*
59 *France Football.*
60 *L'Équipe Magazine.*
61 *L'Équipe Magazine.*
62 *L'Équipe.*
63 *L'Équipe.*
64 *L'Équipe.*
65 Daniel Riolo et Christophe Paillet, *op. cit.*
66 Daniel Riolo et Christophe Paillet, *op. cit.*
67 *Idem.*
68 *Idem.*
69 *L'Équipe.*
70 *L'Équipe Magazine.*
71 *L'Équipe Magazine.*
72 *L'Équipe Magazine.*
73 Daniel Riolo et Christophe Paillet, *op. cit.*
74 *Idem.*
75 *L'Équipe.*
76 Conférence de presse.
77 *L'Équipe.*
78 *L'Équipe.*
79 *France Football.*
80 *So Foot.*
81 *France Football.*
82 *L'Équipe.*
83 *L'Équipe.*
84 *L'Équipe.*
85 *France Football.*
86 *France Football.*
87 *L'Équipe.*
88 *L'Équipe.*
89 *L'Équipe.*
90 *L'Équipe.*
91 *L'Équipe.*
92 *L'Équipe Magazine.*
93 Conférence de presse.
94 Daniel Riolo et Christophe Paillet, *op. cit.*

95 *Idem.*
96 *France Football.*
97 Daniel Riolo et Christophe Paillet, *op. cit.*
98 *L'Équipe Magazine.*
99 *L'Équipe.*
100 *L'Équipe.*
101 *France Football.*
102 *L'Équipe.*
103 Entretien avec l'auteur.
104 Daniel Riolo et Christophe Paillet, *op. cit.*
105 Michael Lewis, Moneyball : *The Art of Winning an Unfair Game*, W.W. Norton & Company Inc, 2003.
106 *France Football.*
107 *France Football.*
108 *France Football.*
109 *France Football.*
110 *France Football.*
111 Daniel Riolo et Christophe Paillet, *op. cit.*
112 *L'Équipe.*
113 Laurent Combalbert et Éric Delbecque, *Constituer une équipe efficace : Pour s'adapter à un environnement complexe*, ESF Editeur, 2011.
114 *L'Équipe Magazine.*
115 *France Football.*
116 Daniel Riolo et Christophe Paillet, *op. cit.*
117 Conférence de presse.
118 *L'Équipe.*
119 *So Foot.*
120 *L'Équipe.*
121 *L'Équipe.*
122 *L'Équipe.*
123 *L'Équipe.*
124 *L'Équipe.*
125 *L'Équipe.*
126 *France Football.*
127 Entretien avec l'auteur.
128 *L'Équipe.*
129 *Lyon Mag.*
130 *L'Équipe.*
131 *L'Équipe Magazine.*
132 www.gallup.com.
133 Marcus Buckingham et Curt Coffman, *Manager contre vents et marées, Développer les talents dans l'entreprise*, Village mondial, 2001.
134 *L'Équipe.*
135 *L'Équipe.*
136 *L'Équipe.*
137 *L'Équipe.*
138 *L'Équipe.*
139 Patrick Barclay, *Mourinho, Anatomy of a Winner*, Orion, 2005.
140 *France Football.*
141 *L'Équipe Magazine.*
142 *France Football.*
143 *L'Équipe.*
144 *So Foot.*
145 *L'Équipe.*
146 *L'Équipe.*
147 *L'Équipe Magazine.*
148 *L'Équipe.*
149 Conférence de presse d'après-match.
150 Conférence de presse d'après-match.
151 Conférence de presse d'après-match.
152 En zone d'interview après le match.
153 En zone d'interview après le match.
154 Daniel Riolo et Christophe Paillet, *op. cit.*
155 *L'Équipe.*
156 *L'Équipe.*
157 Daniel Riolo et Christophe Paillet, *op. cit.*
158 *Idem.*
159 En zone d'interview après le match.
160 En zone d'interview après le match.
161 Daniel Riolo et Christophe Paillet, *op. cit.*
162 Daniel Riolo et Christophe Paillet, *op. cit.*
163 *As*
164 *As*
165 *L'Équipe Magazine.*
166 *France Football.*
167 *France Football.*
168 *L'Équipe.*
169 Daniel Riolo et Christophe Paillet, *op. cit.*
170 *L'Équipe.*
171 *L'Équipe.*
172 www.charte-diversite.com
173 *France Football.*
174 *France Football.*
175 En conférence de presse d'après-match.
176 *L'Équipe.*
177 *L'Équipe.*
178 Entretien avec l'auteur.
179 *L'Équipe.*
180 *France Football.*
181 *France Football.*
182 *L'Équipe.*
183 *L'Équipe.*
184 William Gallas, *La parole est à la défense*, Éditions du Moment, 2008.
185 *France Football.*
186 Entretien avec l'auteur.
187 Raymond Domenech, *Tout seul*, Flammarion, 2012.
188 *France Football.*
189 *France Football.*
190 *L'Équipe.*
191 Entretien avec l'auteur.
192 *L'Équipe.*
193 *L'Équipe.*

www.ingramcontent.com/pod-product-compliance
Lightning Source LLC
Chambersburg PA
CBHW061125220326

41599CB00024B/4171